工业和信息化普通高等教育
"十四五"规划教材立项项目

会计学新形态 系列教材

ACCOUNTING

管理会计

第 2 版

王满 耿云江 曹晓昱 / 编著

**MANAGEMENT
ACCOUNTING**

人民邮电出版社
北京

图书在版编目（C I P）数据

管理会计 / 王满，耿云江，曹晓昱编著. -- 2版
. -- 北京 : 人民邮电出版社，2024.1
高等院校会计学新形态系列教材
ISBN 978-7-115-62823-7

Ⅰ. ①管… Ⅱ. ①王… ②耿… ③曹… Ⅲ. ①管理会
计－高等学校－教材 Ⅳ. ①F234.3

中国国家版本馆CIP数据核字（2023）第188774号

内 容 提 要

本书共 10 章，主要包括管理会计总论、成本概述、成本性态分析与应用、作业成本法与作业成本管理、本量利分析、短期经营决策、资本支出决策、全面预算、标准成本与成本差异分析、责任会计等内容。在框架设计上，本书以管理会计基本概念为依据和出发点，以决策与控制为核心，结构合理，逻辑性强。本书将文字内容与图表相结合，具有可读性与趣味性；每章配有自测题，以帮助读者巩固所学知识，提高学习效果。

本书提供丰富的教学资源，用书教师可登录人邮教育社区（www.ryjiaoyu.com）免费下载。

本书可作为高等院校会计学、财务管理、审计学等专业相关课程的教材，也可作为经济管理领域相关人员的参考书。

◆ 编　著　王　满　耿云江　曹晓昱
　　责任编辑　刘向荣
　　责任印制　李　东　胡　南
◆ 人民邮电出版社出版发行　　北京市丰台区成寿寺路 11 号
　　邮编　100164　电子邮件　315@ptpress.com.cn
　　网址　https://www.ptpress.com.cn
　　北京天宇星印刷厂印刷
◆ 开本：787×1092　1/16
　　印张：12.5　　　　　　　　2024 年 1 月第 2 版
　　字数：363 千字　　　　　　2024 年 1 月北京第 1 次印刷

定价：49.80 元

读者服务热线：(010)81055256　印装质量热线：(010)81055316
反盗版热线：(010)81055315
广告经营许可证：京东市监广登字 20170147 号

党的二十大报告指出，加快实施创新驱动发展战略。随着"大智移云物区"等新兴技术的产生及其在经济社会领域的日益广泛应用，企业的竞争环境、商业模式、管理方式都发生了翻天覆地的变化，这也推动了企业的转型升级与变革。管理会计作为服务企业内部管理的重要手段，是增强企业核心竞争力与价值创造能力、促进企业管理升级的重要工具，所以管理会计的发展也受到社会各界的高度关注。财政部印发的《会计改革与发展"十四五"规划纲要》更是明确提出大力推动会计职能对内拓展，推进管理会计在加速完善中国特色现代企业制度、促进企业有效实施经营战略、提高管理水平和经济效益等方面发挥积极作用。

目前，管理会计已经在企业管理实践中得到普遍应用，并取得了显著的成效。然而，如何总结和提炼管理会计的基本理论、技能与方法，帮助会计从业者和管理会计学习者牢固树立管理会计理念，养成管理会计思维，提升管理会计操作应用能力，已经成为推动管理会计实践发展、助力企业价值创造与价值增值亟待解决的问题。

本书以学生为中心，以立德树人为根本任务，以知识传授、技能培养和素质教育为基础，以培养学生的创新精神和实践能力为重点。在体系设计上，本书在以管理会计工作职能为主线设计内容体系的同时，注意突出决策与控制在管理会计中的核心地位。在具体内容上，本书从管理会计的商业环境、概念出发，在介绍成本的概念与分类后，介绍了成本性态分析、作业成本法与作业成本管理等管理会计的基本工具与方法，并介绍了短期经营决策和资本支出决策等核心内容，以及全面预算、标准成本与成本差异分析、责任会计等管理会计的控制手段。

为激发学生的学习兴趣，本书以引导案例开启每一章的学习；为帮助学生及时巩固所学知识，本书各章配有自测题，不仅为学生从容应对实践中出现的各种情况奠定坚实的知识基础，也培养了读者的实践能力。

本书不仅结合国内外经济发展环境与相关制度政策的变化，对上一版的相关内容进行了修订和更新，而且对部分章节的结构进行了完善，更新了引导案例、自测题等，增强了本书的时效性。特别增加了"知识延展"内容，帮助学生在学习掌握专业知识与技能的同时，了解相关的政策制度、法律法规，引导读者把学习、观察、实践同思考紧密结合起来。

本书编者长期为本科生及研究生讲授管理会计课程，不仅了解当前国内外管理会计的发展动态，而且能够将管理会计的理论知识与实践应用有机结合，帮助学生在掌握管理会计理论、方法、技能的同时，提升其适应新形势下管理会计理论研究和实践需求的素质。

本书由王满、耿云江、曹晓昱编著，共 10 章，其中第 1 章～第 4 章由王满编写，第 5 章～第 7 章由耿云江编写，第 8 章～第 10 章由曹晓昱编写。

在本书的撰写过程中，编者参阅了国内外众多专家和学者的研究成果，得到人民邮电出版社的大力支持和帮助，借本书出版之机，一并向他们表示衷心的感谢。由于编者水平有限，书中不当之处在所难免，恳请读者批评指正。

编者

2023 年 10 月

第 3 章　成本性态分析与应用

第 4 章　作业成本法与作业成本管理

第5章 本量利分析

第6章 短期经营决策

第7章　资本支出决策

第8章　全面预算

第 9 章　标准成本与成本差异分析

第10章 责任会计

附录

第1章
管理会计总论

学习目标

通过对本章的学习，希望读者能够了解管理会计的商业环境，理解管理会计与财务会计的关系，掌握管理会计的概念和内容，并且重点掌握管理会计的特点和职能。

基本概念

管理会计　管理会计基础　决策会计　控制会计

引导案例

1.1　管理会计的商业环境

近年来，全球的商业环境进入了迅速变革的时期，许多行业竞争已遍及全世界，产品和服务创新的步伐越来越快。对企业来说，企业过去运作的方式已不起作用，管理组织和工作方式必须有大的变革，管理会计在这种新型商业环境的影响下越来越成为一门引人关注的学科。本部分将详细介绍企业所面临的变革中的新型商业环境。

1.1.1　经济全球化

经济全球化作为人类历史发展的客观趋势席卷了世界的每一个角落，国家之间、地区之间被国际贸易和投资的纽带紧密联系在一起。在世界贸易组织的自由

知识延展

贸易机制作用下，各国（地区）相继推行了不同程度的开放政策，国际贸易和国际投资的规模不断扩大，跨国公司所占有的市场份额也在不断增加。经济全球化具有两重性，它为世界经济的发展提供了机遇和可能，也带来了更多的风险和挑战。在可预见的时期内，经济全球化意味着国际竞争加剧，同时也为企业进入新的市场带来了机遇和可能。

经济全球化给企业的最直接、最明显的好处是关税降低，贸易壁垒减少，进出口贸易更便利。更重要的是，经济全球化促使世界经济发展网络化和世界市场一体化，使国际分工不断深化和扩大，世界资源重新配置，并趋于合理化。企业可以依据自己生产经营的需要在全球范围内进行采购和销售，有效地利用全球任何地方的资源，实现企业的全球经营战略，确保利润最大化。

1.1.2　战略

面临全球竞争的企业要想在市场中获得成功，必须制定切实可行的战略。

亨利·明茨伯格（1996）认为，战略为一连串决定和行动，可以用"5P"来阐述。战略是一种计划（plan），这是指战略是一种有意识、有预谋的活动，一种处理某种局势的方针；战略是部署（ploy），这是指战略是资源的配置方式；战略是模式（pattern），这是指无论企业事先对战略是否有所考虑，只要有具体的经营行为就有战略；战略是定位（position），这是指选择企业在市场竞争中利于自身生存和发展的位置；战略是观念（perspective），这是把战略看成一种观念，体现了组织中人们对客观世界固有的认识方式，它是一种抽象的概念，但可以通过一定的方式被企业成员拥有和共

享，从而变成一种集体意识并可能成为组织成员保持一致的思想基础。

汤姆森（1998）在《战略管理》一书中的观点是，企业大部分战略是事先的计划和突发的应变的组合。"战略既是预先性的（预谋战略），又是反应性的（适应性战略）。"

1.1.3　组织结构

在今天高度竞争和技术驱动的环境中，限制企业增长和战略成功的稀缺资源不是资本，而是专业知识和专长，以及蕴藏在企业中的组织能力。现代企业组织结构的发展过程可以分为两个阶段。

第一个阶段从亚当·斯密的分工理论开始，至20世纪50年代。这一阶段强调高度分工，组织结构也越来越庞大，企业的高层、中层、基层管理者组成一个金字塔状的组织结构，可被称为传统的科层制组织结构。这一阶段比较典型的有直线制、职能制、直线职能制、事业部制等几种组织结构。

第二个阶段自20世纪90年代至今，这一阶段强调简化组织结构，减少管理层次，使组织结构扁平化。当企业规模扩大时，原来的解决办法是增加管理层次，而现在有效的办法是增加管理幅度。当管理层次减少而管理幅度增加时，金字塔状的组织结构就被"压缩"成扁平状的组织结构。

1.1.4　流程管理

流程管理（process management，PM），又称业务流程管理或企业流程管理（business process management，BPM），源于20世纪80年代末期的美国。流程管理与平衡计分卡一起被认为是美国20世纪80年代以来两项最有效的管理创新。

流程管理是一种以规范化地构造端到端的卓越业务流程为中心，以持续地提高组织业务绩效为目的的系统化方法。流程管理的核心是流程，其本质就是构造卓越的业务流程。流程管理首先保证了流程是面向客户的流程。流程中的活动都应该是增值的活动，从而保证了流程中的每个活动都是深思熟虑后的结果，是与流程相互配合的。一般来说，流程管理可以包含以下三个层面：规范流程、优化流程和再造流程。

1.1.5　商务技术

所谓商务技术，是指企业在经营管理过程中，把各种有效的现代管理工具运用到企业的营销管理、客户关系管理、商品管理、员工管理、财务管理等企业商务活动中的技术和方法。本节重点讨论其中的三个方面：电子商务、企业管理信息系统以及"大智移云物区"等新兴技术。

1. 电子商务

电子商务作为网络时代技术发展的必然，已经开始对传统经济贸易方式产生有力的冲击。世界范围内的政府部门、公众服务机构、电信企业、银行等金融服务机构、众多互联网服务提供商以及各类型企业和数以亿计的个人用户，都开始广泛地参与电子商务活动。现在，电子商务已经成为各个国家制定经济政策的主要依据之一。

电子商务迅速发展不是偶然的，而是有着深刻的社会、经济原因的。

首先，电子商务的发展得益于全球化信息基础的实现，是信息技术特别是因特网逐步普及的产物。其次，电子商务的迅速发展是经济全球化的要求。随着经济全球化的发展，传统的商务活动方式已不能满足全球经济发展的要求。再次，电子商务较传统商务有着巨大的优势。这是电子商务快速发展的基本原因。最后，电子商务获得了各国政府的支持。各国政府都非常重视电子商务的发展，为电子商务的发展提供了良好的生存环境。

2. 企业管理信息系统

许多企业都用过专门的系统来支持其特定的经营管理职能。这些彼此独立的系统没能连接成一个整体，从而并不能方便地实现数据资料的往来传递。其最终结果是数据的重复与矛盾频繁出现、过长的客户反应时间与高昂的成本并存。

设计企业管理信息系统的目的正是将组织内部的数据资料整合成一个能使全体雇员共享的公用数据集合。数据资料的整合既有利于雇员之间的沟通，也有利于企业与供货商和客户的沟通。因此，尽管企业管理信息系统是非常昂贵的，而且安装起来也有风险，但数据整合的好处促使无数企业进行了这方面的投资。

3. "大智移云物区"等新兴技术

"大智移云物区"即大数据、智能化、移动互联网、云计算、物联网和区块链。"大智移云物区"在生产和社会生活领域的广泛应用，对竞争环境、商业模式及企业管理方式产生了深刻的影响，推动了企业转型的进程。财务管理作为企业转型的重要支撑手段，是组织转型和业务转型下实现资源优化配置的有效工具。整体上说，新技术具有虚拟化、网络化、集成化、链接化、动态化、智能化等特征属性。

"大智移云物区"时代背景下的财务转型，要从"最小数据集"向"大数据"转变，通过与利益相关者的在线互联，运用信息技术高效地采集、加工、报告数据，建立企业的数字神经网络，帮助企业用数据来管理、决策、创新，使企业在多变的商业环境中保持竞争优势。

1.2 管理会计概述

管理会计是管理科学和会计科学相结合的产物，它的形成是会计发展史上一个重要的里程碑。相比于传统的财务会计，管理会计在职能、内容和方法上都有其显著的特点。本节主要对管理会计的概念、特点和内容、职能和历史沿革等内容进行阐述。

知识延展

1.2.1 管理会计的概念

管理会计究竟是什么，这是了解管理会计时需要解答的首要问题。国内外会计学界和各有关学者在不同时间、从不同角度对管理会计进行了定义。随着经济的发展以及对管理会计理论和方法的研究不断深入，管理会计的概念也在不断发展和完善。

1. 西方观点

1958 年，美国会计学会（American Accounting Association，AAA）下属的管理会计委员会指出，管理会计是指在处理企业历史和未来的经济资料时，运用适当的技巧和概念来协助经营管理人员拟定能达到合理经营目的的计划，并做出能达到上述目的的明智决策。该定义实质上是从微观角度来解释管理会计的，指出管理会计的核心是计划与决策。

美国全国会计师协会（National Association of Accountants，NAA）下属管理会计实务委员会于1981 年发布了首个管理会计公告，它将管理会计定义为：管理会计是为向管理当局提供用于企业内部计划、评价、控制，确保企业资源合理利用和管理当局履行经营管理责任，而进行确认、计量、归集、分析、编报、解释和传递信息的过程。

1982 年，英国的成本和管理会计师协会（Institute of Cost and Management Accounting，ICMA）认为，除外部审计以外的所有会计分支均属于管理会计的范畴，包括簿记系统、资金筹措、编制财务计划与预算、实施财务控制、财务会计和成本会计等。此定义把管理会计的范围扩大到除审计以外的一切财务与会计。

1988 年，国际会计师联合会（International Federation of Accountants，IFAC）下属财务与管理会计委员会发布的《论管理会计概念（征求意见稿）》将管理会计解释为："在组织工作中，管理会计是管理部门用于计划、评价和控制（财务和经营）信息的确认、计量、收集、分析、编报、解释和传输的过程，以确保其资源的合理使用并履行相应的经营责任。"

1997 年，美国管理会计师协会（Institute of Management Accountants，IMA）根据管理会计师的职责建立了管理会计的定义："管理会计是提供价值增值，为企业规划、设计、计量、管理财务与非财务信息系统的持续改进过程，通过此过程指导管理行动、激励行为，支持和创造达到组织战略、战术和经营目标所必需的文化价值。"

2012 年，美国管理会计师协会发布《管理会计公告》，从管理会计师的角度将管理会计定义为一种深度参与管理决策、制订计划与绩效管理系统，提供财务报告与控制方面的专业知识以及帮助管理者制定并实施组织战略的职业。这一定义突出强调了管理会计作为一个职业，其专业、系统地为企业内部管理提供决策支持的特点。

2. 国内观点

20 世纪 80 年代初，西方管理会计理论传到我国，我国学者在研究管理会计时，对其定义也有如下观点。中央财经大学李天民教授提出，管理会计是通过一系列的专门方法，利用财务会计、统计及其他有关资料进行整理、计算、对比和分析，使企业内部各级管理人员能据以对各个责任单位和整个企业日常的和预期的经济活动及其发出的信息进行规划、控制、评价和考核，并帮助企业管理人员对保证其资源的合理配置和使用做出最优决策的一套信息处理系统；厦门大学余绪缨教授认为，管理会计是为企业内部使用者提供管理信息的会计，它为企业内部使用者提供有助于正确进行经营决策和改善经营管理的有关资料，发挥会计信息的内部管理职能。管理会计体系由微观管理会计、宏观管理会计和国际管理会计三部分组成。

2014 年，财政部发布了《关于全面推进管理会计体系建设的指导意见》，并指出：管理会计是会计的重要分支，主要服务于单位（包括企业和行政事业单位）内部管理需要，是通过利用相关信息，有机融合财务与业务活动，在单位规划、决策、控制和评价等方面发挥重要作用的管理活动。

由此可见，管理会计的概念是在不断发展变化和日益完善的。本书认为，管理会计是以现代管理科学为基础，采用一系列专门的技术与方法，对企业内部的经营活动及其产生的财务信息与非财务信息进行规划、控制、评价与考核，协助管理当局对企业资源的合理配置和有效使用做出最优化决策的信息管理系统，也是现代会计的一个分支。

1.2.2 管理会计的特点和内容

1. 管理会计的特点

一是服务于企业内部管理。管理会计的基本目标是服务于企业内部管理，目的在于提高企业的管理效率和保证效果，实现企业价值增值。利润是企业经营管理的直接目标，所以获取尽可能多的利润，是管理会计提供信息、参与决策、执行计划和实施控制的准则。

二是以未来事件为决策对象。管理会计所提供信息的时间特征是现时的和未来的，其计量属性表现为估计价值，如重置价值、贴现值等。管理会计以未来的事件为决策对象，通过预算落实具体决策的各个环节，并作为执行和控制的依据，从而保证决策所确定的目标的实现。

三是方法灵活多样。管理会计与传统会计不同，它吸收了经济学、管理学和数学的研究成果，具有方法灵活多样的特点。管理会计的方法是分析性的，把企业的经营管理纳入动态分析和控制的轨道，而不是如传统会计一般运用货币计量单位对企业经营活动进行静态描述。

四是不受会计准则的约束。管理会计在提供经济信息的过程中，没有较为严格的约束。

2. 管理会计的内容

管理会计的首要特征就是围绕企业内部经营管理，提供信息、参与决策、执行计划和实施控制。根据管理会计的特征，管理会计可划分为三大模块：管理会计基础、决策会计和控制会计。

管理会计基础是对财务会计所提供的财务信息进行加工、整理，为参与决策、执行计划和实施控制建立信息基础。关于管理会计基础的内容，本书主要从管理会计概述、成本的概念与分类、成本性态分析与应用、作业成本法与作业成本管理、本量利分析等方面进行梳理。

决策会计以经营决策经济效果的分析评价为其核算内容，并将经营决策所选定的有关方案进行量化、加工和汇总。它利用财务会计信息和其他有关信息，对利润、成本、销售及资金等专门问题进行科学的决策分析。本书主要从短期经营决策、资本支出决策两个方面进行介绍。

控制会计依据管理会计基础所整理的资料和规划与决策会计所指定的决策事项，对企业正在发生或将要发生的经营管理活动施加影响，使之能够达到或符合预定的目标或标准。控制会计经常以全面预算为基础，以责任会计为核心，着重于对经营活动的进程和效果进行评价与控制。对于控制会计的内容，本书主要对全面预算、标准成本与成本差异分析、责任会计等方面进行讲解。

管理会计的内容如图 1-1 所示。

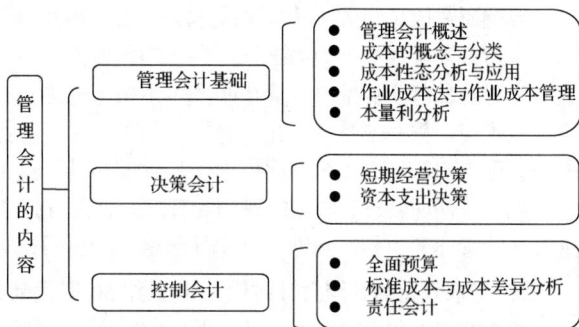

```
                  ┌── 管理会计基础 ──┤● 管理会计概述
                  │                  ● 成本的概念与分类
管理              │                  ● 成本性态分析与应用
会计              │                  ● 作业成本法与作业成本管理
的                │                  ● 本量利分析
内 ──────────────┤
容                │── 决策会计 ──────┤● 短期经营决策
                  │                  ● 资本支出决策
                  │
                  └── 控制会计 ──────┤● 全面预算
                                     ● 标准成本与成本差异分析
                                     ● 责任会计
```

图 1-1　管理会计的内容

1.2.3　管理会计的职能

管理会计既是一项具体的会计活动，也是一种管理行为，兼具会计与管理的双重属性。管理会计的主要职能如下。

1. 预测经济前景

所谓预测，是指采用科学的方法预计、推测客观事物未来发展必然性或可能性的行为。管理会计发挥"预测经济前景"职能，就是按照企业未来的总目标和经营方针，充分考虑经济规律的作用和经济条件的约束，选择合理的量化模型，有目的地预计和推测未来企业销售、利润、成本及资金的变动趋势和水平，为企业经营决策提供第一手信息。

2. 参与经济决策

决策是在充分考虑各种可能性的前提下，按照客观规律的要求，通过一定程序对未来实践的方向、目标、原则和方法做出决定的过程。管理会计发挥"参与经济决策"职能，主要体现为根据企业决策目标收集、整理有关信息资料，选择科学的方法计算有关长短期决策方案的评价指标，并做出正确的财务评价，最终筛选出最优的行动方案。

3. 规划经营目标

管理会计"规划经营目标"的职能，是通过编制各种计划和预算实现的。它要求在最终决策方案的基础上，将事先确定的有关经济目标分解落实到各有关预算中去，从而合理有效地组织协调企业供、产、销及人、财、物之间的关系，并为控制和责任考核创造条件。

4. 控制经济过程

管理会计发挥"控制经济过程"职能，就是将对经济过程的事前控制和事中控制有机地结合起来，通过事前确定科学可行的各种标准，针对执行过程中的实际与计划发生的偏差进行原因分析，并及时采取措施进行调整，改进工作，确保经济活动的正常进行。

5. 考核评价经营业绩

管理会计履行"考核评价经营业绩"职能，是通过建立责任会计制度来实现的，即在各部门、各单位及每个人均明确各自责任的前提下，逐级考核责任指标的执行情况，找出成绩和不足，从而为奖惩制度的实施和未来工作改进措施的形成提供必要的依据。

1.2.4　管理会计的历史沿革

自进入 20 世纪以来，管理会计的发展丰富了会计学科的内容，改变了人们的会计理念，标志着会计学科已经进入一个崭新的发展时期。管理会计的发展历程大致可以分为四个阶段。

1. 追求效率的管理会计时代（20 世纪初到 20 世纪 40 年代）

1911 年，西方管理理论古典学派的代表人物——泰罗发表了著名的《科学管理原理》，管理会计的发展就此起源。从 1918 年开始，哈里森一直致力于标准成本的研究，先后发表了《有助于生产的成本会计》《新工业时代的成本会计》和《成本会计的科学基础》等著作。1919 年创立的美国全国成本会计师协会有力地推动了标准成本计算的开展。

到 20 世纪 20 年代，标准成本已经十分普及并有了很大发展。1930 年，哈里森根据其对标准成本计算的研究成果写成了《标准成本》一书。1920 年，美国芝加哥大学首先开设了"管理会计"讲座，主持人麦金西被誉为美国管理会计的创始人。1921 年 6 月，美国国会颁布了《预算和会计法》，这对当时的私营企业推行预算控制产生了极大的影响。为了全面介绍预算控制的理论，麦金西于 1922 年出版了美国第一部系统论述预算控制的著作《预算控制论》。同年，奎因坦斯出版了《管理会计：财务管理入门》一书，第一次提出了"管理会计"这个名称。1924 年，麦金西又公开刊印了世界上第一部以"管理会计"命名的著作《管理会计》。布利斯所写的一部管理会计方面的著作《通过会计进行经营管理》也相继问世。上述几部著作的出版，标志着管理会计初步形成。

2. 追求效益的管理会计时代（20 世纪 50 年代至 20 世纪 70 年代）

从 20 世纪 50 年代开始，西方国家的经济发展出现了转变。由于泰罗的科学管理学说不能适应战后西方经济发展的新形势和要求，它被现代管理科学所取代也就成为必然。现代管理科学的形成和发展，对管理会计的发展，在理论上起着奠基和指导的作用，在方法上赋予现代化的管理方法和技术，使其焕然一新。

20 世纪 50 年代，为了有效地实行内部控制，美国各大企业普遍建立了专门行使控制职能的总会计师制。1955 年，美国会计学会拟定计划，对施行控制最常用的成本概念加以明确。20 世纪 60 年代，随着电子计算机和信息科学的发展，"业绩会计"和"决策会计"产生，管理会计的理论方法体系进一步确定。1962 年，贝格尔和格林发表的《预算编制和职工行为》对管理会计的另一个重要内容——行为会计进行了精辟的论述。

20 世纪 70 年代之后，卡普兰的《管理会计和行为科学》、霍普伍德的《会计系统和管理行为》等优秀著作问世。上述这些著作对管理会计理论方法体系的形成与完善具有一定的意义。到 20 世纪 70 年代末，美国学术界对于管理会计理论体系的研究可谓达到了高峰，仅以成本（管理）会计命名的专著和教材就有近百种之多。其中，最有代表性的当数穆尔和杰德凯合著的《管理会计》、纳尔逊和米勒合著的《现代管理会计》和霍恩格伦的《管理会计导论》等。至此，管理会计形成了以"决策与计划会计"和"执行会计"为主体的管理会计结构体系。

3. 管理会计反思时代（20 世纪 80 年代）

进入 20 世纪 80 年代，由于"信息经济学"和"代理理论"的引进，管理会计又有新的发展。但是，面对世界范围内高新技术蓬勃发展并广泛应用于经济领域，管理会计又显得有些过时、落伍。"管理会计过时了""管理会计理论与实践脱节"等呼声很高。

在西方管理会计的发展历程中，研究管理会计的流派大致分为两个：传统学派和创新学派。20 世纪 70 年代至 20 世纪 80 年代初期，传统学派指责创新学派理论脱离实践，复杂的数学模型远离现实世界。而创新学派则指责传统学派视野狭隘、观念陈旧、方法落后，难以适应新经济环境的要求。但"管理会计理论与实践脱节"是西方管理会计理论研究共同关注的问题。

20 世纪 80 年代之后，创新学派代表人物卡普兰认为管理会计研究方法必须改弦易辙，主张会计学者必须走出办公室，到实践中去，以寻求新的理论与方法。这标志着管理会计进入了新时代——反思时代。

4. 管理会计主题转变的过渡时代（20 世纪 90 年代）

进入 20 世纪 90 年代，"变化"成为世界经济环境的主要特征。基于环境的变化，管理会计信息搜集的任务从管理会计人员转移到这些信息的使用者，保证了企业能以一种及时的方式搜集相关信息，并据此做出反应。管理会计突破了由管理会计师提供信息、管理人员使用信息的旧框架，而由每一个员工直接提供与使用各种信息。由此，管理会计信息提供者与使用者的界限逐渐模糊。

美国密歇根州立大学希尔兹认为，管理会计研究正经历一场复兴，有关管理会计研究方面的著作和研讨会在不断增加，在由企业发起的研究活动中，学术研究人员起着越来越关键的作用。希尔兹在美国会计学会主办的《管理会计研究杂志》1997 年第 9 卷上发表了题为《90 年代北美管理会计研究》的论文，对 1990—1996 年刊登于《会计、组织和社会》《会计评论》《当代会计研究》《会计与经济学杂志》《会计研究》和《管理会计研究》六种主流杂志上有关成本管理会计研究的 152 篇论文进行归类分析。

从这些论文中可以看出，管理会计研究的主题、研究所涉及的理论基础、研究方法和背景都呈现多元化的格局。与此同时，滑铁卢大学的阿特金森等学者发表了题为《管理会计研究的新趋向》的论文，根据阿特金森等学者的研究，20 世纪 90 年代西方管理会计理论研究的发展趋势体现在以下三个研究领域：管理会计在组织变化中的地位与作用、管理会计与组织结构之间的共生互动性、管理会计在决策支持系统中的作用。

总体来说，20 世纪管理会计的研究主题基本上围绕着企业价值增值而展开。它只能揭示企业实现价值增值的结果，难以揭示价值增值的原因以及价值增值的持续性。企业只有具备核心能力才能持续获得价值增值。因此，21 世纪管理会计的主题从企业价值增值转移到核心能力的培植。核心能力对企业组织及其人力资源具有高度的依赖性，21 世纪管理会计将"以人为本"，围绕企业核心能力的培植构建其基本的框架，这也正是未来管理会计发展的方向。

1.3 管理会计与财务会计的比较

管理会计与财务会计是现代企业会计的两大分支，管理会计的特点就是相对于财务会计而言管理会计所独具的某些特色或显著的区别。可见，对管理会计与财务会计进行比较是十分必要的。

1.3.1 管理会计与财务会计的区别

1. 工作的侧重点不同

财务会计的侧重点在于根据日常的业务记录，登记账簿，定期编制有关的财务报表，向企业外界具有经济利害关系的团体、个人报告企业的财务状况与经营成果，其具体目标主要是为企业外界服务，因此财务会计又可称为"外部会计"。

而管理会计的侧重点在于针对企业经营管理遇到的特定问题进行分析研究，以便向企业内部各级管理人员提供决策和控制考核所需要的信息资料，其具体目标主要是为企业内部管理服务，因此管理会计又可称为"内部会计"。

2. 工作主体的层次不同

财务会计的工作主体往往只有一个层次，即主要以整个企业为工作主体，从而能够适应财务会计所特别强调的完整反映、监督整个经济过程的要求，并且不能遗漏会计主体的任何会计要素。

而管理会计的工作主体可分为多个层次，它既可以以整个企业为工作主体，又可以将企业内部的局部区域或个别部门甚至某一管理环节作为工作主体。

3. 作用时效不同

财务会计的作用时效主要在于反映过去，无论强调客观性原则，还是坚持历史成本原则，都可以证明其反映的只能是过去实际已经发生的经济业务。因此，财务会计实质上属于算"呆账"的"报账型会计"。

而管理会计的作用时效不仅限于分析过去，还在于能能动地利用财务会计的资料进行预测和规划未来，同时控制现在，从而横跨过去、现在、未来三个时态。管理会计面向未来的作用时效摆在第一位，而分析过去是为了控制现在和更好地指导未来。因此，管理会计实质上属于算"活账"的"经营型会计"。

4. 遵循的原则、标准不同

财务会计工作必须严格遵守《企业会计准则》和行业统一会计制度，以保证所提供的财务信息在时间上的一致性和空间上的可比性。

而管理会计不受《企业会计准则》和行业统一会计制度的完全限制和严格约束，在工作中可灵活应用预测学、控制论、信息理论、决策原理等现代管理理论作为指导。

5. 信息的特征、载体不同

财务会计能定期地向与企业有利害关系的集团或个人提供较为全面的、系统的、连续的和综合的财务信息。财务会计的信息载体有统一格式的凭证系统、账簿系统和报表系统，统一规定财务报告的种类。

而管理会计所提供的信息往往是为满足内部管理的特定要求而有选择的、部分的和不定期的管理信息。管理会计的信息载体大多为没有统一格式的各种内部报告，而且对报告的种类也没有统一规定。

6. 方法体系不同

财务会计的方法比较稳定，核算时往往只需要运用简单的算术方法。

而管理会计可选择灵活多样的方法对不同的问题进行分析处理，即使对相同的问题也可根据需要和可能而采用不同方法进行处理，在信息处理过程中大量运用现代数学方法。

7. 工作程序不同

财务会计必须执行固定的工作程序，从制作凭证到登记账簿，直至编报财务报告，都必须按规定的程序处理，不得随意变更其工作内容或颠倒工作顺序。同类企业的财务会计工作程序往往是大同小异的。

而管理会计工作的程序性较差，没有固定的工作程序可以遵循，有较大的回旋余地，企业可根据自己的实际情况设计管理会计工作的流程。这样会导致不同企业间管理会计工作有较大差异。

8. 体系的完善程度不同

财务会计就其体系的完善程度而言，已经达到相对成熟和稳定的地步，形成了通用的会计规范和统一的会计模式，具有统一性和规范性。

而管理会计体系尚不够完整，正处于继续发展和不断完善的过程中，缺乏统一性和规范性。

9. 观念和取向不同

财务会计将其着重点放在如何真实准确地反映企业生产经营过程中人、财、物要素在供、产、销各个阶段上的分布及使用、消耗情况上，十分重视定期报告企业的财务状况和经营成果的质量。

而管理会计不仅重视反映管理行为的结果，而且更为关注管理的过程。

10. 对会计人员素质的要求不同

鉴于管理会计的方法灵活多样，又没有固定的工作程序可以遵循，其体系缺乏统一性和规范性，所以在很大程度上管理会计的水平取决于会计人员素质的高低。同时，由于管理会计工作需要考虑的因素比较多，涉及的内容也比较复杂，其也要求从事这项工作的人员必须具备较宽的知识面，具有较强的分析问题、解决问题的能力和应变能力。财务会计工作则需要基础知识比较扎实、操作能力强、工作细致的专门人才来承担。

1.3.2　管理会计与财务会计的联系

自20世纪50年代会计逐步形成了财务会计和管理会计两大分支以来，人们一直认为财务会计按照特定的会计准则或会计制度对企业的经济业务活动进行核算和监督，即单纯地提供信息和解释信息，属于报账型会计；管理会计则按照企业内部管理的需要，灵活采用多种会计处理程序和方法，其不仅反映过去，而且要能动地利用历史信息，来预测前景、参与决策、规划未来，控制和评价一切经济活动，属于经营型会计，以至于"财务会计对外、管理会计对内"似乎成了"金科玉律"。但从根本上来说，会计系统是由财务会计和管理会计耦合而成的，它是企业管理系统的核心子系统。尤其是在知识经济条件下，随着信息技术与网络技术的迅猛发展及其在会计中的广泛应用，财务会计与管理会计进一步融合成为一种必然趋势。

1. 本质都是管理活动

企业会计自产生以来就是为企业管理服务的。只是由于客观条件及技术水平所限，企业会计的功能被局限于核算。财务会计侧重于对实际运行状态的记录和总结；管理会计则利用经济数据通过各种方法来帮助企业管理当局做出决策，侧重于过程控制，运用预测、决策和预算编制等技术方法完成其设定的管理目标。但是作为企业会计的两个分支，二者都是为企业管理服务的。

2. 都具有控制与考核职能

财务会计的基本职能是核算与监督。财务会计的监督，其实质就是对企业实践经营活动过程中的成本进行考核、检查，主要是考核企业的实际经营状况与所制定的目标、成本预算是否相符，如果二者之间存在着一定的差异，就要找出原因，并想出有效的办法解决。而管理会计主要是实现对企业经济活动预算的控制、企业成本费用控制以及对企业人员进行考核评价。在这一点上，其与财务会计的监督职能本质上是一致的。管理会计是对财务会计的延伸和发展，二者在提高企业效益、维护相关利益者的权益方面始终保持一致。

3. 基本信息来源相同

管理会计和财务会计虽是会计信息系统的两个分支，但它们最基本的信息来源脱离不了那些直接反映生产经营活动的原始资料，也就是说，它们的基本信息来源是一致的。

4. 最终目标一致

财务会计与管理会计，它们的日常工作一般都是基于同一财务与会计基础理论进行的，二者的理论基础有其同源性。财务会计核算的目的在于通过提供信息来影响人们的决策及其行为；管理会计只不过运用了一些特殊的方法和技术对企业的生产经营活动及人的行为进行管理和控制。二者统一服务于现代企业会计的总体要求，共同为实现企业内部经营管理目标和满足外部各利益相关者的要求服务。

◎ 本章小结

管理会计已经成为一门越来越受人们关注的学科，它的产生和发展源于正在变革的全球范围内企业组织所面临的新型商业环境，经济全球化、捕获成功的战略、组织结构的扁平化、流程管理的兴起、电子商务和企业管理信息系统等商务技术的应用都使管理会计不断发展变革。

本书认为，管理会计是以现代管理科学为基础，采用一系列专门的技术和方法，对企业内部的经营活动及其产生的财务信息与非财务信息进行规划、控制、评价与考核，协助管理当局对企业资源的合理配置和有效使用做出最优化决策的信息管理系统，是现代会计的一个分支。

管理会计具有服务于企业内部管理、以未来事件为决策对象、方法灵活多样和不受会计准则的约束的特点。管理会计可划分为三大模块：管理会计基础、决策会计和控制会计。

管理会计与财务会计既有区别又有联系，为各类信息使用者制定决策发挥着各自不同的功能。

◎ 自测题

（一）单选题

1. 管理会计的雏形产生于（　　）。
   A. 19 世纪末　　　　B. 20 世纪上半叶　　C. 第二次世界大战之后　D. 20 世纪 70 年代
2. 管理会计与财务会计的联系表现在（　　）。
   A. 服务对象相同　　B. 信息特征相同　　C. 基本信息来源相同　　D. 均须负法律责任
3. 下列项目中，不属于管理会计系统能够提供的信息是（　　）。
   A. 不发生法律效用的信息　　　　　B. 全面精确的信息
   C. 非价值量信息　　　　　　　　　D. 定性信息

4. 管理会计的服务对象侧重于（　　　）。

    A. 股东   B. 外部集团   C. 债权人   D. 企业内部的经营管理

5. 现代管理会计中占核心地位的是（　　　）。

    A. 决策会计   B. 控制会计   C. 成本会计   D. 责任会计

（二）多选题

1. 管理会计属于（　　　）。

    A. 现代企业会计   B. 经营型会计   C. 外部会计

    D. 报账型会计   E. 内部会计

2. 管理会计的商业环境包括（　　　）。

    A. 经济全球化   B. 企业组织   C. 战略

    D. 业务流程   E. 职业道德的重要性

3. （　　　）属于管理会计的基本内容。

    A. 管理会计基础   B. 决策会计   C. 控制会计   D. 财务会计

4. （　　　）的出现标志着管理会计原始雏形的形成。

    A. 标准成本计算制度   B. 变动成本法

    C. 预算控制   D. 责任考评

5. 下列项目中，可以作为管理会计工作主体的有（　　　）。

    A. 企业整体   B. 分厂   C. 车间

    D. 班组   E. 个人

6. 下列论述正确的是（　　　）。

    A. 管理会计是企业会计的一个重要领域

    B. 管理会计是对外报告会计

    C. 现代管理会计以服务于企业提高经济效益为核心

    D. 管理会计越来越广泛地应用许多现代数学方法

    E. 管理会计主要描述过去

（三）判断题

1. 管理会计不仅应反映过去，还应能预测和规划未来。（　　　）

2. 管理会计无须严格遵守传统会计的理论观念，也无须受"公认会计原则"的严格限制。（　　　）

3. 管理会计的对象在时间上更侧重于过去的已发生的经济活动及其发出的信息。（　　　）

4. 与财务会计相比，管理会计使用的方法更为灵活多样。（　　　）

5. 管理会计与财务会计核算的原始资料完全不同。（　　　）

（四）思考题

1. 在当前"大智移云物区"的背景下，管理会计发展所面临的新型商业环境如何？

2. 要实现我国经济从高成本、高能耗、粗放式发展方式转变为管理创新、技术创新等发展方式，管理会计从业人员需要具备哪些品质和职业素养？

（五）案例分析题

大数据时代企业管理
会计转型的机遇与挑战

第2章

成本概述

学习目标

　　本章主要讲述成本的概念与分类。通过对本章的学习，希望读者能够了解成本的概念以及如何按照不同的标准对成本进行分类，理解制造成本与非制造成本、产品成本与期间成本、直接成本与间接成本、相关成本与无关成本的差别，掌握按性态分类的各类成本的相关内容以及各类成本的主要特性。

基本概念

　　制造成本　非制造成本　产品成本　期间成本　直接成本　间接成本　相关成本　无关成本
变动成本　固定成本　混合成本

2.1　成本的概念与一般分类

引导案例

2.1.1　成本的概念

　　从管理会计的角度看，成本是指企业在生产经营过程中对象化的，以货币表现的为达到一定目的而应当或可能发生的各种经济资源的价值牺牲或代价。成本的时态可以是过去时、现在完成时（实际成本）或将来时（是一种目标成本）。例如，我们预测的在未来一年内由于节约某种材料而可节省的产品成本就是将来的成本。管理会计着重为企业内部管理部门的预测、决策、控制和考核等职能服务。由于各管理职能的具体目标不同，履行这些职能所需的成本信息也有所差异，因此管理会计就需要根据管理职能的要求来核算和提供满足各种要求的成本信息，这也导致了管理会计中成本分类的多样化。

2.1.2　成本的一般分类

　　为了适应不同目的的不同需要，我们可以按照不同的分类标准对成本进行分类。例如，成本可按经济职能分为制造成本和非制造成本；按成本的可盘存性分为产品成本和期间成本；按与特定对象之间的关系分为直接成本和间接成本；按是否与企业决策相关分为相关成本和无关成本；等等。

　　1. 制造成本与非制造成本

　　为了合理确定工业企业产品成本和期间损益，完善产品成本控制，满足对外报告的需要，我们可以按照经济职能的不同，将成本划分为制造成本（manufacturing cost）和非制造成本（nonmanufacturing cost）两大类。

　　（1）制造成本

　　制造成本是指企业为生产一定种类、一定数量的产品所支出的各种生产费用之和，又称生产成本（production cost），通常包括直接材料（direct material）、直接人工（direct labor）和制造费用（manufacturing overhead）三个项目。

直接材料是指能够直接追溯到每件产品上，并构成产品实体的原料及主要材料、外购半成品、有助于产品形成的辅助材料及其他直接材料，如用于生产汽车车体使用的钢材、生产家具使用的木材、建造房屋使用的各种建材等。有人常常会将原材料和直接材料混淆，认为二者可以互换使用，实际上这两个术语之间存在差异。材料在进入生产过程之前是原材料，在进入生产过程之后，就成了直接材料。

直接人工是指企业在生产产品和提供劳务过程中，直接从事产品生产的工人的工资、津贴、补贴和福利费等。

制造费用又称间接制造成本（indirect manufacturing cost），是指在生产过程中发生的，除了直接材料和直接人工的其他全部耗费，如生产设备或厂房的折旧费、保险费，车间的取暖费、电费、运输费，车间管理人员工资，机器设备的维护修理费等。

制造费用可以进一步划分为间接材料、间接人工和其他制造费用三部分。间接材料是指在产品生产过程中耗用，但不能直接归属于某一特定产品的材料成本，如多种产品共同消耗的材料；间接人工是指为生产服务而不直接进行产品生产所发生的人工成本，如维修、清洁等人员的工资；其他制造费用是指在产品生产过程中发生的，除间接材料、间接人工以外的制造费用，包括厂房和设备的折旧费、保险费、公共事业费以及运营服务部门的成本。

在上述制造成本项目中，直接材料与直接人工之和被称为主要成本（prime cost），是传统经济模式下产品成本的主要构成部分；直接人工与制造费用之和被称为加工成本或转换成本（conversion cost），能够推动企业实现从原材料到产成品的转变。

【例2-1】假如某公司只生产甲、乙两种产品，2022年5月，生产车间领用原材料30 000元，并全部投入甲产品生产，支付甲产品生产工人工资18 000元、车间管理人员工资5 000元，计提车间厂房及生产设备折旧3 000元。

要求：分析本例题中各项成本的归属。

分析：根据成本分配原则，即谁受益，谁负担，生产车间领用的原材料（30 000元）全部投入甲产品生产，构成了该产品的直接材料，支付甲产品生产工人的工资（18 000元）属于该产品的直接人工，车间管理人员的工资（5 000元）及生产设备折旧费用应由甲、乙两种产品共同负担，按照一定标准进行分配，因此应归属于间接制造成本，即制造费用。

同时，原材料费用、工人工资、车间管理员工工资以及设备折旧费共同构成了该公司所生产甲、乙两种产品的制造成本。

（2）非制造成本

非制造成本，又称非生产成本（nonproductive cost），是指企业内除制造成本以外的、为制造产品提供服务的各类非生产部门所发生的成本。非制造成本不能归属于特定产品，而只能在发生当期立即转化为费用，在利润表中直接扣减，因此，属于"不可储存的成本"。在西方财务会计中，非制造成本主要包括销售成本（marketing cost or selling cost）和行政管理成本（general & administrative cost）。相应地，非制造成本也被称为销售及管理成本（selling & administrative cost）。

销售成本是指企业为获取订单、销售产品而发生的各项成本，又称为营销费用（相当于我国企业的销售费用），包括广告宣传费、送货运杂费、销售佣金、销售人员工资以及销售部门的办公费、差旅费、租赁费、折旧费等。

行政管理成本是指企业行政部门所发生的管理、组织与办公费用等，包括企业行政管理人员（包括公司高管）的工资、办公用品费，以及行政管理部门的折旧费、保险费、房产税等。

财务费用，按西方惯例不属于生产经营活动范畴，而是与财务管理中筹资活动的联系更加紧密，因此，西方的管理会计教材常常对其不考虑。但事实上，财务费用这一非制造成本是实实在在存在的，无论是进行成本核算还是成本规划和控制，都不能忽视。因此，本书在非制造成本中考虑了企业因向银行借款、发行债券等事项而支付的借款手续费、利息支出等财务费用。

由此，制造企业成本的构成内容可以用图 2-1 描述。

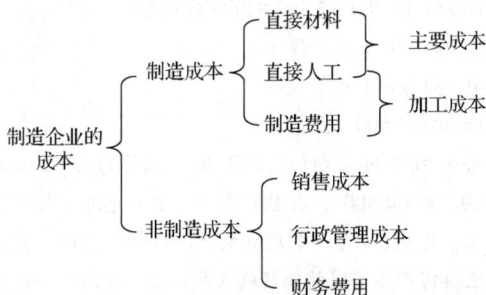

图 2-1　制造企业成本的构成

【例2-2】某公司在2022年3月支付行政管理人员工资40 000元、销售人员工资56 000元，按一定方法摊销本月广告费8 500元，计提银行贷款利息9 700元。

要求：确定该公司各项成本费用的归属。

分析：3月所支付的行政管理人员工资（40 000元）属于行政管理成本，销售人员工资（56 000元）以及摊销的广告费（8 500元）属于销售成本，而银行贷款利息（9 700元）则是财务费用。并且，3月所支付的行政管理人员工资、销售人员工资以及摊销的广告费和贷款利息都是为制造产品提供服务的各类非生产部门所发生的成本，属于非制造成本，在发生的当期全部从损益中扣除，不得列入制造成本。

2. 产品成本与期间成本

为了确定存货成本和期间损益，成本可按其可盘存性进行分类，分为产品成本（product cost）与期间成本（period cost）两大类。其中，成本的可盘存性是指一定期间内发生的成本是否计入产品成本，并作为资产结转下期。凡能够盘存的成本，都可以以存货的形式在资产负债表中得以反映，并递延到下期；凡不可盘存的成本则会以费用的形式在利润表中反映，从当期的收入中全额扣除，不能递延至下期。如此分类的目的是确定各期产品的销售成本及其损益，以及库存产品的存货成本。

（1）产品成本

产品成本是指期末能够盘存并计入存货，且可以递延到下期的成本。产品成本汇集于产品内，随产品而流动。如果有关产品已在本期内销售出去，汇集于该产品内的成本则应作为本期的已销售产品成本列入利润表。同时，我们应使之同本期已销售产品实现的销售收入相配比，据以确定本期的经营成果。如果有关产品尚未加工完成或已加工完成但尚未销售出去，汇集于该产品内的成本则应列入资产负债表，作为存货的一个组成部分结转至下期。产品成本通常包括直接材料、直接人工和制造费用，简称"料工费"。制造企业的制造成本一般都视为产品成本。

【例2-3】假设某公司只生产销售一种产品。2022年8月1日，有部分在产品正在生产，截至8月31日投产并完工产品400件，销售产品350件，其他相关资料如表2-1所示。

要求：确定销售产品成本和期末产品成本。

表2-1　　　　　　　　　　　　　　产品成本资料表

单位：元

项目	直接材料	直接人工	制造费用
期初在产品	2 000	1 500	800
本期投产	18 000	9 200	4 500
合计	20 000	10 700	5 300
期末在产品	0	0	0
本期完工产品成本	20 000	10 700	5 300

分析计算：

本期完工产品成本＝20 000＋10 700＋5 300＝36 000（元）

单位产品成本＝36 000÷400＝90（元／件）

销售产品成本＝350×90＝31 500（元）

期末库存产品成本＝50×90＝4 500（元）

根据分析计算可知，该公司2022年8月期初在产品成本为4 300元（2 000＋1 500＋800），本期投入产品成本31 700元（18 000＋9 200＋4 500），并且所投产品全部完工，则期初产品成本和本期所投成本全部转变为本期完工产品成本，为36 000元。本期所生产产品卖出350件，成本为31 500元，作为销售产品成本列入利润表，同本期已销售产品实现的销售收入相匹配。我们可据以确定本期的经营成果。期末剩余50件产品，成本是4 500元，作为本期存货列入资产负债表，作为存货的一个组成部分结转至下期。

（2）期间成本

期间成本是指期末不能盘存计入存货，而从当期收入中全部扣除的成本。期间成本一般与企业生产经营活动持续期的长短有关，其效益会随时间的推移而消逝，因而不应结转至下期。在计算成本的过程中，期间成本应在其发生的当期，全额列入利润表，作为该期销售收入的一个扣减项目直接抵扣，而不必追溯到特定产品之上。期间成本一般包括销售费用、管理费用和财务费用三项。制造企业的非制造成本一般都被视为期间成本。

期间成本与产品成本在以下几个方面有所差异。

一是与产品生产的关系不同。期间成本的发生是为产品生产提供必要条件和管理需要，而与产品的生产本身并不直接相关；产品成本是与产品生产直接相关的成本，它们应直接计入或分配计入有关的产品。

二是与会计期间的关系不同。期间成本只与费用发生的当期有关，不影响或不分摊到其他会计期间；产品成本中的当期完工部分当期转为产成品成本，未完工部分则结转下一期继续加工，与前后会计期间都有联系。

三是与会计报表的关系不同。期间成本直接列入当期损益表，作为当期损益项目；产品成本中的当期完工部分转为产成品成本，已销售产成品的成本转入损益表列作产品销售成本，而未售产品和未完工的产品都应作为存货列入资产负债表。

【例2-4】续【例2-3】，该公司在该月除了投入相关的材料费用、人工费用和制造费用，还发生以下费用支出业务。

① 3日，报销管理人员差旅费2 260元；

② 10日，用银行存款支付本月管理部门水费2 805元、电费3 724元；

③ 19日，用银行存款支付5 200元的销售产品运输费；

④ 22日，用现金支付支票工本费25元；

⑤ 31日，计提本月公司管理人员工资8 500元、销售人员工资39 500元；

⑥ 31日，计提本月银行贷款利息980元。

要求：以上各项费用能否归入产品成本？

分析：以上业务活动中所发生的经济利益的流出，不能直接归属于企业的产品成本。它是随着时间推移而发生的，且与当期产品的管理和销售直接相关，与产品的产量、制造过程无直接关系，即容易确定其发生的期间，而难以判别其归属于哪个产品，因而不能列入产品成本，只能在发生的当期全部从损益中扣除。

3. 直接成本与间接成本

成本按其与特定对象之间的关系进行分类，可以分为直接成本和间接成本两大类。这里的特定对象是指成本核算对象，它取决于核算的目的，可能是产品，也可能是某责任单位，或者质量、作业等。如此分类的目的是准确核算特定对象的成本，确保决策的正确性。

（1）直接成本

直接成本也称为可追溯成本，是指与某一特定对象直接联系、可以直接归入该对象的那部分成本。在同时产销多种产品的情况下，这类成本与特定产品的产销活动密切相关，会随着特定产品的产销量的变动而变动。此时，产品的直接材料、直接人工属于直接成本；如果只产销一种产品，则全部产品成本都是直接成本，可直接记入该产品生产成本明细账。例如，某公司只生产销售一种产品，2022年10月生产车间领用原材料17 000元，支付工人工资8 000元，计提设备折旧2 000元，因为该公司只生产一种产品，因此车间所发生的一切经济支出都与该产品有直接的联系，属于该产品的直接成本。

（2）间接成本

间接成本也称为不可追溯成本，是指与某一特定对象没有直接联系的那部分成本，需要按一定的分配标准分配计入产品成本。这类成本通常与特定产品的生产和销售无直接联系，往往由几种产品共同负担，属于共同成本，如车间管理人员工资、房屋机械设备折旧、租赁费、修理费、水电费等。例如，某公司生产A、B、C三种产品，2022年8月车间设备提折旧20 000元，设备由A、B、C三种产品共同生产使用，根据"谁受益，谁负担；负担多少，视受益程度而定"的成本分配原则，这20 000元的折旧费就应该由A、B、C三种产品共同承担，而不能直接归入三种产品中的任何一种。因此，20 000元的折旧费就属于A、B、C三种产品的间接成本，需要按照一定的标准在A、B、C三种产品之间分配。

区别产品成本与期间成本、直接成本与间接成本，不仅是成本归集、分配、计算、确定期间损益的前提，而且能够反映产品成本的构成，便于考核成本计划完成情况、分析成本升降的原因和寻求降低成本的途径。

4. 相关成本与无关成本

决策是人类的一种普遍活动。企业在经营决策中常常需要运用一系列独特的成本概念，作为分析、评价有关方案经济效益高低的重要依据。因此，为了使企业的决策更加准确可靠，我们首先必须了解各种不同成本与经营决策之间的关系。以与企业决策是否有关为依据，成本主要可分为两大类：相关成本和无关成本。

（1）相关成本

相关成本是指与特定经营决策相联系的、能对决策产生重大影响的、在短期经营决策中必须予以考虑的成本。这类成本都是目前尚未发生或支付的各种形式的未来成本，它们通常因决策产生而产生，随决策改变而改变，其内容完全取决于所要解决问题的特定内容。例如，某公司决定生产一批产品，生产该产品需要投入20 000元的原木，如果没有决定生产该批产品，也就不会发生这20 000元的成本，所以，这20 000元的原木就是生产该批产品的相关成本。

（2）无关成本

无关成本是指与经营决策没有直接关联的成本，不随决策的改变而改变。无关成本属于过去已发生的成本，或者虽未发生，但在各种替代方案下数额相同，对未来决策没有影响，因此在决策分析中可以不予考虑。例如，企业有一批过时的积压商品，原价是8 000元。现有两种处理方案：一种方案是折价出售；另一种方案是加工后再出售。在企业决定选择何种方案时，商品的原价8 000元都已经实质性地支出，且现在的决策无法改变，因此这项成本就是决策的无关成本。

需要注意的是，将成本划分为相关成本和无关成本对于企业进行短期经营决策具有非常重要的意义，它可以使企业在决策中避免把精力耗费在收集那些无关紧要的信息和资料上，减少得不偿失的劳动。当然，在实际决策中，我们一定要根据具体情况进行具体分析，比较各种成本运用的优缺点，可以综合利用各种成本进行成本分析，以使管理者的决策更加科学，更具有说服力。

2.2 成本按其性态分类

成本性态（cost behavior）是指成本总额在业务量（volume）变化时的反应性态，即成本总额与业务量在数量方面的依存关系，又称为成本习性。这种关系是客观存在的，是成本的固有性质，故称为"性态"。

企业在日常经营活动中，很有必要预测某项成本随着业务量的变化会如何变化，如随着业务量的增加，某特定成本上升、下降或保持不变。出于计划目的，管理人员必须能预测上述哪种情况会发生，而且如果预期成本发生变化，则管理人员必须能估计其变化幅度。为便于做这样的区分，依据成本性态，成本可分为变动成本、固定成本和混合成本三大类，每类成本都有自己的特点和表现形态。

2.2.1 变动成本

1. 变动成本性态

变动成本（variable cost）是指在一定条件下，其总额随业务量的变动呈正比例变动的成本，即业务量每增长 1 倍，成本总额也会增长 1 倍。例如，生产一辆上海大众汽车需要 4 个轮胎，随着汽车产量增加或减少，轮胎用量也会成比例地增加或减少。如果汽车产量提高 15%，那么轮胎用量也会提高15%，可见，轮胎的用量与汽车的产量呈正比例变动。典型的变动成本有：工业企业生产过程中发生的与产量呈正比例变化的直接材料、直接人工、燃料及动力费、外部加工费等；管理费用中与业务量呈正比例变动的非生产成本中的各项目；销售费用中按销售量支付的销售佣金、运输费、包装费等。

变动成本习性的有趣一面在于，虽然在一定条件下变动成本的总额会随业务量的变动而呈正比例变动，但从单位业务量角度来分析，单位产品的直接材料、直接人工却是不变的，单位变动成本不受业务量变动的影响，即在一定条件下，单位产品的变动成本是一个稳定不变的定量。变动成本的特性分别如图 2-2 和图 2-3 所示。

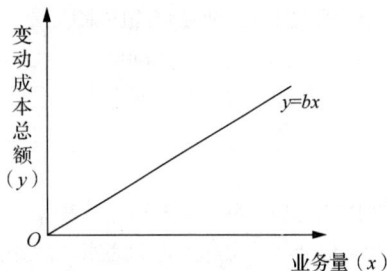

图 2-2　变动成本总额与业务量的关系

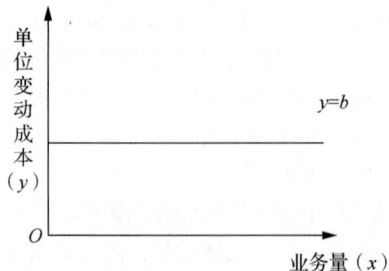

图 2-3　单位变动成本与业务量的关系

图 2-2 反映了变动成本总额是一条过原点的直线，随着业务量的增加而正比例上升（该直线的斜率 b 即为单位变动成本）；图 2-3 反映了单位变动成本是一条与横轴（业务量）平行的直线，不受业务量变动的影响。

【例2-5】某企业只生产一种产品，每件产品所耗用的原材料为15元，每月的产量不超过1 000件时，原材料成本总额的发生情况如表2-2所示。

要求：分析该产品的变动成本总额和单位变动成本的变化情况。

表2-2　　　　　　　　　　　　　产品产量与原材料费用资料

月份	产量／件	原材料费用／元	单位产品负担的原材料费用／（元／件）
1	200	3 000	15
2	400	6 000	15
3	600	9 000	15
4	800	12 000	15
5	1 000	15 000	15

分析：根据表2-2可知，当企业每月的产量不超过1 000件时，该企业每月发生的原材料费用（15x元）随产品产量的变化而呈正比例变化，但单位产品生产耗用的原材料（15元）却与产量的多少没有任何关系，即无论产量如何变化，它都保持不变。将表2-2的数据在直角坐标图中表示，则变动成本

总额与单位变动成本的性态模型分别如图2-4和图2-5所示。

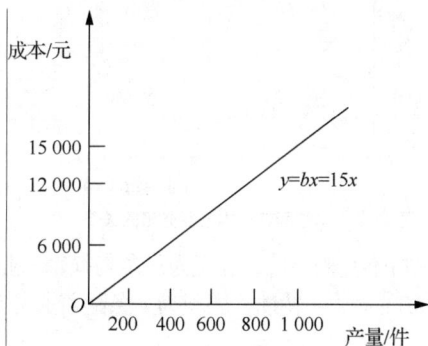

图 2-4 中纵轴为"成本/元",标有 6 000、12 000、15 000，直线为 $y=bx=15x$；横轴为"产量/件"，标有 200、400、600、800、1 000。

图 2-5 中纵轴为"成本/元"，标有 15，水平线为 $y=b=15$；横轴为"产量/件"，标有 200、400、600、800、1 000。

图 2-4　变动成本总额与业务量的关系　　　　图 2-5　单位变动成本与业务量的关系

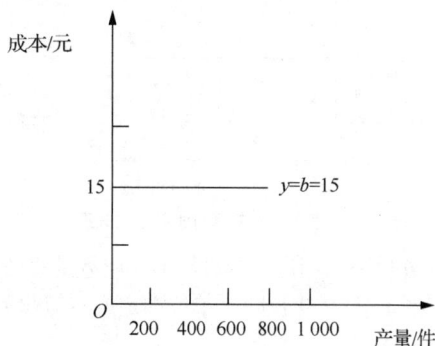

2. 变动成本分类

变动成本可以根据其性质进一步分为技术性变动成本和酌量性变动成本。

（1）技术性变动成本

技术性变动成本是指其单位成本受客观因素影响，消耗量由技术因素决定的那部分变动成本，是企业管理人员的决策无法改变支出数额的，并与业务量有明确的技术或实务关系的变动成本。例如，在汽车引擎采购价格不变的情况下，大众公司的汽车产量如果增加 10%，其消耗的引擎的成本也将增加 10%。再如，某热电厂的锅炉必须使用燃烧值在一定千卡以上的专用精煤，在精煤的市场价格不变的情况下，燃烧成本就属于随发电量呈正比例变动的技术性变动成本。

（2）酌量性变动成本

酌量性变动成本是指可以通过管理决策行动而改变的变动成本，如按产量计酬的工人薪金、按销售收入的一定比例计算的销售佣金等。这些支出的比例或标准取决于企业管理人员的决策，当然，企业管理人员在做上述决策时不能脱离当时的市场环境。例如，在确定计件工资时就必须考虑当时的劳动力市场情况，在确定销售佣金时必须考虑所销产品的市场情况，并由经理决定销售佣金计提的百分数，因此，这部分支出属于酌量性变动成本。这类成本的显著特点是其单位成本的发生额可由企业最高管理人员决定。又如，在质量能保证并且单耗不变的条件下，企业的原材料可通过不同的渠道和不同供货单位进行采购，则原材料成本的消耗属于酌量性变动成本。

特别强调的是，变动成本一般表现为单位额。所以，无论是技术性变动成本还是酌量性变动成本，都是针对变动成本的单位额的产生原因而言的，因此管理会计研究中常常将技术性变动成本和酌量性变动成本合二为一，以单位变动成本形式反映。要达到降低变动成本的目的，既可以从技术性角度进行控制，也可以从酌量性角度采取措施。

2.2.2　固定成本

1. 固定成本性态

固定成本（fixed cost）是指在一定条件下，无论业务量如何变化，其总额均保持不变的成本。与变动成本不同，固定成本总额不受业务量变化的影响。也就是说，在一定条件下，无论业务量是增加还是减少，固定成本总额总是保持不变的。租金就是固定成本的典型例子。假如某公司每月花费 6 500 元租用一台设备生产甲产品，那么无论当月生产甲产品的数量如何，每月 6 500 元的租金都保持不变。

虽然一定条件下固定成本的总额不会随业务量的变动而变动，但单位产品所分摊的固定成本却会随业务量的变化呈反比例变化，即随着业务量的增加，单位产品所分摊的固定成本会减少。相反，随着业务量的减少，单位产品所分摊的固定成本会增加。固定成本的性态模型分别如图 2-6 和图 2-7 所示。

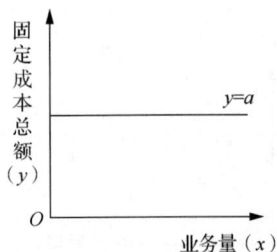

图 2-6　固定成本总额与业务量的关系

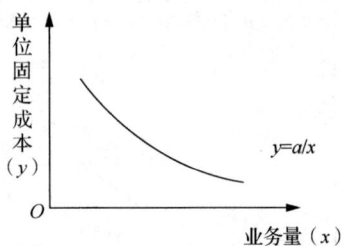

图 2-7　单位固定成本与业务量的关系

图 2-6 反映了固定成本总额不受业务量变动影响保持不变的特性，表现为一条与横轴（业务量）平行的直线；图 2-7 反映了单位固定成本与业务量反方向变动的特性，表现为一条随着业务量的增加而下降的曲线。

【例2-6】某企业只生产一种产品，其生产车间管理人员的工资为5 000元/月，该车间的最大生产能力为1 000件。产量不超过1 000件时的车间管理人员工资发生情况如表2-3所示。

要求：分析该产品的固定成本总额和单位固定成本的变化情况。

表 2-3　　　　　　　　　　　产品产量与管理人员工资资料

月份	产量/件	管理人员工资/元	单位产品负担的管理人员工资/（元/件）
1	200	5 000	25
2	250	5 000	20
3	500	5 000	10
4	800	5 000	6.25
5	1 000	5 000	5

分析：根据表2-3可知，当企业的产量不超过1 000件时，该企业每月车间管理人员的工资（5 000元）与产品的产量多少无关，无论产量如何变化，它都保持不变。但单位产品负担的车间管理人员的工资（5 000/x）却随产量的不断增长而反比例变动。将表2-3中的数据在直角坐标图中表示，则固定成本总额与单位固定成本的性态模型分别如图2-8和图2-9所示。

图 2-8　固定成本总额与业务量的关系

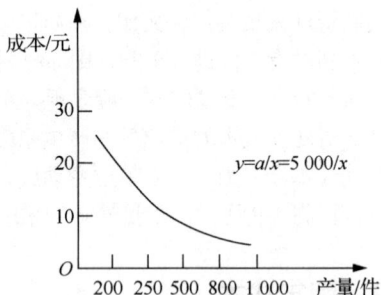

图 2-9　单位固定成本与业务量的关系

2. 固定成本分类

固定成本按其是否受企业管理人员短期决策行为的影响，可细分为约束性固定成本和酌量性固定成本。

（1）约束性固定成本

约束性固定成本是指企业管理人员的短期决策行为不能轻易改变其支出数额的固定成本，如厂房、机器设备折旧，财产保险，管理人员工资等，其反映的是形成和维持企业最起码生产经营能力的成本，企业只有具备了一定设备、一定数量的管理人员，才能正常经营。企业的经营能力一旦形成，在短期内就不应轻易削减，否则可能会影响企业长远目标的实现，降低盈利能力，因此这类成本具有很大的约束性。

（2）酌量性固定成本

酌量性固定成本是指企业管理人员的短期决策行为可以酌情改变其支出数额的固定成本，如研究开发费、职工培训费、业务宣传费等。由于这类成本的预算数只在预算期内有效，企业管理人员可以根据具体情况的变化，确定不同预算期的预算数，所以，其也被称为自定性固定成本。这类成本的数额不具有约束性，可以斟酌不同的情况加以确定。

值得注意的是，企业的固定成本总额由若干项目构成，当基于降低成本的目的研究固定成本时，企业应分别针对各项目采取相应措施；而当基于其他目的，如内部核算、预测、控制等研究固定成本时，企业常常将各项目合并，以固定成本总额的形式反映，因为它们具有共同特征，即一定条件下的各项目都不受业务量变化的影响。基于此，在管理会计中，固定成本一般是以总额形式表现的。

（3）相关范围

当我们说单位变动成本和固定成本总额固定不变时，是指其在相关范围内固定。相关范围（relevant range）是关于变动成本和固定成本的性态假定有效的业务量和时间范围。只有在一定的时间、业务量范围内，固定成本总额和单位变动成本才会呈现固定不变的性态，变动成本总额和业务量才呈完全线性关系，超过这一范围，不仅固定成本总额和单位变动成本会变，变动成本总额与业务量之间的线性关系也可能发生改变，可能会由正比例、完全的线性关系变为非正比例、非线性的关系。所以，在研究固定成本和变动成本时，需要明确业务量范围和时间范围，即以相关范围为前提。

【例2-7】某企业生产一种产品，其所需的加工设备按月计提折旧费3 000元。该设备的最大生产能力是2 000件。假设企业需要将产量提升至3 500件，则此时该企业需要添置一台同样的设备，以满足生产需求。因此，相应的固定成本——折旧费就由原来的3 000元上升至6 000元。折旧费的变化及其相关范围具体如图2-10所示。

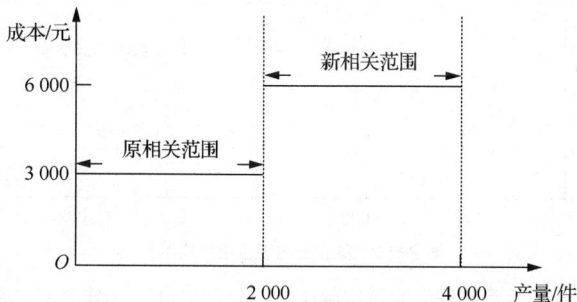
图2-10　固定成本的相关范围

2.2.3　混合成本

在现实的经济社会中，固定成本、变动成本是成本性态的两种极端类型。大多数成本都是介于二者之间的混合体，即混合成本。

1. 混合成本的含义

混合成本（mixed cost）是指介于固定成本与变动成本之间，随业务量变动但又不呈正比例变动的那部分成本。这类成本的典型特征是成本总额中兼有固定成本和变动成本两类性质，既非完全不变，也不与业务量的变动保持严格的正比例关系。在实际的项目中如维修费用、检验费用等，就属于混合成本，它们的成本性态并不明显，它们随着业务量的变化而变化，但并不是呈正比例变动。企业的总成本也是一项混合成本，而且是企业中金额最大的一项混合成本。

2. 混合成本的分类

混合成本与业务量之间的关系比较复杂。按照混合成本变动趋势的不同，混合成本进一步分为半固定成本、半变动成本、延期变动成本和曲线式混合成本四种类型。

（1）半固定成本

半固定成本是指其成本总额在一定业务量范围内保持不变，具有固定成本特征；当业务量突破这一范围时，成本就会跳跃上升，并在新的业务量范围内又保持不变，直到出现另一个新的跳跃为止。企业的化验员、质检员、管理人员等的工资，以及机器设备的维修保养费、按直线法提取的厂房设备折旧费等都属于半固定成本。

【例2-8】某企业根据产品产量的多少决定租赁设备的数量，一台设备每月最多生产2 000件产品，也就是说，产量每增加2 000件，企业就需要租赁一台设备。每台设备每月的租赁费为2 500元。设备租赁费与产量的关系如表2-4所示。

要求：分析该企业设备租赁费随产量变化而变化的情况。

表2-4 设备租赁费与产量的关系

产品产量/件	设备数量/台	每台设备租赁费/元	设备总租赁费/元
2 000	1	2 500	2 500
4 000	2	2 500	5 000
6 000	3	2 500	7 500
8 000	4	2 500	10 000
10 000	5	2 500	12 500

分析：根据上述资料，可将该企业生产产品的产量与该企业的设备租赁成本的关系描述在平面直角坐标图上，则该企业设备租赁成本呈阶梯式增长，具体如图2-11所示。

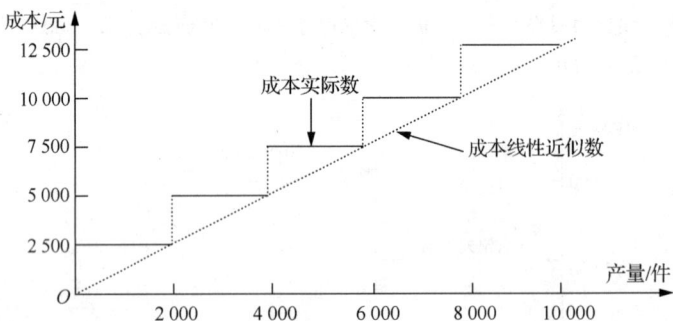

图2-11 某企业的设备租赁成本

从图2-11中可以看出，当产量的变动范围较小时（如产量由2 100件变动至4 000件），设备租赁费可以视为固定成本，因为在这一范围内，设备租赁费在5 000元这个水平上保持不变，具有固定成本的特征，此时，设备租赁成本的数学模型可以用$y=a$来表示。但当产量的变动范围扩大，如从4 000件增至6 000件，甚至超过6 000件时，设备租赁费会在这一范围内出现跳跃式上升，则此时应被视为变动成本，因为此时能够保证设备租赁费成本固定不变的相关范围仅占整个产量的一部分。其中，单位变动成本即单位产品的设备租赁费为1.25元/件（2 500÷2 000）。此时，我们可以用一条直线近似地描述设备租赁费成本的性态，具体如图2-11中的虚线所示的"成本线性近似数"。其数学模型与变动成本的数学模型一样，即$y=bx$，其斜率即为单位产品的设备租赁费1.25元/件。

需要说明的是，在每一个相关范围内，半固定成本均呈现固定成本性态，那么，阶梯式混合成本和固定成本有什么区别？就特定企业而言，二者的差异表现为相关范围不同。针对固定成本的相关范围较大，直接取决于企业的经营能力；而针对半固定成本的相关范围较小。

（2）半变动成本

半变动成本，是指在一定的初始量的基础上随着产量的变动而呈正比例变动的成本。这类成本的特点是：它由明显的固定和变动两部分成本合成。其中，固定部分是不受业务量变动影响的基数成本，体现着固定成本性态。这部分是为提供服务所必需的、基本的最低支出部分，不管当期是否使用或使用多少都必须支付；变动部分则是在基数成本的基础上随业务量的增长而正比例增长的成本，呈现变动成本性态，是可以通过实际业务量乘以单位成本而计算的部分。也就是说，当业务量为 0 时，该项成本等于基数成本；随着业务量的发生或增长，该项成本总额等于基数成本加上随业务量呈正比例变动的那部分成本，即等于"基数＋业务量×单位成本"。相应地，半变动成本的成本函数可以描述为 $y = a + bx$。其中，a 为基数成本，b 为单位成本，x 为业务量。企业的电话费、公用事业费（如水、电、煤气等费用）、销售人员的薪金等大多属于这类成本。例如，企业的电话费由按固定数额计收的月租费和按通话时间计费标准计算的通话费两部分组成。

【例2-9】 企业半计件工资通常为一种标准型混合成本。假设某医疗设备销售公司对销售人员实行半计件工资，基本工资为3 000元，计件部分按销售收入的5%提成。

要求：分析该企业销售人员工资的成本性态。

分析：根据上述资料，可将该企业发生的每位销售人员薪酬成本与销售收入的关系用图2-12来表示。

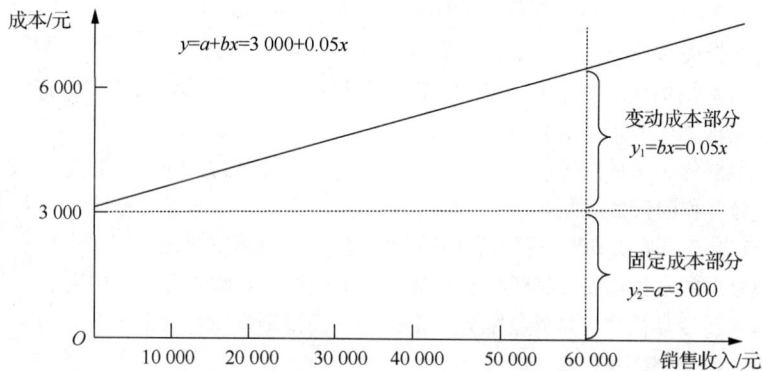

图 2-12　某企业的销售人员薪酬成本与销售收入的关系

在图2-12中，$y = a + bx = 3\,000 + 0.05x$ 即为该企业支付的每位销售人员薪酬成本的函数，其中，3 000元为基本工资，也是每位销售人员薪酬成本的固定部分，无论销售人员是否销售产品，企业都需要承担并支付这笔费用；$0.05x$ 为变动薪酬，也是每位销售人员薪酬成本的变动部分，该部分成本的高低随销售收入的变动而呈正比例变动。销售收入越高，企业需要支付销售人员的薪酬成本就越高。从总体上看，企业支付给每位销售人员的薪酬成本中既有固定部分，又有变动部分。同时，虽然销售人员薪酬成本总额随业务量的变动而变动，但与业务量之间不存在严格的正比例关系，因此它不是纯粹的变动成本，而是典型的混合成本。

（3）延期变动成本

延期变动成本，是指成本总额在一定业务量范围内固定不变，但当业务量超过这一特定的范围时，其超额部分的成本就会随超额业务量的增长而呈正比例增加。这类成本在业务量的某一临界点以下表现为固定成本，超过这一临界点表现为变动成本。例如，在计时工资制下，支付给职工的正常工作时间内的工资总额是固定不变的，作为固定成本；当需要加班时，企业就需要按时间的长短计发加班工资，这种工资视为延期变动成本。

【例2-10】 某企业所招聘销售产品的业务员的底薪是3 000元，并规定业务员必须完成月500件的销售量，在超过500件销售量的基础上，每销售1件产品可提成10元。

要求：分析该企业支付给每位业务员的薪金的成本性态。

分析：根据上述资料，可将该企业每月需要支付的每位业务员的薪金成本与销售量之间的关系用图2-13表示。

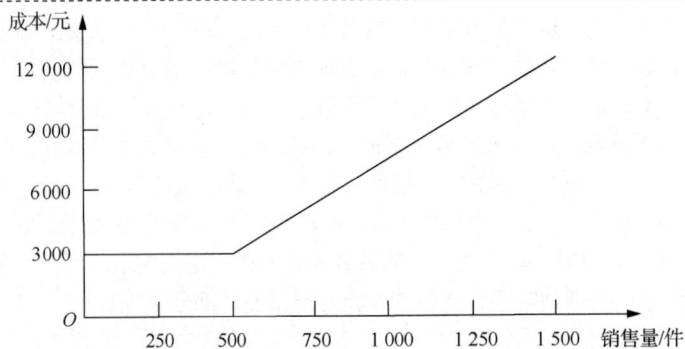

图2-13 某企业每位业务员的薪金成本与销售量之间的关系

从图2-13中不难看出，随着销售量的增加，企业支付给每位业务员的薪金成本总额由固定成本（销售量在0～500件时）变成了变动成本（销售量大于500件时）。延伸变动成本中的"延伸"指的就是销售量的延伸。

（4）曲线式混合成本

曲线式混合成本是指成本随业务量变动，但不呈线性变动。曲线式混合成本通常有递增型混合成本和递减型混合成本两种形态。

其中，递增型混合成本是指随业务量增加，单位成本逐渐提高。例如，工人的加班费，随连续工作时间的不断延长，小时工资率是递增的，即连续加班时间越长，小时工资率越高。递减型混合成本是指随业务量增加，单位成本逐渐下降。例如，进行加热处理的电炉设备，其预热成本具有固定性质，但预热后进行加热处理的耗电成本具有变动性质，虽然其随处理量的增加而逐渐呈抛物线形上升，但上升越来越慢，即变化率是递减的。

知识延展

精选案例

上海新时达DJ公司成本管控

上海新时达电气股份有限公司（以下简称"新时达"）是一家聚焦于工业自动化的上市公司，公司紧紧抓住我国智能制造装备产业的发展机遇，通过内涵式发展和外延式收购相结合的方式，不断加快市场布局和产品系列化步伐，凭借自身在机器人控制与驱动技术上的核心优势，自主研发六关节工业机器人、SCARA机器人、网络型伺服系统等创新产品，从而确立了在国内机器人与运动控制行业的技术领先者形象。

DJ公司是新时达全资子公司。自2010年开始，DJ公司开始专注于工业变频器类驱动产品自主研发、制造、销售的一体化，产品广泛用于高效节能、绿色能源领域，同时也为新时达集团电梯、机器人、运控三大事业部提供智能制造核心关键零部件。经调查研究发现，DJ公司在成本管控方面存在全局意识不足、成本控制策略考虑不足、控制方法缺乏有效手段等问题。为此，DJ公司引入了目标成本法：生产过程由顾客驱动，产品工程师试图在设计和开发结束、制造开始之前，从产品设计中节约成本。此外，DJ公司考虑了全生命周期成本，不仅考虑初始购买价格等成本，还从产品的操作、维修、维护、修理和处置等角度，降低成本或改善流程。

根据目标成本法，DJ公司改革和完善研发评审工作，通过流程创新，梳理研发评审管理模块，在每个阶段设置技术评审和决策评审，对投资价值、市场机会、进度、质量、成本等进行把控，重点对立项、概念、计划、开发阶段评审流程进行成本控制管理，从而确立了产品质量、可制造性和成本的综合优势。

本章小结

从管理会计角度看，成本是指企业在生产经营过程中对象化的，以货币表现的为达到一定目的而应当或可能发生的各种经济资源的价值牺牲或代价。

成本按其经济职能，可以分为制造成本和非制造成本两大类。制造成本是指企业为生产一定种类、一定数量的产品所支出的各种生产费用之和，包括直接材料、直接人工和制造费用三个项目；非制造成本是指企业内除制造成本以外的、为制造产品提供服务的各类非生产部门所发生的成本，主要包括销售成本、行政管理成本和财务费用。

成本按其可盘存性进行分类，可以分为产品成本与期间成本。产品成本是指期末能够盘存并计入存货，且可以递延到下期的成本；期间成本是指期末不能盘存计入存货，且从当期收入中全部扣除的成本。

成本按其与特定对象之间的关系进行分类，可以分为直接成本和间接成本两大类。直接成本是指与某一特定对象直接联系、可以直接归入该对象的那部分成本；间接成本也称为不可追溯成本，是指与某一特定对象没有直接联系的那部分成本，需要按一定的分配标准分配计入产品成本。

以与企业决策是否有关为依据，成本主要可分为两大类：相关成本和无关成本。相关成本是指与特定经营决策相联系的、能对决策产生重大影响的、在短期经营决策中必须予以考虑的成本。无关成本是指与经营决策没有直接关联的成本，不随决策的改变而改变。

成本性态（cost behavior）是指成本总额在业务量（volume）变化时的反应性态，即成本总额与业务量在数量方面的依存关系，又称为成本习性。依据成本性态，成本可分为变动成本、固定成本和混合成本三大类。

变动成本是指在一定条件下，其总额随业务量的变动而呈正比例变动的成本，即业务量每增长1倍，成本总额也会增长1倍。

固定成本是指在一定条件下，无论业务量如何变化，其总额均保持不变的成本。

混合成本是指介于固定成本与变动成本之间，随业务量变动但又不呈正比例变动的那部分成本。

自测题

（一）单选题

1. 在财务会计中，销售费用应当归属于（ 　　）。

    A. 制造费用 　　　 B. 主要成本 　　　 C. 加工成本 　　　 D. 非制造成本

2. 将全部成本分为固定成本、变动成本和混合成本所采用的分类标准是（ 　　）。

    A. 成本的目标 　　 B. 成本的可辨认性 C. 成本的经济用途 D. 成本的性态

3. 在不改变企业生产经营能力的前提下，降低固定成本总额的措施通常是指降低（ 　　）。

    A. 约束性固定成本 　　　　　　　　 B. 酌量性固定成本

    C. 半固定成本 　　　　　　　　　　 D. 单位固定成本

4. 下列项目中，只能在发生当期予以补偿，不可能递延到下期的成本是（ 　　）。

    A. 直接成本 　　　 B. 间接成本 　　　 C. 产品成本 　　　 D. 期间成本

5. 为排除业务量因素的影响，在管理会计中，反映变动成本水平的指标一般是指（ 　　）。

    A. 变动成本总额 　　　　　　　　　 B. 单位变动成本

    C. 变动成本的总额与单位额 　　　　 D. 变动成本率

6. 单位固定成本在相关范围内的变动规律为（ 　　）。

    A. 随业务量的增加而增加 　　　　　 B. 随业务量的增加而减少

    C. 随业务量的减少而减少 　　　　　 D. 不随业务量的变动而变动

7. 按产量计酬的工人薪金、按销售收入的一定比例计算的销售佣金等属于（　　）。

   A. 约束性固定成本
         B. 酌量性固定成本

   C. 酌量性变动成本
         D. 技术性变动成本

8. 按照成本与特定对象之间的关系，可以把成本划分为（　　）。

   A. 相关成本和无关成本
         B. 制造成本和非制造成本

   C. 固定成本和变动成本
         D. 直接成本和间接成本

9. 包括固定数额的月租费和按通话时长计算的通话费两部分的企业电话费属于（　　）。

   A. 曲线式混合成本
         B. 延期变动成本

   C. 半固定成本
         D. 半变动成本

10. 某公司只生产一种产品，2022年12月，生产车间领用原材料25 000元，并全部投入产品生产，支付产品生产工人工资10 000元、车间管理人员工资5 000元、行政管理人员工资7 000元，计提车间厂房及生产设备折旧5 000元，则12月该产品的制造成本是（　　）。

   A. 35 000元
    B. 40 000元
    C. 45 000元
    D. 52 000元

（二）多选题

1. 固定成本具有的特征是（　　）。

   A. 固定成本总额的不变性
         B. 单位固定成本的反比例变动性

   C. 固定成本总额的正比例变动性
      D. 单位固定成本的不变性

2. 变动成本具有的特征是（　　）。

   A. 变动成本总额的不变性
         B. 单位变动成本的反比例变动性

   C. 单位变动成本的不变性
         D. 变动成本总额的正比例变动性

3. 下列成本项目中，（　　）是酌量性固定成本。

   A. 新产品开发费
   B. 房屋租金
   C. 管理人员工资
   D. 广告费

4. 以下属于半变动成本的有（　　）。

   A. 电话费
    B. 煤气费
    C. 水电费
    D. 折旧费

5. 在相关范围内保持不变的有（　　）。

   A. 变动成本总额
   B. 单位变动成本
   C. 固定成本总额
   D. 单位固定成本

（三）判断题

1. 单位产品的固定成本是固定不变的。（　　）

2. 单位产品的变动成本是固定不变的。（　　）

3. 递增型混合成本的特点是成本总额的增长幅度小于业务量的增长幅度。（　　）

4. 依据成本性态，成本可分为固定成本、变动成本和半变动成本三大类。（　　）

5. 根据成本的经济用途，成本分为制造成本和非制造成本两类。（　　）

6. 厂房设备的折旧费、不动产税、保险费、高管薪金这些都属于酌量性固定成本。（　　）

7. 在表现形式方面，与固定成本不同，变动成本一般表现为单位额。（　　）

8. 混合成本总额会随业务量的变动而变动，但又不与业务量的变动呈正比例变动。（　　）

9. 企业的电话费、公用事业费等都属于半变动成本。（　　）

10. 相关范围是关于变动成本和固定成本的性态假定有效的业务量和时间范围。（　　）

（四）案例分析题

联相电子有限公司

第3章
成本性态分析与应用

学习目标

通过对本章的学习，读者应能够理解成本性态分析方法的类别和具体应用，理解贡献式损益表的编制需求，掌握变动成本法的基本原理，并且重点掌握贡献式损益表的特征和作用。

基本概念

成本性态分析　账户分析法　工程分析法　历史成本分析法　变动成本法　贡献式损益表

引导案例

3.1　成本性态分析

成本按性态分类，分为固定成本、变动成本和混合成本。固定成本与变动成本在实践中是两种较为极端的成本性态类型，在经济社会中最广泛存在的成本类型还是性态相对复杂的混合成本。我们通常所提到的企业总成本也是最为典型的混合成本。

在企业经营中，成本是反映企业各项工作质量的重要指标，直接决定着一个企业经济效益的好坏，因此，要想提高经济效益，就必须区分不同成本的性态，分别对待，最大限度地降低成本。具体来说就是，采取一定的技术或方法，在将企业的各类成本按其性态分类的基础上，将其中属于混合成本的那部分成本中的固定部分与变动部分分开，并用直线方程 $y = a + bx$ 来近似地模拟混合成本与业务量之间的依存关系和变动规律，这个过程就是成本性态分析。

实践中，常用的成本性态分析方法有账户分析法、工程分析法和历史成本分析法。

3.1.1　账户分析法

账户分析法（accounting analysis method）是指分析人员根据各有关成本明细账的发生额，结合其与业务量的依存关系，对每项成本的具体内容进行直接分析，使其分别归入固定成本或变动成本的一种方法。

此法属于定性分析方法，即根据各个成本明细账户的成本性态，通过经验判断，把那些与固定成本较为接近的成本，归入固定成本，把那些与变动成本较为接近的成本，归入变动成本。至于不能简单地归入固定成本或变动成本的项目，则可以通过一定比例将其分解为固定和变动两个部分。例如，大部分的管理费用项目与企业的产量变动没有关系，或关系不明显，可以将其划分为固定成本；在各制造费用项目中，厂房设备折旧费、车间管理人员工资等虽然与产量的关系较管理费用密切，但基本特征仍属于"固定"，应归类为固定成本；产品生产中所耗用的间接材料费、水电费、机器设备维修保养费等虽然不与产量呈正比例关系，但其费用的发生与产量之间存在直接密切的联系，可作为变动成本。

【例3-1】金威公司某生产车间目前只生产一种产品，上月的产量为10 000件，各项成本的发生额如表3-1所示。请用账户分析法进行成本性态分析。

表3-1　　　　　　　　　　　　　　　成本资料

成本项目	金额/元
原材料	290 000
直接人工	110 000
燃料、动力	14 000
维修费	11 000
间接人工	13 000
折旧（按直线法提取）	48 000
管理费	10 000
合计	496 000

在表3-1中，原材料、直接人工通常与产量的变动存在明显的正比例关系，可确定为变动成本；燃料、动力，维修费，间接人工虽然不随产量呈正比例变动，但与产量之间存在明显的联系，因此，可将其确定为变动成本；按直线法提取的折旧和管理费与产量无明显的关系，因此可以将其确定为固定成本。根据此分析，金威公司该生产车间各成本项目的成本性态分类结果如表3-2所示。

表3-2　　　　　　　　　　　　　成本项目及其对应的性态分类结果

成本项目	金额/元	成本性态分类结果	
		固定成本/元	变动成本/元
原材料	290 000		290 000
直接人工	110 000		110 000
燃料、动力	14 000		14 000
维修费	11 000		11 000
间接人工	13 000		13 000
折旧（按直线法提取）	48 000	48 000	
管理费	10 000	10 000	
合计	496 000	58 000	438 000

根据上述分类结果，可以将该车间的总成本分解为固定成本和变动成本两部分。其中，固定成本 a 为58 000元，变动成本 bx 为438 000元。同时，由于该车间上月的产量为10 000件，该车间单位产品的变动成本为 $b=438\,000/10\,000=43.8$（元/件）。相应地，该车间总成本的数学模型可以表示为 $y=58\,000+43.8x$。

账户分析法相对简便易行，大家只要具有一定的会计知识和业务能力就能掌握和使用，因此，它适用于管理会计基础工作开展较好的企业。同时，此方法要求分析人员熟练掌握企业各项成本费用的习性以及开支标准，并对各项成本进行具体分析；需要齐备的会计账户资料，工作量大，对混合成本的分析可能会有一定的偏差。因此，此方法更适合在中小型企业的成本性态分析工作中应用。

3.1.2　工程分析法

工程分析法（engineering analysis method）又称技术测定法，是指运用工程技术方法测定正常生产过程中的投入与产出之间的依存关系，在此基础上，逐项确定影响各成本项目金额大小的每个因素，并在此基础上直接估算固定成本和变动成本，进而揭示混合成本总额与业务量之间的规律性联系的一种成本性态分析方法。工程分析法如果不是根据实际的生产过程进行测定，则需要利用相关的工程技术手册的参数。

运用该方法的具体步骤：首先确定待研究的成本项目；然后对导致该成本项目形成的生产过程进行观察和分析，确定生产过程的最佳操作方法；最后，以最佳的操作方法为标准，测定该成本项目的每一项构成内容，并按成本性态分别确定固定成本和变动成本。

【例3-2】某企业铸造车间的熔炉需要消耗燃料，分别在点炉和熔化铁水这两个程序中使用。按照最佳的操作方法，每次点炉要用木柴0.05吨、焦炭1吨，熔化1吨铁水要用焦炭0.1吨；每个工作日点炉一次，每月有22个工作日。每吨木柴的价格为300元，每吨焦炭的价格为500元。

要求：将燃料成本分解为固定成本和变动成本两部分。

一般可按以下步骤进行。

第一步：选择要研究的成本项目——燃料成本。

第二步：对整个过程进行技术测定，确定最佳操作方法下的消耗水平，并将其作为标准方法使用。本例中有点炉和熔化铁水这两个程序，每次点炉要用木柴0.05吨、焦炭1吨，熔化1吨铁水要用焦炭0.1吨；每个工作日点炉一次，每月有22个工作日。

第三步：测定标准方法的每项投入成本，并按成本性态划分为固定成本和变动成本。在本例的燃料成本中，点炉成本为固定成本，而熔化铁水成本为变动成本。

每月固定成本 = （0.05×300 + 1×500）×22 = 11 330（元）

每吨铸件变动成本 = 0.1×500 = 50（元）

燃料成本（y）与业务量（x）的关系可表示为：$y = 11\,330 + 50x$

工程分析法适用于任何能够从客观立场进行观察、分析和测定的投入产出过程，如对直接材料、直接人工等制造成本的测定，对运输、仓储、行政管理费等非制造成本的测定。此方法不仅可以观察、分析和测定现有生产步骤或流程中实际的投入产出关系，而且能够测定在一定的生产流程、工艺水平和管理水平条件下所有的生产活动和辅助活动应该达到的消耗水平，即对企业而言较为理想的投入与产出关系，从而帮助企业寻求改进工作的方向与途径，引导企业排除那些已经发生或可能发生的无效或者不正常的支出，进而找出最经济、最有效的程序与方法，使企业的工作效率和资源有效使用率达到最优。

此方法的分析成本较高，因为对投入产出过程进行观察、分析与测定，往往需要耗费大量的人力、物力、财力，所以，生产技术条件稳定的企业可使用此种方法，而那些经常发生较大技术变革或生产能力变动的企业则不适合使用此方法。同时，对于不能直接将其归属于特定投入与产出过程的成本，或者不能单独进行观察的联合生产过程中的成本，如间接成本，同样不适合使用此方法进行成本性态分析。

3.1.3　历史成本分析法

在生产流程、工艺技术等不发生重大变化的条件下，企业既存的总成本与业务量之间的依存关系可以延续至未来。因此，根据过去的历史资料，就可以较为准确地分析和确定未来的总成本随业务量变动而变动的情况。历史成本分析法（historical cost analysis method）即依据此原理，通过运用一定的数学方法对过去若干期（若干月或若干年）相关的成本（y）和业务量（x）之间的依存关系进行分析，推算出其中固定成本与单位变动成本的水平，建立反映未来的混合成本总额与业务量之间规律性联系的数学模型，最终完成成本性态分析。

实践中，常用的历史成本分析法有高低点法、散布图法和最小平方回归法。

1. 高低点法

高低点法（high-low method）是从过去一定时期相关范围内的资料中，选出最高业务量和最低业务量及相应的成本这两组数据，来推算固定成本和单位变动成本的一种方法。其基本原理在于：混合成本由固定成本和变动成本两项构成，混合成本函数可用 $y = a + bx$ 来表示。由于固定成本在相关范围内是固定不变的，若单位变动成本在相关范围内是个常数，则变动成本总额就随着高低点业务量的变动而变动。

假设：最高业务量的成本函数为：

$$y_1 = a + bx_1 \qquad (3.1)$$

最低业务量的成本函数为：

$$y_2 = a + bx_2 \qquad (3.2)$$

（3.1）－（3.2），得：

$$y_1 - y_2 = b(x_1 - x_2)$$

$$混合成本中的单位变动成本 b = \frac{y_1 - y_2}{x_1 - x_2} = \frac{高低点成本之差}{高低点业务量之差} \qquad (3.3)$$

将（3.3）代入（3.1）或（3.2），可求出固定成本 a：

$$a = y_1 - bx_1 = y_2 - bx_2 \qquad (3.4)$$

【例3-3】某企业2022年上半年各月的产品产量与制造费用的有关资料如表3-3所示。请用高低点法进行混合成本的分解，并建立相应的制造费用性态模型。

表3-3　　　　　　　　　　　产品产量与制造费用资料

月份	产量/件	制造费用/元
1	200	140 000
2	250	148 000
3	300	150 000
4	350	154 000
5	400	160 000
6	375	161 000

根据上述资料可以判断，表3-3中的数据所构成的六个坐标点中，高点坐标为（400，160 000）；低点坐标为（200，140 000）。

因此，混合成本中的单位变动成本 b =（160 000－140 000）/（400－200）= 100（元/件）

固定成本 a = 160 000－100×400 = 120 000（元）

或：a = 140 000－100×200 = 120 000（元）

以上计算说明，制造费用中的固定成本为120 000元，单位变动成本为100元。用数学模型来描述制造费用这一混合成本项目为 y = 120 000 + 100x。

值得注意的是，在本例中，6月的制造费用总额虽然最高，但并没有以该期数据作为最高点坐标。因为，正如前文所强调的，选择高低点坐标时应以自变量（x）所对应产量的高低为标准，而不是根据因变量（y）所对应的成本总额的高低来进行选择。同时，本例中的高低点坐标是以2022年上半年各月的产量及其对应成本的历史数据为相关范围选择确定的，如果超出这个范围，产量可能比这里的最高产量400件多，也可能比这里的最低产量200件少。此种情况下所确定的固定成本与单位变动成本就有可能改变。实践中还可能出现高点产量或低点产量不止1个的情况，即可能会出现有多个期间的产量相等而且都是最高点或最低点，但这些产量所对应的成本却不相同，此时，高点应取高点产量中所对应的成本大者，低点应取低点产量所对应的成本小者。

高低点法易于理解，简便易行。但由于该方法从众多历史资料中仅仅选取了两组数据作为计算依据，使建立起来的成本性态模型代表性不强，在依据此性态模型进行决策时，可能导致出现较大的计算误差。因此，此种方法只适用于成本变化趋势比较稳定的企业。

2. 散布图法

散布图法（scatter diagram method）又称布点法或目测法，是指在平面直角坐标图中以横轴代表业务量、纵轴代表成本，将过去若干期的业务量和成本的历史数据作为坐标点，通过观察画出一条尽可能接近所有坐标点并与纵轴相交的直线，即反映所有点变动规律的成本趋势线，然后据此来推算混合成本中的固定部分 a 和变动部分的单位额 b 的一种成本性态分析方法。

在用散布图法进行成本性态分析时，大致需要遵循以下步骤。

第一步：布点。

将各期业务量与对应成本的历史资料作为点的坐标，标注在平面直角坐标图上。

第二步：画线。

通过目测，画出一条与纵轴相交的成本趋势线，使其尽可能通过或接近第一步中所有的点。也就是说，尽量让所有的点都能落在这条线上。

第三步：读出 a 值。

在纵轴上读出该直线的截距，此即混合成本中的固定部分 a。

第四步：任选一点。

在画出的直线上任取一点，确定其坐标值为 (x_i, y_i)。

第五步：计算变动部分的单位额 b。

将 x_i 和 y_i 的值代入 $b = \dfrac{y_i - a}{x_i}$，计算得到混合成本中变动部分的单位额 b。

第六步：建立成本性态模型。

将第三步、第五步中读出或计算出的 a 和 b 的值代入 $y = a + bx$，即可得到混合成本的性态模型。

【例3-4】 沿用【例3-3】中的资料。请用散布图法进行混合成本分解，并建立相应的制造费用性态模型。

根据表3-3中的资料，将2022年上半年各月的历史资料作为坐标点分别标注在平面坐标图上，通过目测画出一条成本趋势线，如图3-1所示。该线在 y 轴上的截距 a 的读数值为121 000。在该直线上任取一点，测出其坐标为（280，149 000），则有：

混合成本中的变动部分单位额 b =（149 000－121 000）/280＝100（元/件）

以上数据表明，运用散布图法确定的制造费用中的固定部分为121 000元，变动部分的单位额为100元。用数学模型来描述的制造费用为 $y = 121\,000 + 100x$。

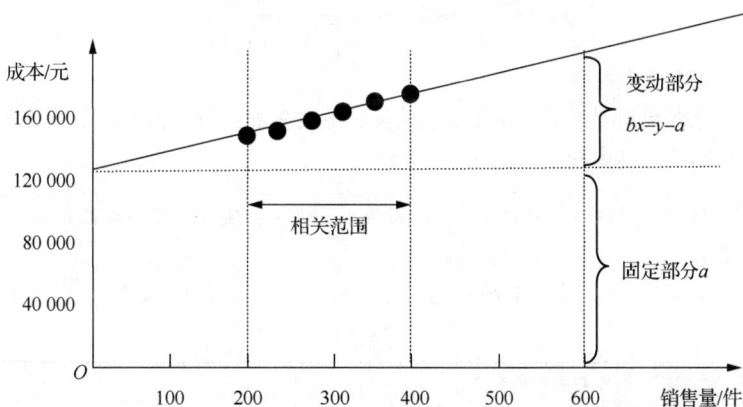

图3-1　散布图

散布图法较为全面地考虑了所有历史数据，因此，利用此方法得出的成本性态模型能够较好地反映成本的变动趋势，排除了高低点法所带来的偶然性，计算结果较高低点法更为科学和精确。但由于此方法在确定成本趋势线时完全靠目测，不可避免地带有一定程度的主观随意性，容易导致不同的人会有不同的画法和结果，产生误差，从而削弱分析结果的客观性与可信度。

3. 最小平方回归法

最小平方回归法（least square regression method）又称最小二乘法或一元直线回归法，是指利用微分极值原理，对若干期业务量与成本的历史资料进行处理，并据此来推算混合成本中的固定部分 a 和混合成本中变动部分的单位额 b，建立混合成本数学模型的一种成本性态分析方法。

最小平方回归法的原理与散布图法类似，同样以各期业务量与成本所构成的各组历史数据作为点的坐标（x，y），但与散布图法不同的是，此方法以混合成本中的固定部分 a 和变动部分的单位额 b 作为待求的未知数，然后建立以 a 和 b 为未知数的二元一次方程，并按照数理统计的回归分析法直接套公式计算出 a 和 b 的值，进而确定混合成本数学模型的具体形式。

实践中，运用最小平方回归法进行成本性态分析的具体步骤如下。

第一步：列表求值。

根据给定的历史资料，确定观测值（坐标点）的数量 n，并列表求出 $\sum x$、$\sum y$、$\sum xy$、$\sum x^2$ 和 $\sum y^2$ 的值。

第二步：计算 x、y 之间的相关系数 r，并判断二者之间是否存在显著的线性相关关系。

相关系数（coefficient of correlation，记作 r）又称线性相关系数，是用于揭示两组数据（自变量 x 与因变量 y）之间线性关联程度的数学指标。r 的取值范围一般为 $[-1,1]$，$|r|$ 表示 x、y 之间的相关程度。通常，只要 $|r|$ 大于 0.75，就可以认为两个变量之间有很强的线性相关性，可以用 $y=a+bx$ 来近似描述二者的关系。特别地，当 $r=-1$ 时，说明 x 与 y 之间完全负相关；当 $r=0$ 时，说明 x 与 y 之间不存在线性相关性，即完全不相关；当 $r=1$ 时，说明 x 与 y 之间完全正相关。相关系数 r 的计算公式为：

$$r = \frac{n\sum xy - \sum x \sum y}{\sqrt{\left[n\sum x^2 - (\sum x)^2\right]\left[n\sum y^2 - (\sum y)^2\right]}} \qquad (3.5)$$

第三步：计算回归系数 a 和 b 的值。

套用数理统计回归分析法中的有关公式，求出变动部分的单位额 b 和固定部分 a 的具体数值。二者的计算公式具体如下：

$$b = \frac{n\sum xy - \sum x \sum y}{n\sum x^2 - (\sum x)^2} \qquad (3.6)$$

$$a = \frac{\sum y - b\sum x}{n} = \frac{\sum x^2 \sum y - \sum xy \cdot \sum x}{n\sum x^2 - (\sum x)^2} \qquad (3.7)$$

第四步：建立成本性态模型。

将第三步中计算得到的固定部分 a 和变动部分的单位额 b 的具体值代入 $y=a+bx$，从而最终确定混合成本数学模型的具体内容。

【例3-5】仍沿用【例3-3】中的资料。请用最小平方回归法进行混合成本分解，并建立相应的制造费用性态模型。

根据表3-3，直接确定或计算得到的 n、Σx、Σy、Σxy、Σx^2 和 Σy^2 的有关数据如表3-4所示。

表3-4　　　　　　　　　　　　　　计算表

月 份	产量/件 x	制造费用/元 y	xy	x^2	y^2
1	200	140 000	28 000 000	40 000	19 600 000 000
2	250	148 000	37 000 000	62 500	21 904 000 000
3	300	150 000	45 000 000	90 000	22 500 000 000
4	350	154 000	53 900 000	122 500	23 716 000 000
5	400	160 000	64 000 000	160 000	25 600 000 000
6	375	161 000	60 375 000	140 625	25 921 000 000
合计	$\Sigma x=1\,875$	$\Sigma y=913\,000$	$\Sigma xy=288\,275\,000$	$\Sigma x^2=615\,625$	$\Sigma y^2=139\,241\,000\,000$

根据表3-4中的数据，我们可以首先计算出本例中制造费用（y）与产量（x）之间的线性相关系数 r。

$$r = \frac{6 \times 288\,275\,000 - 1875 \times 913\,000}{\sqrt{[6 \times 615\,625 - 1875^2][6 \times 139\,241\,000\,000 - 913\,000^2]}} = 0.995\,556 \text{，趋近于1}$$

因此，x与y之间的线性相关关系非常显著，接近完全正相关。接下来，我们可以进一步套用公式，计算出混合成本中变动部分的单位额b和固定部分a。其中，

$$b = \frac{6 \times 288\,275\,000 - 1875 \times 913\,000}{6 \times 615\,625 - 1875^2} = 99.79 \text{（元/件）}$$

$$a = \frac{913\,000 - 99.79 \times 1875}{6} = 120\,982.29 \text{（元）}$$

由此，制造费用中变动部分的单位额为99.79元，固定部分为120 982.29元；建立的制造费用数学模型为$y = 120\,982.29 + 99.79x$。

与高低点法、散布图法相比，最小平方回归法利用了微分极值原理，因此计算结果更为客观、精确和科学，但毫无疑问，在手工计算条件下，利用最小平方回归法进行成本性态分析时的工作量会非常大，尤其在使用大量的历史数据进行分析时。当然，随着信息通信技术的发展，尤其是电子计算机在企业中的广泛应用，这种方法正变得简单易用，操作性和适用性日益增强。具体来说，在Excel环境下，我们可以利用已知的历史数据，分别将其作为各期的因变量y和自变量x，进而通过插入统计函数 CORREL、INTERCEPT 和 SLOPE，就可以轻松快捷地计算出相关系数r，以及混合成本中的固定部分a、变动部分的单位额b的具体数额。

在适用范围方面，最小平方回归法需要以大量的历史数据为前提，而且要求企业的资料齐全、成本数据与业务量的资料要同期配套且具有相关性、企业的历史成本与未来成本具有相似性等，因此，此方法主要适用于生产条件较为稳定、成本水平波动不大，而且成本业务量等历史资料比较完备的企业。

不管是高低点法、散布图法还是最小平方回归法，其都属于历史成本分析方法，它们只适用于有历史成本数据的情况。而历史成本分析法的准确程度，则取决于用于分析的历史数据的恰当程度。为了保证成本分解的可靠性，必须注意以下几点：①所收集的数据是否因为会计政策的变化而产生较大的偏差，因为期间的成本性态是与该期的会计方针密切相关的。②选择恰当的期间，以便能消除期限较长带来的不稳定状态的影响。③选择适宜的业务量变量及其计量单位。选择时应遵循的原则是，选定的变量必须与被估计的成本存在某种密切的关系，并且对观测产生重要影响。

3.2 变动成本法

如果将成本计算方法按产品成本、期间成本的划分口径和损益确定程序进行分类，则可分为完全成本计算法（以下简称"完全成本法"）和变动成本计算法（以下简称"变动成本法"）。这种分类与传统成本核算中的归集分配费用的方式有所不同，在常规的产品成本计算中对产品成本、期间成本的不同标准和确定损益的不同计量程序进行了区分。

3.2.1 变动成本法的内涵

变动成本法是与完全成本法相对应的一种成本计算方法。在完全成本法下，产品成本应该包括产品生产过程中发生的全部消耗，即包括直接材料、直接人工和制造费用，其中制造费用根据其成本性态又可以进一步分为变动性制造费用与固定性制造费用。这使得当期已经销售的产品与存货具有完全相同的成本构成。

变动成本法亦称直接成本计算法（direct costing），是指将产品生产中发生的直接材料、直接人工和变动性制造费用计入产品成本，而将固定制造费用和非生产成本全部作为期间费用，计入当期

损益的一种成本计算方法。由此可见，在变动成本法下，产品成本只包括变动生产成本而不包括固定生产成本，这是变动成本法与完全成本法的主要区别。

变动成本法的理论依据是：固定性制造费用是为企业组织提供一定的生产经营条件而发生的，它们代表着企业的生产经营能力。这些经营条件一经形成，不管其实际利用程度如何，有关费用照样发生，既不会由于业务量的提高而增加，也不会因业务量的下降而减少。因此，不应把固定成本计入产品成本，而应作为期间费用处理。这样，将与企业短期决策无关的固定性制造费用从产品成本中剥离，可以有效提高产品成本信息与短期决策的相关性。

3.2.2　变动成本法的特点

1. 以成本性态为基础进行产品成本计算

变动成本法是以成本性态分析为前提，把全部产品生产成本划分为变动成本与固定成本两类。根据成本性态的分析，变动成本法仅将与产品生产过程直接联系的变动性制造费用计入产品成本与存货成本，而把固定性制造费用作为期间费用直接计入当期损益。

2. 更符合会计的配比原则

配比原则是指将收入与产生收入的费用进行配比以正确计算损益，它是确定损益的一项重要原则，其基本含义实质上包含了两个方面的内容：期间配比和因果配比。

3. 强调边际贡献对企业利润所起的作用

变动成本法能更好地反映企业利润与销售量之间的关系。变动成本法下的企业利润受销售量的影响，与企业生产量无关，这在当今市场竞争激烈的环境下，更有助于促使企业管理者重视市场，以销定产，通过加大销售力度来提高企业的经济效益，避免出现传统成本核算方法下受前期固定性制造费用影响，当期销售量增加而利润减少的不正常现象。

4. 主要用于企业内部的经营管理

变动成本法能够为企业内部的经营管理提供更为可靠的信息，却不适用于对外财务报告的编制。变动成本法揭示了业务量与成本之间的内在规律，找出了生产、销售、成本与利润之间的依存关系，对企业进行风险分析、生产与定价决策以及责任的正确划分与评价等提供了指导。合理的成本费用划分，有利于绩效考评，能极大地提高各部门的工作积极性。

尽管变动成本法不符合会计准则的规范要求，不能用来编制对外提供的财务会计报表，但它在企业的内部管理上，将与企业短期决策无关的固定性制造费用从产品成本中剥离，可以有效提高产品成本信息与短期决策的相关性，为企业贡献式损益表的编制和呈报提供有利的成本方法基础。

3.3　成本性态分析的应用——贡献式损益表

成本性态分析的重要应用即利用变动成本法的原理，将企业总成本按照成本性态区分为固定成本和变动成本两部分，进而编制新型损益表，这种新型损益表就是贡献式损益表。所谓贡献式损益表，就是在变动成本法的理论基础上严格区分了变动成本和固定成本后编制而成的一种损益表格式，这种损益表格式更加有利于企业进行计划、控制和制定决策，从而提供成本分析的标杆。

3.3.1　贡献式损益表的编制需求

使用传统会计方法编制的损益表，其编制基础形式是管理功能格式——强调生产、管理及营销功能，并没有在管理功能格式下再区分不同的成本性态，如在管理费用下没有区分固定成本和变动成本。一般来说，管理功能格式比较适用于编制对外提供的损益表，但如果将它用于内部目的则会受到严重的限制。就内部经营管理而言，管理者需要成本信息来帮助计划、控制及制定决策。如果成本信息是以固定及变动的格式来呈现的，那么这些工作将更容易执行，也正是为满足这个需求，贡献式损益表应运而生。

3.3.2 贡献式损益表的特征

1. 损益计算程序

贡献式损益表的一系列特征主要来源于其损益计算程序。传统损益表中损益计算的程序是：产品销售收入减去产品销售成本，得到销售毛利；再用产品销售毛利减去当期的期间费用，得到税前利润。

贡献式损益表中损益计算的程序是：用产品销售收入减去变动成本（包括变动性生产成本和变动性非生产成本），得到贡献边际；然后用贡献边际减去固定成本（包括固定性制造费用和固定性非生产成本），得到税前利润。

2. 中间性利润指标

损益表的直接功能是提供各层次的利润信息。一般外部报表信息使用者，不仅关心企业的最终利润，而且还关心企业的主营业务活动所创造的利润，据此对企业未来盈利的持续性做出评价。在传统损益表损益计算程序中，中间性利润指标为销售毛利，反映的是企业在生产销售环节或者主营业务活动的盈利水平。

对于企业内部管理者来说，其短期内关心的是企业在既定的生产规模下，产品生产和销售活动的盈利能力，以便于进行短期的预测、决策、计划、控制和评价工作。在贡献式损益表损益计算程序中，中间性利润指标是贡献边际，它反映企业产品盈利能力以及企业经营管理活动的短期盈利能力。

3. 损益表的格式

损益表的格式是对编制基础和损益计算程序的最好反映。由于编制基础和损益计算程序的不同，贡献式损益表与传统损益表的格式有较大差别。传统损益表依据完全成本法，将所有成本按生产成本、非生产成本等分类、排列，这是一种以管理功能为基础的损益表格式。而贡献式损益表依据变动成本法，将所有成本以成本性态为基础分类、排列，这是一种以成本性态为基础的损益表格式。两种损益表格式的对比如表3-5所示。

表3-5　　　　　　　　　　　　　传统损益表与贡献式损益表对比

以管理功能划分成本的传统损益表（完全成本法）		以成本性态划分成本的贡献式损益表（变动成本法）	
销售收入		销售收入	
减：销售成本		减：变动成本	
期初存货成本		变动性生产成本	
加：本期生产成本		变动性销售费用	
可供销售产品成本		变动性管理费用	
减：期末存货成本		变动性财务费用	
销售成本合计		变动成本合计	
销售毛利		贡献边际	
减：期间费用		减：固定成本	
销售费用		固定性制造费用	
管理费用		固定性销售费用	
财务费用		固定性管理费用	
期间费用合计		固定性财务费用	
		固定成本合计	
税前利润		税前利润	

4. 损益计算结果

贡献式损益表在损益计算程序、中间性利润指标和损益表格式上不同于传统损益表，因此，其产生的损益计算结果自然也与传统损益表的不同。下面我们举例说明。

【例3-6】华威公司2022年生产的一种产品的相关生产量、销售量、销售单价与成本资料如表3-6所示。

表3-6   生产资料

2022年

数量及单价		成本项目	变动成本/元	固定成本/元	合计/元
期初存货量/件	0	直接材料	300 000		300 000
本期投产完工量/件	50 000	直接人工	200 000		200 000
本期销售量/件	30 000	制造费用	50 000	100 000	150 000
期末存货量/件	20 000	销售费用	1 000	1 000	2 000
销售单价/（件/元）	50	管理费用	2 000	3 000	5 000
		财务费用	0	1 000	1 000

要求：分别按贡献式损益确定程序和传统损益确定程序计算当期营业利润。

贡献式损益确定程序下。

销售收入 $= 50 \times 30\ 000 = 1\ 500\ 000$（元）

销货中的变动生产成本 $= (300\ 000 + 200\ 000 + 50\ 000) \times 3/5 = 330\ 000$（元）

变动成本 $= 330\ 000 + 1\ 000 + 2\ 000 = 333\ 000$（元）

贡献边际 $= 1\ 500\ 000 - 333\ 000 = 1\ 167\ 000$（元）

固定成本 $= 100\ 000 + 1\ 000 + 3\ 000 + 1\ 000 = 105\ 000$（元）

税前利润 $= 1\ 167\ 000 - 105\ 000 = 1\ 062\ 000$（元）

传统损益确定程序下。

销售收入 $= 50 \times 30\ 000 = 1\ 500\ 000$（元）

销售成本 $= (300\ 000 + 200\ 000 + 50\ 000 + 100\ 000) \times 3/5 = 390\ 000$（元）

营业毛利 $= 1\ 500\ 000 - 390\ 000 = 1\ 110\ 000$（元）

期间费用 $= 2\ 000 + 5\ 000 + 1\ 000 = 8\ 000$（元）

税前利润 $= 1\ 110\ 000 - 8\ 000 = 1\ 102\ 000$（元）

接下来将【例3-6】的结果分别根据完全成本法和变动成本法编制损益表，具体分别如表3-7和表3-8所示。

表3-7   完全成本法下的传统损益表   单位：元

销售收入	1 500 000
减：销售成本	
期初存货成本	0
加：本期生产成本	650 000
可供销售产品成本	650 000
减：期末存货成本	260 000
销售成本合计	390 000
销售毛利	1 110 000
减：期间费用	
销售费用	2 000
管理费用	5 000
财务费用	1 000
期间费用合计	8 000
税前利润	1 102 000

表3-8	变动成本法下的贡献式损益表	单位：元
销售收入		1 500 000
减：变动成本		
变动性生产成本		330 000
变动性销售费用		1 000
变动性管理费用		2 000
变动性财务费用		0
变动成本合计		333 000
贡献边际		1 167 000
减：固定成本		
固定性制造费用		100 000
固定性销售费用		1 000
固定性管理费用		3 000
固定性财务费用		1 000
固定成本合计		105 000
税前利润		1 062 000

　　表3-7和表3-8的计算结果表明，华威公司传统损益表中的税前利润为1 102 000元，贡献式损益表中的税前利润为1 062 000元，两者相差40 000元。导致损益计算结果不同的主要原因不在于管理费用、销售费用和财务费用等期间费用，因为无论是在完全成本法下还是在变动成本法下，尽管本期发生的管理费用、销售费用和财务费用在利润表中列示的具体位置不同，但最终都会作为期间费用全部从当期收入中扣减，影响当期损益。真正引起两种损益表损益计算结果差异的原因是，两者对固定性制造费用的处理方法不尽相同。

　　在以完全成本法为基础的传统损益表下，固定性制造费用计入产品成本，并分别通过期末存货成本和本期销售成本体现出来，而本期期末存货成本是以后期间的销售成本，固定性制造费用不是一次性结转至损益表，而是随产品的陆续销售分期转入损益表的。在此过程中，由于各期产销量不平衡，各期单位产品所承担的固定性制造费用并不相等，并导致各期单位产品的销售成本中所包含的固定性制造费用不相同，单位期末存货成本也有所差异。一般来说，在计算完全成本法下的利润时，计入当期损益的固定性制造费用不等于本期发生的固定性制造费用，而等于在本期固定性制造费用的基础上，增加期初存货包含的固定性制造费用、扣减期末存货包含的固定性制造费用后的余额。

　　而在以变动成本法为基础的贡献式损益表中，当期发生的固定性制造费用将全部作为期间费用从当期损益中扣除。因此，各期计入当期损益的固定性制造费用均等于当期发生的固定性制造费用。

　　由此可见，两种成本计算方法对固定性制造费用的不同处理方式，使得各期损益中扣除的固定性制造费用可能不同，税前利润也随即产生了差异。具体来说，两种成本计算方法所产生的税前利润差异额等于完全成本法下期末存货包含的固定性制造费用减去完全成本法下期初存货中包含的固定性制造费用。

　　如果产销量不平衡，则完全成本法与变动成本法所得到的税前利润存在差异。但如果完全成本法下的单位期初存货包含的固定性制造费用与单位期末存货包含的固定性制造费用相等，则上述三个结论可以得到简化，即将二者税前利润的关系转化为生产量与销售量（或期末存货量与期初存货量）之间的关系：如果生产量等于销售量（即期末存货量等于期初存货量），则两种成本法计算得到的税前利润相等；如果生产量超过销售量（即期末存货量超过期初存货量），则完全成本法所得到的税前利润较变动成本法所得到的税前利润高；如果生产量低于销售量（即期末存货量低于期初存货量），则完全成本法所得到的税前利润较变动成本得到的税前利润低。

3.3.3 贡献式损益表的作用

贡献式损益表在管理者内部计划、控制和制定决策时是一项非常有用的分析工具，它以变动成本法为编制依据，强调了成本性态的划分，有利于本量利分析、评估管理者绩效和预算效果。

1. 促使企业管理者重视销售，防止盲目生产

贡献式损益表中，固定性制造费用计入期间费用，排除了生产量对单位产品成本的影响，如实反映了利润和业务量之间的正常关系，因此产量的高低与存货的增减对税前净利都没有影响。在销售单价、单位变动成本、销售组合不变的情况下，企业的税前净利将随销售量同方向变动。这样一来，就会促使管理者重视销售环节，防止盲目生产带来的产品积压和贬值问题。

2. 提供有用的成本信息，以进行更合理的成本控制和绩效评价

一般来说，变动成本的高低最能反映企业生产部门和供应部门的工作实绩，完成的好坏应由它们负责。另外，变动成本所提供的信息还能将由于产量的变动所引起的成本升降，与由于成本控制工作的好坏而造成的成本升降，清楚地区别开来。这就不仅有利于进行科学的分析，采用正确的方法进行成本控制，还能对各种责任单位履行经管责任的工作实绩做出恰当的、实事求是的评价。

3. 有利于正确进行短期决策和加强经营控制

企业的短期决策一般不考虑生产经营能力即固定资产方面的因素，而是关注成本、产量、利润之间的依存和消长关系。采用变动成本法求得的单位变动成本、贡献边际总额及其他有关信息，能揭示业务量与变动成本的内在规律，帮助管理者深入地进行本量利和贡献边际的分析，用来预测前景，规划未来。

4. 为管理会计系统方法的运用奠定良好的基础

一方面，人们利用贡献式损益表的基础数据资料可深入进行本量利分析和日常经营风险分析：预测盈亏临界点、规划目标利润、确定目标销售量、进行敏感分析等。另一方面，贡献式损益表有利于建立弹性预算、制定标准成本、实行责任控制等。

知识延展

🎯 本章小结

成本按性态分类，分为固定成本、变动成本和混合成本。这一分类是管理会计学科的特色之一，它贯穿于管理会计的基本内容，是管理会计分析方法的基础。采取一定的技术或方法，在将企业的各类成本按其性态分类的基础上，将其中属于混合成本的那部分成本中的固定部分与变动部分分开，并用直线方程 $y = a + bx$ 来近似地模拟混合成本与业务量之间的依存关系和变动规律，这就是成本性态分析。

实践中，常用的成本性态分析方法有账户分析法、工程分析法和历史成本分析法。

使用传统会计方法——完全成本法编制的损益表，其编制基础形式是管理功能格式——强调生产、管理及营销功能，并没有在功能格式下再区分不同的成本性态，一般来说，比较适用于编制外部报表，但如果将它用于内部目的则会受到严重的限制。就内部经营管理而言，管理者需要成本信息来帮助计划、控制及制定决策。如果成本信息是以固定及变动的格式来呈现的，这些工作将更容易执行，因此，贡献式损益表应运而生。

贡献式损益表是依据变动成本法的基本原理来进行编制的。

贡献式损益表在管理者内部计划、控制和制定决策时是一项非常有用的分析工具，强调了成本性态的划分，有利于本量利分析、评估管理者绩效和预算效果。

自测题

（一）单选题

1. 在历史成本分析法的具体应用方法中，计算结果最为精确的方法是（　　）。
   - A. 高低点法
   - B. 散布图法
   - C. 最小平方回归法
   - D. 账户分析法

2. 在应用历史成本分析法进行成本性态分析时，必须首先确定a，然后才能计算出b的方法是（　　）。
   - A. 账户分析法
   - B. 高低点法
   - C. 散布图法
   - D. 最小平方回归法

3. 在应用高低点法进行成本性态分析时，选择高点坐标的依据是（　　）。
   - A. 最高的业务量
   - B. 最高的成本
   - C. 最高的业务量和最高的成本
   - D. 最高的业务量或最高的成本

4. 在变动成本法下，销售收入减去变动成本等于（　　）。
   - A. 销售毛利
   - B. 税后利润
   - C. 税前利润
   - D. 贡献边际

5. 如果本期销售量比上期增加，则可断定本期贡献式损益表中的营业利润（　　）。
   - A. 一定是本期等于上期
   - B. 本期应当大于上期
   - C. 本期应当小于上期
   - D. 本期可能等于上期

6. 在贡献式损益表中，固定性制造费用应当列作（　　）。
   - A. 非生产成本
   - B. 期间成本
   - C. 产品成本
   - D. 直接成本

7. 下列项目中，不能列入变动成本法下产品成本的是（　　）。
   - A. 直接材料
   - B. 直接人工
   - C. 变动性制造费用
   - D. 固定性制造费用

8. 已知2010年某企业贡献式损益表中的营业利润为13 500元，假定2011年销量与2010年的相同，产品单价及成本水平都不变，但产量有所提高。则该年贡献式损益表中营业利润（　　）。
   - A. 必然大于13 500元
   - B. 必然等于13 500元
   - C. 必然小于13 500元
   - D. 可能等于13 500元

9. 如果某企业连续三年贡献式损益表中的营业利润分别为10 000元、12 000元和11 000元，则下列表述中唯一正确的是（　　）。
   - A. 第三年的销量最小
   - B. 第二年的销量最大
   - C. 第一年的产量比第二年少
   - D. 第二年的产量比第三年多

10. 从数额上看，广义营业利润差额应当等于按完全成本法计算的（　　）。
    - A. 期末存货成本与期初存货成本中的固定生产成本之差
    - B. 期末与期初的存货量之差
    - C. 利润超过按变动成本法计算的利润的部分
    - D. 生产成本与销货成本之差

11. 如果某期贡献式损益表中的营业利润为5 000元，该期产量为2 000件，销售量为1 000件，期初存货为零，固定性制造费用总额为2 000元，则传统损益表的营业利润为（　　）。
    - A. 0元
    - B. 1 000元
    - C. 5 000元
    - D. 6 000元

（二）多选题

1. 成本性态分析的方法有（　　）。
   - A. 账户分析法
   - B. 历史成本分析法
   - C. 高低点法
   - D. 散布图法
   - E. 技术测定法

2. 历史成本分析法下的具体方法有（　　　）。

    A. 高低点法　　　　B. 散布图法　　　　C. 最小平方回归法

    D. 阶梯法　　　　　E. 定量法

3. 贡献式损益表的优点是（　　　）。

    A. 避免企业盲目生产　　　　　　　　B. 有利于成本控制

    C. 有利于短期决策　　　　　　　　　D. 有利业绩考核

4. 变动成本法下的期间成本包括（　　　）。

    A. 管理费用　　　　B. 销售费用　　　　C. 制造费用

    D. 固定生产成本　　E. 非生产成本

5. 对成本按习性进行分类，则变动成本包括（　　　）。

    A. 变动生产成本　　B. 直接材料　　　　C. 变动制造费用

    D. 变动推销及管理费用　　　　　　　E. 制造费用

6. 对成本按习性分类，（　　　）不随产量的变化而变化。

    A. 固定性制造费用总额　　　　　　　B. 单位变动成本

    C. 单位销售成本　　　　　　　　　　D. 单位固定性制造费用

    E. 变动生产成本总额

7. 下列各项中，不可能导致狭义营业利润差额发生的因素包括（　　　）。

    A. 单价　　　　　　B. 销售量　　　　　C. 变动生产成本

    D. 推销成本　　　　E. 管理成本

8. 完全成本法下计入当期利润表的期间成本包括（　　　）。

    A. 固定性制造费用　　　　　　　　　B. 变动性制造费用

    C. 固定性销售和管理费用　　　　　　D. 变动性销售和管理费用

    E. 制造费用

（三）判断题

1. 在对混合成本进行分解时，账户分析法通常用于特定期间总成本的分解，而且对成本性态的确认，通常也只限于成本性态相对比较典型的成本项目。（　　　）

2. 工程分析法是一种相对独立的分析方法，只能适用于缺乏历史成本数据的情况。（　　　）

3. 客观上，变动成本法有刺激销售的作用，在一定意义上，强调了固定性制造费用对企业利润的影响。（　　　）

4. 以贡献边际减去固定性制造费用就可得到利润。（　　　）

5. 在贡献式损益表中，制造费用全部作为期间费用计入当期损益。（　　　）

6. 贡献式损益表中的营业利润真正成了反映企业产量多少的"晴雨表"。（　　　）

（四）简答题

1. 变动成本法的含义及特点是什么？

2. 简述变动成本法与完全成本法的区别。

3. 贡献式损益表的作用是什么？

（五）计算题

1. 某企业生产的甲产品在7～12月的产量及成本资料如表3-9所示。

表3-9　　　　　　　　　　　　　　　　产量及成本资料

月份	7	8	9	10	11	12
产量（件）	40	42	45	43	46	50
总成本（元）	8 800	9 100	9 600	9 300	9 800	10 500

要求：

（1）采用高低点法进行成本性态分析；

（2）采用最小平方回归法进行成本性态分析。

2. 已知：某企业本期有关成本资料如下。单位直接材料成本为10元，单位直接人工成本为5元，单位变动性制造费用为7元，固定性制造费用总额为4 000元，单位变动性销售管理费用为4元，固定性销售管理费用为1 000元。期初存货量为零，本期产量为1 000件，销量为600件，单位售价为40元。

要求：分别以两种成本法计算下列指标。

（1）单位产品成本；

（2）期间成本；

（3）销货成本；

（4）营业利润。

3. 已知：某厂只生产一种产品，第一年、第二年的产量分别为30 000件和24 000件，销售量分别为20 000件和30 000件；存货计价采用先进先出法。产品单价为15元/件，单位变动生产成本为5元/件；每年固定性制造费用的发生额为180 000元；销售及管理费用都是固定的，每年发生额为25 000元。

要求：分别编制贡献式损益表和传统损益表，确定第一年、第二年的营业利润。

（六）思考题

变动成本法与完全成本法的分期营业利润差额的变动规律是什么？在实际工作中，应如何利用这一规律简化会计核算？

（七）案例分析题

利润差异从何而来？

第4章
作业成本法与作业成本管理

学习目标

本章主要讲述了作业成本法。要求读者通过学习本章，了解作业成本法的概念、基本要素及适用范围，理解作业成本法的基本原理、成本计算步骤、作业成本法与传统成本计算法的不同和作业成本管理的实施程序。其中，重点掌握作业成本法如何进行成本核算以及实践应用。

基本概念

作业成本法　资源　作业　作业中心　成本动因

引导案例

4.1 作业成本法概述

科学技术的迅猛发展、社会政治经济环境的急剧变革，使企业生存环境发生了天翻地覆的变化，同时也给现代管理理论、管理理念、管理方法和管理技术带来了巨大的影响，作业成本法和作业成本管理就是在这种背景下产生的。

4.1.1 作业成本法的概念

作业成本法简称 ABC（activity based costing），是指通过对企业所有作业活动进行动态追踪，以作业为基础的成本计算方法。企业所进行的每一项作业都需要耗用一定的资源，企业所生产的产品或提供的服务都需要通过一系列的作业来完成。也就是说，作业成本法是将生产产品（包括提供服务）所消耗的资源按作业归集，再由作业分配至产品的一种成本计算方法。因此，产品或服务成本实际上就是企业全部作业所消耗的资源总和。

在作业成本法下，直接材料、直接人工及其他直接成本与传统的成本计算方法下的基本相同，均可以直接计入有关产品，而间接费用则先追溯或合理分配到有关作业，然后再根据作业与产品之间的关系将作业成本分配到有关产品。作业成本法下不同作业所消耗的成本费用可以根据不同的作业成本分配率进行分配，所以相比传统成本计算方法下的单一分配标准提高了产品成本信息的准确性。

作业成本法遵循两条基本原则：一是作业消耗资源，产品消耗作业；二是生产导致作业的产生，作业导致成本的产生。具体而言，作业成本法以作业为核心，以资源流动为线索，依据不同的成本动因分别设置成本库，将间接费用按作业成本库进行归集，再分别按各成本对象所耗用的作业量分摊其在该成本库中的作业成本，然后分别汇总各成本对象的作业成本，计算出它们的总成本和单位成本。由此可见，作业成本法的着眼点是在作业上，以作业为核算中心，先根据资源的耗费情况将资源的成本追溯到作业，再将作业依据成本动因，分配到成本对象中去，由此而得出最终产品成本。如图 4-1 所示。

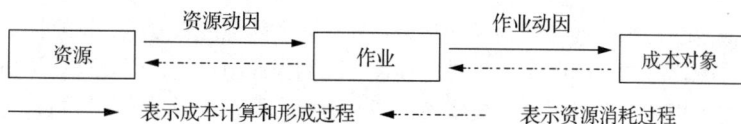

图 4-1　作业成本原理

4.1.2　作业成本法的基本要素

采用作业成本法计算产品时需要将资源耗费归集于相关作业，再通过作业与产品的相关性将归集于作业的成本分配到相关产品中。整个计算过程涉及资源、作业、成本动因等基本要素，因此下面将对其基本要素进行明确。

知识延展

1. 资源

资源（resource）涵盖了企业所有的价值载体。在作业成本法下，资源实质上是指支持作业的成本、费用来源，是企业生产耗费的原始状态，是一定期间内为了生产产品或提供服务而发生的各类成本、费用项目，或者是作业执行过程中所需要花费的代价。资源耗费是成本被汇集到各作业的原因，而作业是汇集资源耗费的对象。资源可以分为货币资源、材料资源、人力资源、动力资源以及厂房设备资源等。

2. 作业

作业（activity）是进行作业成本计算的基础和核心，是作业成本法下最基本的概念。作业是指企业为生产一定量的产品或提供一定的服务所消耗的人力、原材料、技术、方法和环境等资源的集合体，是企业在生产经营过程中相互联系、必不可少的具体活动。作业贯穿于企业的全部生产经营过程，是资源与最终产品的桥梁。

作业主要包括以下几个特点：①作业的发生以人为主体。掌握并且使用各种机器设备的人仍然是现代制造业中各项具体生产工作的主要承担者。②产生作业会消耗一定资源。作业的发生以人为主体，这至少要消耗一定的人力资源；作业是人力作用于物体的工作，因此企业发生作业时必然也要消耗一定的物质资源。③作业目的是区分不同作业的标志。将企业生产过程中每一部分工作按照不同目的区分为若干作业，每个作业负责该作业职权范围内的每一项工作，这些作业互补并且排斥，构成完整的经营过程。④企业可以限定作业的范围。

3. 作业中心和作业成本库

作业中心是指具有相互关联、能够实现某种特定功能的作业集合。例如，原材料采购作业中包括材料采购、材料检验、材料入库、材料仓储保管等，它们之间相互关联并且都可以归集于材料处理作业中心。而作业成本库则将具有相互联系的一系列作业消耗的资源费用归集到作业中心。

4. 成本动因

成本动因（cost driver）也称为成本驱动因素，是指引起成本发生的原因，是联系产品、作业和资源的中介因素。成本动因是计算作业成本的依据，它支配成本行为，决定成本的产生，因此能够解释执行作业的原因及作业消耗资源的大小。分析成本动因主要是为了找出与各项作业相关的资源成本，通过现有的计量指标进行分配。

成本动因可以根据其在作业成本法中的作用分为资源动因和作业动因两类，分别用于资源成本面向作业分配和作业成本面向成本对象分配。

资源动因是资源被各作业消耗的方式和原因，用来计算和反映各项作业对资源的消耗情况，揭示了资源耗费分配给不同作业的基础，是建立作业成本的依据。在企业生产中，作业量的多少决定着资源消耗量的多少。一旦将资源耗费分配给作业成本库，企业就可以开始确定作业动因。

产品质量检验作业的成本包括耗用的各项资源。其中，检验人员的工资、专用设备的折旧费等成本，一般可以直接计入检验作业；而能源成本往往不能直接计入，需要根据资源动因来分配，资源动因等于设备额定功率乘以设备开动时间。设备开动导致能源成本发生，即动因数量越大，耗用的能源越多。在分配资源的过程中，资源是逐项被分配到作业中去的，因此产生了作业成本要素；将每个作业成本要素相加就形成了作业成本库；通过对成本要素及成本库的分析，可以揭示哪些资源需要重新配置，哪些资源的需求量较少，这样就可以确定如何改进和降低作业成本。表4-1列举了几种常见的资源动因。

表4-1　　　　　　　　　　　　　　　　资源动因举例

资源	资源动因
人工	消耗劳动时间
材料	消耗材料数量
动力	消耗电力度数
房屋租金	房屋使用面积

以每项作业所消耗的资源动因为分配基础，计算资源动因分配率，将所耗费的资源按资源动因分配率分配给各作业成本库。计算公式如下：

$$资源动因分配率 = \frac{资源成本}{各作业消耗的资源动因总和} \quad (4.1)$$

$$分配到某作业成本库的该项资源 = 资源动因分配率 \times 各作业消耗的资源动因数量 \quad (4.2)$$

【例4-1】某企业2022年8月作业甲和作业乙的人工工时总消耗为1 200小时，人工成本为6 000元；生产材料总消耗为500千克，总成本为10 000元。作业甲和作业乙消耗材料和人工情况的详细资料如表4-2所示。

表4-2　　　　　　　　　　　　　　　　资源消耗情况表

作业成本库	资源动因	
	消耗材料/千克	消耗工时/小时
作业甲	100	400
作业乙	400	800
合计	500	1 200

要求：计算作业甲和作业乙的成本。

解：作业成本计算过程与结果如表4-3所示。

表4-3　　　　　　　　　　　　　　　　作业成本计算表

作业成本库	材料消耗量/千克	分配率/(元/千克)	材料消耗成本	工时消耗量/小时	分配率/(元/小时)	消耗人工成本/元	作业成本/元
作业甲	100	20	2 000	400	5	2 000	4 000
作业乙	400		8 000	800		4 000	12 000
合计	500		10 000	1 200		6 000	16 000

$$材料成本的分配率 = \frac{10\ 000}{500} = 20（元/千克）$$

$$人工成本的分配率 = \frac{6\ 000}{1\ 200} = 5（元/小时）$$

成本动因是作业成本法的核心内容，其数量的多少取决于该企业经营活动的复杂程度。作业动因作为成本动因的一种形式，是将作业中心的成本分配到对象（产品或劳务、顾客）中的标准，也是资源消耗与最终产出沟通的纽带。作业动因可以分为三种类型，即业务动因、时间动因和直接动因。作业动因是否合理直接影响作业成本法的应用效果，所以应该重视成本动因的确定问题。

在确定作业动因时应选择易于理解、易于分辨并且与各作业部门联系紧密的成本动因。企业在选定作业动因后，就可将具有同质成本动因的相关成本归集起来，形成作业成本库。作业成本库可以归集直接人工、直接材料、机器设备和管理费用等。一个作业成本库只能有一个成本动因与之相对应。例如，车间生产若干种产品，每种产品又分若干批次完成，每批产品完工后都需要进行设备调试。假定每批次调试所发生的成本相同，则调试的"次数"就是调试成本的作业动因。表 4-4 列举了作业分类以及与之相关的常见的作业动因。

表 4-4 作业分类及常见的作业动因

作业分类	常见的作业动因
单位层作业	产品或零部件产量、机器工时、人工工时、耗电千瓦时数等
批次层作业	采购次数、机器调试次数等
产品层作业	质量检验次数，产品设计方案份数等
公司层作业	设备数量、厂房面积等

将作业成本以产品的作业动因为分配基础，计算作业动因分配率，并将成本分配到产品中。计算公式如下：

$$作业动因分配率 = \frac{作业成本}{各产品消耗的作业动因总和} \tag{4.3}$$

$$分配到某产品的作业成本 = 作业动因分配率 \times 产品耗用的作业动因数 \tag{4.4}$$

【例4-2】某企业2022年8月生产两种产品——A和B，公司管理层确定了四项作业：加工、机器调整准备、质量检验和材料采购验收四项作业，与制造费用相关的作业、成本及其他有关资料如表4-5所示。

表 4-5 作业与相关成本资料表

产品	加工/小时	机器调整准备/次	质量检验/批次	材料采购验收/次
产品 A	200	45	90	40
产品 B	200	15	160	20
制造费用	40 000	6 000	7 000	36 000

要求：分别确认作业动因，计算各作业的费用分配率并将制造费用分配给产品A和产品B。

解：加工作业的分配率 $= \dfrac{40\ 000}{200+200} = 100$（元/小时）

机器调整准备作业分配率 $= \dfrac{6\ 000}{45+15} = 100$（元/次）

质量检验作业分配率 $= \dfrac{7\ 000}{90+160} = 28$（元/批次）

材料采购验收作业分配率 $= \dfrac{36\ 000}{40+20} = 600$（元/次）

产品A应负担的制造费用 $= 100 \times 200 + 100 \times 45 + 28 \times 90 + 600 \times 40 = 51\ 020$（元）

产品B应负担的制造费用 $= 100 \times 200 + 100 \times 15 + 28 \times 160 + 600 \times 20 = 37\ 980$（元）

4.1.3 作业成本计算系统的设计

若想成功地设计与执行作业成本系统，既要有高层管理者的大力支持，又要有综合职能的管理小组负责。这个小组内不仅应该有会计部门的代表，还应该包括来自市场营销、生产、工程设计和上层管理部门的代表。因为设计一个良好的作业成本计算系统需要来自企业各领域的个人所掌握的知识，这种知识只能来自熟悉这些经营的人。

基于作业的成本计算系统首先把成本追溯到作业，然后再追溯到产品。其隐含的假设是作业消耗资源，而产品又消耗作业。成本计算过程包括把直接成本追溯到产品，还包括把间接费用先分配到各相关作业，然后再将作业成本分配到产品的计算过程。

基于以上原理，设计作业成本计算系统可以按照以下步骤进行。

1. 分析与确认主要作业

在企业中，作业（activity）代表组织实施的工作，是连接资源与成本对象的纽带，也是作业成本计算和作业成本管理的核心。作业成本计算系统中的第一个步骤是分析与确认主要作业，其中，对主要作业进行确认是作业成本法与传统成本计算法的关键区别。一个企业在生产经营过程中往往存在成百上千个作业，管理层为了防止迷失于数据堆里，通常会采用一些有效的分类方法，即前面提到的单位层作业、批次层作业、产品层作业和公司层作业。

企业可以通过对业务流程进行分析从而确认主要作业。在确定作业时，应重点考虑两个方面的内容：一是考虑取得作业成本数据的目的。如果主要目的在于改善经营活动（如降低成本等），则此时应当对成本信息进行细分，仔细甄别无效率和价值较低的作业；如果主要目的在于实施战略决策，如产品定价决策或盈利性分析，则不必对成本进行过细的划分。二是要考虑重要性原则，即重点关注成本金额巨大、产品之间使用程度差异大的作业，对成本较低的作业，可以将其与其他作业进行合并。

2. 将资源成本分配给作业

对主要作业进行分析与确认之后，接下来需要确定完成每项作业所消耗的成本。首先要确定各项作业消耗的资源，如作业消耗的人工、物料、能源等，即所有计入产品成本的人力、物力、财力等。我们在计算成本时，应先在作业中心汇集该中心范围内所耗费的各种资源，然后把汇集的资源价值按照资源动因分解到各种作业中。作业中心是负责完成某一项特定产品制造功能的一系列作业的集合。作业成本法既是一种成本计算方法，也是一种责任考核办法。将作业中心作为成本计算对象，不仅有利于作业考核，还有利于汇集资源耗费。将这些资源成本分配给作业可以采用直接追溯和动因追溯。如果资源耗费可以直接分配给某一产品中，即直接计入该产品成本，则成本分配方法为直接追溯；如果资源耗费为若干作业共有，则需要通过资源动因将资源成本分配到相关作业中。资源动因是计量资源被作业消耗情况的因子，一旦确定了资源动因，就可以将资源成本分配到作业中。作业成本法通过区别消耗资源的作业，看资源是如何被消耗的，从而找到资源动因，并按资源动因把资源耗费价值分别分解计入不同作业。

3. 将作业成本分配给最终产品

将作业成本分配给最终产品，可以依据作业动因。作业动因是整个作业成本法的关键，是计量产品成本与作业之间的因子。因此将作业成本分配到产品中需要通过作业动因计算作业分配率，然后结合作业的实际使用量计算各产品应负担的作业成本，也就是最终产品成本。

4. 计算产品成本

作业成本法的最终目标是计算产品的成本。因此，需要将分配给某产品的各作业成本库的制造费用和直接成本进行加总，求得该产品的总成本。

【例4-3】某企业2022年7月生产甲、乙两种产品。甲产品和乙产品的生产加工工艺不同，甲产品工艺比乙产品工艺复杂。甲产品每月生产200件，乙产品每月生产400件。有关月产量、直接材料及直接人工费用的资料如表4-6所示。

表4-6　　　　　甲、乙两种产品的基本资料

产品名称	月产量/件	直接材料/元	直接人工/元
甲	200	36 000	3 000
乙	400	48 000	4 000

企业该月制造费用总额为60 000元，甲、乙两种产品工艺复杂程度不一样，耗用的作业量也不一样。经研究，与制造费用相关的作业有5个，因此设置5个作业成本库，相应的有5个成本动因：材料领用数量、包装批次、质量检验小时、设备维修时数和装卸搬运次数。相关资料如表4-7所示。

表4-7　　　　　　　　　　　　制造费用作业成本资料

作业类别	成本动因	作业成本/元	作业动因数		
			甲产品	乙产品	合计
材料领用	材料领用数量	15 000	20	10	30
包装	包装批次	16 000	30	50	80
质量检验	质量检验小时	12 000	50	70	120
设备维修	设备维修时数	12 000	12	18	30
装卸搬运	装卸搬运次数	5 000	8	12	20
合计	—	60 000	—	—	—

要求：采用作业成本法计算甲产品和乙产品各自分配的制造费用并分别计算甲、乙两种产品的总成本和单位成本。

解：制造费用分配过程及结果如表4-8所示。

表4-8　　　　　　　　　　　　作业制造费用计算表

作业	预计制造费用/元	分配率/（元/件）	甲产品		乙产品	
			数量/件	制造费用/元	数量/件	制造费用/元
材料领用	15 000	500	20	10 000	10	5 000
包装	16 000	200	30	6 000	50	10 000
质量检验	12 000	100	50	5 000	70	7 000
设备维修	12 000	400	12	4 800	18	7 200
装卸搬运	5 000	250	8	2 000	12	3 000
合计	60 000	—	—	27 800	—	32 200

甲产品总成本 = 36 000 + 3 000 + 27 800 = 66 800（元）

乙产品总成本 = 48 000 + 4 000 + 32 200 = 84 200（元）

$$甲产品单位成本 = \frac{66\ 800}{200} = 334（元/件）$$

$$乙产品单位成本 = \frac{84\ 200}{400} = 210.5（元/件）$$

4.2　作业成本法与传统成本计算法的比较

1. 相同之处

（1）两者的最终目的相同

两者的最终目的都是计算最终产品（或服务）成本。传统成本计算法是将各项费用在各种产品之间进行分配和再分配，最终计算出产品成本；而作业成本法是将各项费用先在各作业中心之间进行分配，建立作业成本库，然后按照各种产品耗用作业的数量，把各作业成本计入各种产品成本，计算出产品成本。

（2）对直接费用的确认和分配方法相同

作业成本法是一种以"成本驱动因素"理论为基本依据，根据产品生产或企业经营过程中发生和形成的产品与作业、作业链和价值链的关系，对成本发生的动因加以分析，选择"作业"为成本计算对象，归集和分配生产经营费用的一种成本核算方式。仔细研究两种方法，会发现作业成本法是以传统成本计算法为基础的，在直接材料和直接人工也就是"直接成本"的计算上与传统成本计算法是相同的，都是直接计入有关产品，二者均遵循受益性原则对发生的直接费用进行确认，只是对于"间接费用"的分配不一样而已。

2. 不同之处

（1）成本关注对象不同

在传统成本计算法下，企业比较关注产品成本的结果本身，这集中表现在成本计算对象的单一性上。而在作业成本法下，人们不仅关注产品成本结果本身，更关注产品成本产生的原因及其形成的全过程。

（2）间接费用的分配方法不同

作业成本法不再直接区分直接费用和间接费用，而是将这两种费用都视为产品消耗作业而付出的代价，因而在计算时将两者同等对待。在对直接费用的确认和分配上，作业成本法与传统成本计算法并无差别，它们的差异体现在对间接费用的处理方面。传统成本计算法要求按单一分配标准（机器小时或人工成本）分配间接费用，以人工工时或人工成本为成本分配的基础。传统成本计算法适用于比较简单的生产和经营系统。

（3）间接费用的分配程序不同

传统成本计算法进行间接费用分配时一般是把非同质的各种间接费用按部门进行归集，之后按产量将间接费用分配到产品中，也就是按照从资源到部门再到产品的路径分配。而作业成本法则是将各项间接费用分配到相关作业，再根据作业消耗与产品之间的关系将作业成本分配到产品中，也就是按照从资源到作业再到产品的路径分配。

（4）成本核算的侧重点不同

传统成本计算法以产品为成本对象，在成本计算过程中将侧重点自然放在了能构成产品成本的直接材料和直接人工成本上，而对于制造费用只是笼统计算。作业成本法以计算作业为成本对象，以作业成本为侧重点。由于制造费用在作业成本法下同样要以作业形式存在，加之制造费用的作业数量众多，制造费用就成为作业成本法成本计算的侧重点。

（5）成本计算的具体目标不同

虽然二者的最终目的都是计算最终产品成本，但是传统成本计算法的计算目的只是在于成本的计算结果，就成本论成本；而作业成本法的计算重点则是放在成本发生的前因后果上。作业导致成本的产生，而作业的发生与否是由产品的设计环节所决定的。产品的设计内容包括作业的组成情况、每项作业消耗资源的预期水平以及产品最终可为顾客提供预期价值的多少。通过以上信息的分析可以对产品设计进行改进并提高作业质量从而节省资源的消耗。

（6）成本管理的概念不同

传统的成本概念只局限于产品的生产制造过程。但市场格局逐渐由卖方市场转化为买方市场，产品的价值实现越来越受到重视。因此，选择实施按成本管理要求的全程管理是至关重要的。而作业成本法满足了该要求，它注重对全程的成本进行管理，将成本的概念向前延伸到产品的市场需求，从而有助于分析相关技术的发展态势，同时将产品的设计向后延伸到顾客的使用、维修及处置阶段，并且尤其重视产品在投产前设计阶段的成本控制。

4.3 作业成本法的评价及适用范围

作业成本法可克服单纯以直接人工成本等标准分配制造费用的局限性，缩小制造费用的分配范围（从由整个企业统一分配改为由若干"作业成本库"分别进行分配），增加制造费用分配标准，从而将间接费用和辅助成本更准确地分配到作业、生产过程、产品、服务及顾客中。

4.3.1 作业成本法的评价

作业成本法是一种比较切合现代高新技术生产环境的成本计算方法。在该方法下，产品与产品实际消耗费用之间的相关性大大提高，消除了人为因素对成本计算的影响，但同时作业成本法也存在某些自身难以克服的缺陷。

1. 作业成本法的优点

一是能够提供更精确的成本信息。作业成本法将成本分配的重点放在间接费用上，采用成本动因，从成本对象与资源消耗的因果关系着手，根据资源动因将间接费用分配到作业中，再按作业动因将作业计入成本对象，使产品劳务所耗用的各项作业成本信息更加清晰、准确，使间接费用与产品之间的关系真实地反映出来，使产品成本更加准确，为产品价格决策提供了依据。

二是有助于加强成本控制。作业成本法将作业、作业中心、顾客和市场纳入了成本核算的范围，形成了以作业为核心的成本核算对象体系。通过对作业成本的确认、计量，将作业分为增值作业和非增值作业，指导企业有效地执行必要的作业或改进可增加价值的作业，尽量消除或精简非增值作业，以更好地控制成本，达到降低成本的目的，最终促进企业战略目标的实现。

三是有助于消除非增值作业，提高管理效率。作业成本法根据资源向成本对象流动的过程进行全程的成本分析与管理。这样有利于全面分析作业的增值与非增值情况，从而帮助企业消除非增值作业，改善增值作业，并降低作业耗费，提高作业效率，实现更好的管理。

四是有助于管理者科学决策，提高经济效益。作业成本法可以满足财务会计对成本核算精确度的要求，同时帮助管理者获得更精确、更具有相关性的信息，为商业决策提供依据，从而促进定价策略的调整并改善经济效益。

五是便于企业进行绩效考核。作业成本法通过各作业层所提供的有价值的成本信息，能明确增值作业与非增值作业、高效作业与低效作业，以评价个人或作业中心的责任履行情况。

2. 作业成本法的局限性

一是作业的区分与计量存在困难。企业生产经营活动错综复杂，各项活动之间存在一定的相互关系，我们很难清楚地划分各个作业之间的界限。

二是成本动因的选择具有主观性。由于在作业成本计算过程中，需要确认资源和作业，以及为资源库和作业库选择最佳的成本动因等，而同一个作业可能存在多种成本动因，所以在进行成本动因选择方面需要进行人为判断，难免具有主观性和一定程度的武断性。

三是对信息系统的要求较高。若想成功实施作业成本法，需要大量的精准及时的财务信息。作业成本法是一种以作业为中心的成本管理方法。作业成本法从产品材料采购到销售货物整个工艺流程的各个环节及全过程，需要以作业为中心，通过对作业及作业成本的确认、计量，最终计算出相对准确的产品信息。

四是执行成本代价大。作业成本法若要执行，则需要付出很大的努力。首先，执行及维持作业成本法对企业来说是一个非常大的挑战，需要考虑其预期收益是否大于其成本；其次，作业成本法核算工作十分繁琐；最后，企业需要不断进行技术革新及产品结构的调整，因而需要随着变化而重新进行作业划分，这同样增加了实施作业成本法的成本。

4.3.2 作业成本法的适用范围

作业成本法虽然可以在某种程度上弥补传统成本计算法的不足，但是作业成本法的应用范围有限，不适合所有的企业。因为作业成本法相对比较复杂，并且花费的成本较大，同时对专业技能的要求也很高，企业在采用作业成本法之前需要结合成本效益原则来决定是否实施。

适合使用作业成本法的企业，一般具有以下特征。

1. 制造费用较高

作业成本法一般适用于制造费用在产品成本结构中所占比重较大的企业，因为采用作业成本法可以提高成本信息的质量，帮助企业做出更好的决策。若采用传统成本计算法，由于制造费用所占比重较大，则会扭曲成本信息导致成本决策的偏差。

2. 企业产品种类繁多

若企业产品种类繁多，则制造费用在各种产品间进行分配的情况较多。传统成本计算法采用统一的标准进行分配，会扭曲成本信息。为了保证成本信息的准确性，可利用作业成本法，采用不同成本动因将成本追溯到各种产品。

3. 企业产品生产工艺复杂且作业环节易辨认

若产品生产工艺过程复杂，企业可以通过作业成本法对作业进行分析，帮助企业消除非增值作业，并提高增值作业的效率。

4. 计算机技术要求较高

采用作业成本法进行计算时，计算过程较为复杂，手工操作难以实施，因此需要利用计算机技术收集数据，进行信息处理，提高成本计算工作的效率和准确性。

通过以上总结，作业成本法适用于制造费用在产品结构中比重较大、产品种类较多，同时产品工艺复杂、作业环节多易辨认的计算机技术水平较高的企业。

4.4 作业成本管理

作业成本管理的出现最初是为了精确地计算成本，解决共同成本的分配问题。但是后来人们发现，它所提供的信息可被广泛用于预算管理、生产管理、产品定价、新产品开发、顾客盈利能力分析等诸多方面。这使得作业成本法很快超越了成本计算本身，上升为以价值链分析为基础的、服务于企业战略需要的作业成本管理。

4.4.1 作业成本管理概述

1. 作业成本管理的含义

作业成本管理简称 ABCM（activity based costing management），是指将企业看作为满足顾客需求而形成的一系列作业的集合体，为了实现组织竞争战略，在对作业及作业链全面分析的基础上，利用作业成本法提供的信息，面向企业全流程（包括市场需求分析、研究开发、产品设计、材料采购、生产、质量检查、销售、售后服务等所有环节），努力提高增值作业的效率，消除或减少非增值作业，以实现企业生产经营的持续改善。

2. 作业成本管理与传统成本管理的区别

作业成本管理实质上是一种全新的成本控制方法，它与传统成本管理的不同之处主要表现在以下几个方面。

（1）成本控制对象不同。作业成本管理以作业为基础实施成本控制，对产品成本的确定通过作业分配得以反映，从而形成了以"作业"为核心的成本计算体系；而传统成本管理以产品为对象实施成本控制，从而形成了以"产品"为核心的成本计算体系。

（2）成本控制性质不同。作业成本管理站在战略的高度，以客户需求为出发点进行作业价值分析，它属于战略管理不可缺少的一个组成部分；而传统成本管理仅局限于企业内部，从未站在客户的角度进行成本的控制与分析。

（3）研究范畴不同。作业成本管理进行作业链分析，往往将分析的视角延伸至供应商和客户；而传统成本管理的研究范畴仅限于企业内部的产供销分析。显然作业成本管理的研究范畴宽于传统成本管理的研究范畴。

（4）分析内容不同。作业成本管理以作业为基础，从资源动因、作业动因、作业链等角度进行价值分析；而传统成本管理是从成本项目角度进行的分析。

（5）成本改进的侧重点不同。作业成本管理为消除非增值作业，常常采用先进的方法，如适时生产系统、全面质量管理等，这些先进方法的采用极大缩短了产品的生产时间；而传统成本管理的着眼点在于成本本身而非产品生产时间，它研究如何采取有效措施降低某项较高的成本。显然二者对于成本改进的侧重点是不同的。

4.4.2 作业价值分析

所谓作业价值分析，是指以客户的需求为出发点，对作业形成的原因、确认与计量以及作业动因展开的全面分析，即在进行市场调查、明确客户意愿需求的基础上，对产品成本形成过程及分配过程展开的分析，旨在消除非增值作业，提高作业的有效性。作业价值分析主要包括资源动因价值分析、作业动因价值分析、作业链的连接价值分析和增值作业与非增值作业分析四个方面。进行作业价值分析是作业成本管理的重要任务之一，是作业成本管理的核心。

2. 资源动因价值分析

作业驱动资源成本的耗用。资源动因可以反映作业量与资源耗费之间的因果关系。进行资源动因价值分析，要以客户的需求为出发点，通过对作业进行判别分析，形成有关资源动因是否合理和作业耗费资源成本高低等多项评价结论。

在作业成本计算中，作业中心是归集成本与分配成本的单元，资源动因价值分析首先应分析作业中心的划分是否合理。作业中心的划分应坚持"成本—效益"原则。企业的生产离不开资源，这里的资源是指企业从事各项作业所必需的经济要素，包括货币资源、材料资源、人力资源、动力资源和厂房设备资源等内容。为确保成本计算的精确性，必须正确地将各项资源耗费成本分配给各项作业中心，其前提是合理选择资源动因的分配标准。在现实工作中，资源动因必须使作业量与资源耗费之间存在因果关系。如人工成本的资源动因是人工小时；材料费用的资源动因是材料消耗的数量；机器设备的资源动因是机器小时；房屋建筑物折旧费的资源动因是房屋建筑物的使用面积等。表4-9列示了东方公司将各种资源成本分配给作业中心时所选用的多种资源动因，以供学习参考。

表4-9 东方公司的资源动因

资源	资源动因
人事	营业部工人人数
仓库	营业部耗用的挑选整理次数
工程师	在营业部或为营业部工作的时间
材料管理	在营业部或为营业部工作的时间
会计	在营业部或为营业部工作的时间
研究开发	开发的新型产品
质量	在营业部或为营业部工作的时间
公用事业	场地大小

在分析作业所耗资源成本高低时，应在明确资源动因的基础上，分析所耗资源的利用效率。如果某项作业是必需的，且所耗资源少，完成的效率高，就可将其归属于高效作业；否则，就应归属于低效作业。

2. 作业动因价值分析

因为产品消耗作业，所以作业动因应当反映产品产量与作业成本之间的因果关系。作业动因价值分析是以客户的需求为出发点，对产品成本驱动因素的合理性进行的分析。在实际工作中，为明确产品产量与作业成本之间的因果关系，以便揭示产品成本水平的高低，可以将作业按其等级不同进行分类。作业按其等级不同可以分为单位层作业、批量层作业、产品层作业和公司层作业四种类型。对于单位层的作业，应从单位额的角度考虑降低其成本；对于批量层作业，只能设法减少作业的批数；产品层作业常常与市场开发相关，而公司层作业则大多数与企业的生产能力相联系，对于这两类作业成本，在削减成本时应特别慎重，以免影响市场规模的扩大或降低企业生产能力。正确划分作业动因对产品成本计算的精确性至关重要。在实际工作中，由于作业动因隐蔽性较强，不容易判定。表4-10列示了红星组件厂的作业动因，以供学习参考。

表4-10　　　　　　　　　　　　　　红星组件厂的作业动因

作业	作业等级	作业动因
材料采购	单位层	材料成本
直接人工供应	单位层	直接人工成本
机器运行	单位层	机器小时
调整准备	批量层	调整小时
生产指令	批量层	指令单份数
材料整理	批量层	卸货次数
零部件管理	产品层	零部件数量
一般行政管理	公司层	增值额

3. 作业链的连接价值分析

开展资源动因价值分析与作业动因价值分析，重在分析各项作业存在的必然性、成本动因的合理性以及利用的效率性。进行作业价值分析，仅对单项作业进行分析是不够的，还应对各项作业的协调状况进行分析，即对作业链的连接进行价值分析。

在实际工作中，即使所有单项作业的利用效率较高，也不意味着作业之间的相互协调一定就好，因为各项作业彼此独立，独立的范畴往往具有人为因素，作业链的连接不如意也是常常发生的。在现实企业生产经营中，作业与作业之间有时存在重叠现象，即某一独立作业的内容与另一相连的作业内容部分重复；另外，作业与作业之间的断开也时常发生，现实作业链的连续状况如图4-2所示。

图4-2　现实作业链中各项作业连续状况示意图

在实际工作中，应尽量消除作业链的重复与断开之处，使其转化为理想的作业链。理想的作业链应是作业与作业之间环环相连，没有出现断开和重叠现象，作业之间的等待或延误应为最小，作业与作业之间的重复内容不存在。其作业链的连续状况如图4-3所示。

图4-3　理想作业链中各项作业连续状况示意图

4. 增值作业与非增值作业分析

进行资源动因价值分析、作业动因价值分析、作业链的连接价值分析的目的在于区分增值作业与非增值作业，判断增值作业的效用性。因而增值作业与非增值作业的分析是最为重要的环节，是作业成本管理的核心内容。

【例4-4】东方股份有限公司专业生产跑步机，近几年来，公司业务迅猛发展，逐渐成为业内知名企业。最近一个营业期，公司业绩欠佳，管理层经过市场调研，发现别的跑步机制造企业的产品价格较自己低，但原材料、人工工资、动力费等，与本公司的处于同一种水平，而如果按竞争企业的价格销售，企业就会发生亏损。管理层意识到，本企业的成本管理出了问题。

为此，公司特意安排财务部总会计师王强进行分析。

（1）王强首先调查了公司的供产销，将企业的各项作业分为增值作业和非增值作业。经查，增值作业的比重为80%，非增值作业的比重为20%。王强认为，企业应将成本控制的重点放在非增值作业上。而成本会计主管刘某则认为，增值作业的比重大，而且可调控、操作的空间大，将成本控制的重点放在增值作业上才有意义。

（2）经过调查，王强认为，企业的资源消耗并非都是合理、有效的，应该提高资源的有效性。为此，王强认为有必要对本企业进行资源动因分析，特请刘某帮助设计一套资源动因分析程序。

（3）在进行资源动因分析的同时，王强也进行了作业动因分析，认为企业原来对增值作业、非增值作业的划分存在不正确之处，提出对企业原来划定的增值作业、非增值作业进行重新认定，并提出了增值作业应该满足的三大条件。

（4）通过上述系列的分析，王强向公司提出了改进作业的五个方法，圆满地帮助企业解决了问题。

要求：

① 请分析（1）中哪种观点正确。

② 假定你是会计主管刘某，请帮助总会计师王强设计一套资源动因分析的程序。

③ 总会计师王强提出的增值作业应该满足的三大条件分别是什么？

④ 简述改进作业的五个方法。

解：①总会计师王强的说法正确。作业分为增值作业和非增值作业，增值作业的功能是明确的，能为最终产品或劳务提供价值，而且增值作业在企业的整个作业链中是必需的，不能随意去掉、合并或被替代。例如，在制造企业中，采购订单的获取、在产品的加工以及完工产品的包装均属于增值作业。而非增值作业是并非企业生产经营所必需，不能为客户带来价值的作业。例如，仓储、搬运、检验，以及供产销中任一环节的等待、延误等，都是非增值作业。非增值作业并非企业生产经营所必需的，因此非增值作业是企业作业成本控制的重点。

② 资源动因分析的程序包括：首先，调查产品从设计、试制、生产、储备、销售、运输直到客户使用的全过程，在熟悉产品生命周期的基础上识别、计量作业，并将作业适当合并，建立作业中心；其次，归集资源费用到各相应的作业中心；最后，分析执行作业消耗资源的情况，确定作业的有效性。

③ 一般来说，增值作业必须同时满足以下条件：a. 该作业的功能是明确的；b. 该作业能为最终产品或劳务提供价值；c. 该作业在企业的整个作业链中是必需的，不能随意去掉、合并或被替代。

④ 改进作业的方法主要有以下几个。

a. 消除不必要作业以降低成本；

b. 在其他条件相同时选择成本最低的作业；

c. 提高作业效率并减少作业消耗；

d. 作业共享，利用规模经济提高必要作业的效率，降低作业动因的分配率；

e. 利用作业成本信息编制资源使用计划并配置未使用资源。

但在实际工作中，想要彻底消除非增值作业，企业必须进行流程再造，打破现有的生产组织体系，按制造单元组织生产，从而实现零存货、零缺陷的目标。然而这种变更的成本代价十分昂贵，可能大部分企业无法做到，在这种情况下，将适时制的管理理念引入生产经营过程，可以尽可能减少非增值作业。

值得注意的是，在实际工作中，如果详细划分企业的每一个作业，可使作业多达上百种或更多，要想对这些作业逐一进行价值分析并判定其是否为增值作业是不可能的，也是没有必要的。因此，合理的做法是对那些相对于客户而言较为重要的作业展开价值分析。因为企业80%的成本通常是由20%的作业引起的。将作业按其成本大小排列，凡排列在前面的那些作业就是应分析的重点作业，而对于排列在后面的，则是对成本影响不大的作业，可以不予分析。

4.4.3　作业成本管理的实施程序

实施作业成本管理应以分析客户需求为出发点，以作业分析为核心，以不断寻求成本改进为目标。具体实施程序如下。

1. 分析客户的需求

因为企业的作业链同时也表现为价值链，而企业的价值最终表现为客户愿意支付的价格，所以，在进行作业分析时，企业应以分析客户的需求为出发点，通过客户意向调查的方式来了解其对企业产品价格、性能、质量、外观等方面的要求。只有这样，企业才能进一步分析哪些作业能够增加企业价值，哪些作业属于无效作业，为进一步的作业分析奠定基础。例如，某汽车制造企业通过客户调查了解到目前市场上消费者的环保意识增强，因而更加注重汽车节能环保等方面的性能。企业对节能环保汽车的研发设计就属于增值作业，而对高性能但高耗能汽车的研发设计就属于非增值作业。

2. 进行作业分析，明确增值作业

作业链贯穿于企业的生产经营全过程，企业进行作业分析，必须明确以下几个问题：企业到底包括哪些作业，它们之间有何内在联系，各项作业的产生原因，以及是怎样发生的。在此基础上，开展作业价值分析，即作业成本管理的核心任务，通过资源动因价值分析、作业动因价值分析、作业链的连接价值分析，合理划分增值作业与非增值作业。正确划分增值作业与非增值作业对改进和优化作业链至关重要。企业必须设法保持增值作业，使之不被消除，以免毁损企业价值；对于非增值作业，企业应采取措施在不降低产品质量和企业价值的前提下予以消除。

【例4-5】镁光公司是一家生产灯具的大型公司。近年来，由于采用作业成本法确定产品成本取得成功，因此计划将作业成本管理应用于采购部门，ABC专项小组对采购作业进行了具体的作业分析，其确认的作业如下。

（1）收到设计部门的零部件规格说明；

（2）向设计师提出问题；

（3）寻找供应商；

（4）协商价格；

（5）选择供应商；

（6）订货（发订单）；

（7）催发货物；

（8）收到货物；

（9）验收货物；

（10）退回不合格货物。

要求：进行作业分析，说明镁光公司应该如何优化采购作业流程。

解：在这10项作业中，（3）、（4）、（5）、（7）、（8）、（9）都涉及供应商的问题。企业如果能够找到信誉良好，发货速度快，质优价廉，并且可以建立长期合作关系的供应商，就能够提高（3）、（4）、（5）项作业的效率，同时（7）可以删除，属于非增值作业。通过提高（9）的质量与效率，可以减少（10）的频率，可以起到降本增效的作用。此外，在采购人员经过专业培训，并且设计师将所需零部件详细说明的情况下，（2）成为非增值作业，可予以删除。

因此，经过作业分析，镁光公司的采购作业可以优化为：（1）收到设计部门的零部件规格说明；（2）订货（发订单）；（3）收到货物；（4）验收货物。

3. 分析作业预算执行的结果

分析作业预算执行的结果，一方面可以借助作业预算进行分析，另一方面还可以通过编制约定能力预算进行分析，也可以将二者结合起来进行综合分析。

按照预算制定的生产环境不同，作业预算分为理想预算和现实预算两类。其中，理想预算是以企业现有的生产技术和经营管理水平处于最佳状态为基础制定的最低作业成本。编制理想预算的目的在于为企业提供一个理想的目标，以便揭示实际作业成本和理想作业成本之间的差距，即企业成本下降的潜力。现实预算是在企业正常有效的经营条件下，以下一期改进作业后应该发生的资源耗用量、资源预计价格和预计生产经营能力为基础制定的。正常有效的经营条件包含了一些难以避免的非增值作业，如一定的废品、停工损失等。在实际工作之中，现实预算往往比理想预算更具可行

性，更多地被运用到实际的预算编制过程中。

企业定期编制合理、可行的作业预算，并将作业的实际执行结果与作业预算加以对比，就可以揭示实际脱离预算的差额。如果实际值大于预算值，说明作业成本超支，为不利差异。在这种情况下，企业应分析作业差异产生的原因。

具体分析时对于短期变动成本和长期变动成本，可以分别计算各项目的价格差异和数量差异；对于综合性变动成本，由于其与企业整体管理水平相关，作业动因通常较难确定，短期内具有不变性，可以仿照固定成本的思路分析，但分解的因素可能不同。

约定能力预算是指在企业现有资源得到充分利用条件下的预算。在作业管理中，编制约定能力预算的目的是分析企业资源的利用程度。显然这种预算不同于理想预算，也不同于现实预算，它是在某项资源充分利用的前提下，可以提供的总量。

企业的作业按照其利用程度不同可以分为提供作业、已耗用作业和未耗用作业三种类型。显然，通过对某种具体的作业类型进行分析评价，可以发现企业的该种作业中哪些已经得到充分利用，哪些被闲置，从而有助于企业资源的合理配置，以便提高资源的总体利用效果。

在实际工作中，利用作业预算进行分析评价与利用约定能力预算进行分析评价并不是孤立进行的，二者应与实际作业执行的结果相结合，通过编制作业分析报告进行综合评价。作业分析报告主要包括两项内容：一是作业等级；二是作业利用程度；作业分析报告的标准格式如表 4-11 所示。显然，依据作业分析报告，就可以从作业等级和作业利用程度两个层面进行作业成本的综合评价分析。

表4-11　　　　　　　　　　　　　　　　作业分析报告　　　　　　　　　　　　　　金额单位：元

	提供的作业量	预计价格标准	约定能力预算	预算成本	实际成本	成本差异	未耗用能力成本	资源利用率
（甲）栏	①	②	③=①×②	④	⑤	⑥=⑤-④	⑦=③-⑤	⑧=⑤÷③
单位层作业								
直接材料								
……								
小计								
批量层作业								
订单处理								
……								
小计								
产品层作业								
产品设计								
……								
小计								
公司层作业								
一般管理								
……								
小计								
合计								

4. 采取措施，改善企业的生产经营

企业应在分析作业预算执行结果的基础上，采取有效的措施，优化作业链，同时尽量提高增值作业的利用效率，以达到不断改善生产经营、确保低成本竞争优势的最终目的。

企业应实行分权化民主管理以调动全体职工降低成本的积极性和主动性。在此基础上，制定目标成本，建立责任预算，实施成本激励机制，从而使责、权、利有效地结合。除此之外，企业应实行标杆制度，了解竞争对手的具体状况，选择头号竞争对手作为学习的榜样，提高企业资源的利用率。在一定条件下，可以实行企业再造工程，重构企业作业链，从而使企业保持低成本优势。

4.4.4 作业成本管理的应用

作业成本管理是为适应现代科学生产的需要而产生的。企业应将自身看作由客户需求驱动的系列作业而组合成的作业集合体，在管理中不断提高有助于增加客户价值的作业效率，打破传统成本管理只注重成本本身水平高低的局限，而将资源的消耗是否对客户发生价值增值作为评价成本管理水平的标准。企业应将管理的重点放在作业成本的形成原因上，因为产品的成本不仅与消耗的作业量有关，还与每种作业的资源占用量有关，而作业量的减少并不意味着该项作业占用资源的减少。因此，企业不仅要提高生产过程中的各项作业完成的效率和质量，还要提高生产过程前期资源配置的合理性，高度重视前期调研和产品开发所耗用的资源。

1. 产品设计与研发

传统的成本核算方法侧重于核算直接人工、直接材料和机器小时的成本。随着机器自动化的不断发展，企业产品成本中直接人工所占比例越来越小，此时企业若还采用原来的成本方式进行计算，就会低估简单生产模式下的产品成本。而假若在产品的设计与研发阶段，设计师们可以利用一个精确的作业成本管理模型，在严格制定的目标成本框架下进行工作，借助作业成本法对间接成本和直接成本进行管理，便可以较低成本做出正确的产品设计决策。

2. 产品结构与定价

企业有必要通过了解企业中存在的不盈利产品、服务，积极采取行动以实现作业成本的充分补偿。作业成本管理能够将安装、采购、质量检验、产品维护等作业的成本相对准确地分配给产品，从而发现产品真实的盈亏情况，再依据作业成本提供的信息，对产品重新定价，改进企业的生产流程、经营政策和战略以提高企业的盈利能力。

【例4-6】 由于市场竞争压力大，某制造厂需要重新分析定价成本数据和定价策略。该厂到目前为止一直按照直接人工小时及预定分配率分配制造费用，预计产量的直接人工小时为50 000小时。为了为定价提供更为可靠的成本资料，该厂准备采用作业成本管理来控制管理企业的成本。通过分析制造费用，按同质归类，预计下年度制造费用如表4-12所示。

表4-12　　　　　　　　　　　某制造厂下年度预计制造费用

同质成本库	预计成本/元	预计业务量
材料处理	100 000	材料搬运次数：1 000
设备维修保养	200 000	维修保养小时：1 000
质量检验	200 000	检验次数：　5 000
合计	500 000	

该厂目前正准备参加一项政府采购投标，该投标产品的预计成本及有关部门资料如表4-13所示。

表4-13　　　　　　　　　　投标产品的预计成本及有关部门资料

项目	预计成本/元	作业动因	业务量
直接材料	87 000	材料搬运次数	20
直接人工	40 000	机器维修保养小时	50
制造费用	？	检验次数	10
成本合计	？		

要求：

（1）按照直接人工小时分配制造费用，计算该投标总成本。如果该制造厂以完全制造成本加成30%确定投标价，该项投标价是多少？

（2）采用作业成本计算分配制造费用，计算该投标总成本。如果该制造厂以完全制造成本加成30%确定投标价，该项投标价是多少？

（3）哪种制造费用分配方法提供的成本数据更适合定价决策？为什么？

解：（1）按直接人工小时分配制造费用

预定制造费用分配率＝500 000÷50 000＝10（元/小时）

投标总成本计算：

直接材料	87 000元
直接人工	40 000元
制造费用（10×1 000①）	10 000元
成本合计	137 000元

该项投标价＝137 000×（1＋30%）＝178 100（元）

（2）按作业成本计算分配制造费用

预定材料处理分配率＝100 000÷1 000＝100（元/次）

预定设备维修保养分配率＝200 000÷1 000＝200（元/小时）

预定质量检验分配率＝200 000÷5 000＝40（元/次）

投标总成本计算：

直接材料		87 000元
直接人工		40 000元
制造费用		
材料处理（100×20）	2 000	
设备维修（200×50）	10 000	
质量检验（40×10）	400	
制造费用合计		12 400元
成本合计		139 400元

该项投标价＝139 400×（1＋30%）＝181 220（元）

（3）采用作业成本计算分配制造费用所提供的成本数据更适合定价决策。因为作业成本管理能够更为详细地分析每项作业活动，并为每项成本找到正确的成本动因，然后按照每项作业的成本动因分配制造费用给各种产品，这比传统成本管理按照一个动因分配制造费用所计算出的产品成本更加准确。管理人员利用这个更准确的成本信息可以制定更恰当的产品价格。

3. 提供决策有用信息

由于作业成本法为企业提供了相对准确的产品成本信息，企业可以据此进行决策。在作业成本管理系统中，对相关成本和无关成本加以划分。通过了解企业的无关成本和相关成本，可以更加准确地计算出产品成本，在签订订购合同或销售合同时，可以根据此信息为企业谋求利润最大化。

【例4-7】某车间2022年生产能力为400 000单位，目前只生产和销售了200 000单位。现有某客户前来签订订货合同，要求在一年内订购企业80 000个单位的产品。已知生产200 000单位该类产品需材料成本400 000元，生产工人工资成本200 000元。另外，若按照生产能力生产，设备需调试40次，每次费用5 000元；质量检验200次，每次费用20元；两名生产工艺设计人员年固定工资为每人25 000元。如果接受此订单，还须一次性支付两名设计人员工资（每人2 000元）；而且还要购买专门的涂料，每年相关费用共需6 000元。厂房、保险以及一般行政管理等费用每年150 000元。

要求：该客户出价多少时，企业可与其签署合同？

解：第一步，分析并确认作业层级。

单位层作业成本：

材料成本400 000元，则单位成本为2元（400 000÷200 000）。

生产工人工资成本200 000元，则单位成本为1元（200 000÷200 000）。

---

① 1 000是通过表4-12，按照维修保养小时分配制造费用。

批量层作业成本：

设备调试40次，每次费用5 000元，则每10 000单位（400 000÷40）产品调试一次。

质量检验200次，每次费用20元，则每2 000单位（400 000÷200）产品质量检验一次。

产品层作业成本：

两名生产工艺设计人员年固定工资为每人25 000元。

如果接受此订货，还须一次性支付两名设计人员每人2 000元工资。

还要购买专门涂料，花费6 000元。

公司层作业成本：

厂房、保险以及一般行政管理等费用每年150 000元。

第二步，计算相关成本，已知订货量为80 000单位。

单位层作业成本＝2×80 000＋1×80 000＝240 000（元）

批量层作业成本＝5 000×（80 000÷10 000）＋20×（80 000÷2 000）＝40 800（元）

产品层作业成本＝2 000×2＋6 000＝10 000（元）

而两名生产工艺设计人员年固定工资不与此次订货有关，为无关成本，所以在此决策过程中不予考虑。公司层作业成本中，厂房、保险以及一般行政管理等费用不与此次订货有联系，为无关成本，所以在此决策过程中不予考虑。

与此次订货相关的总成本＝240 000＋40 800＋10 000＝290 800（元）

与此次订货相关的单位成本＝290 800÷80 000＝3.635（元/单位）

因此，只要客户出价高于3.635元/单位，企业即可与其签署协议。

目前，我国正发布相关政策以大力扶植高新技术产业的发展。在高新技术企业中，许多企业实际上已经具备了采用作业成本管理进行经营的条件。在这样的企业中，直接参与生产的工人人数较少，间接生产费用比例攀升，作业成本管理在这样的企业内实施的成功率相对较高。因此，国家可以选择其中一些生产工艺流程较为简单的企业作为作业成本管理的试点企业。一旦作业成本管理在这些试点企业内应用成功，则可以向生产工艺流程相对复杂的大型企业推广。这样以点到面，循序渐进地推广作业成本管理，对于企业来说，安全性较高，并且通过研究试点企业作业成本管理的应用情况，可以找出缺陷，积极采取措施以弥补不足。

知识延展

精选案例

基于作业成本法的电网检修成本管理

电网检修成本是电网企业主要的成本，检修成本高也是电网企业面临的最大问题。数据显示，我国省级电网检修企业年平均成本达到百亿元。检修成本高的原因有很多，诸如在倡导"安全电力"的前提下，投入更多资金去保证电网安全运行，保证设备的有效管理。目前采取的电网检修成本的核算方法是以定额为标准的完全成本法。但是，以这种方法来分配辅助成本会造成成本分配的扭曲。而作业成本法以"作业消耗资源，产品消耗作业"为依据，将产品的成本与生产活动结合起来，对于电网检修这种没有实物产品的活动更为适用。

从作业成本法的角度降低电网检修成本，可以通过提升作业效率，从资源动因和作业动因这些成本产生的源头来控制作业的资源消耗，并减少不必要的活动，以此来达到目的。运用作业成本法可以优化成本库的建立方式，将一个检修项目分为若干流程，选取具有代表性的作业进行标准作业的核算，然后找出导致作业相似而成本不同的原因（如电压等级不同导致相同长度的电线损耗不同），通过找到影响因素，计算出调节系数。这样不仅可以通过简单的计算找出单个作业的成本，简化了工作量，而且使数据更加准确。具体可以通过趋势对比和同行业对比发现成本较高的地方，查找是否有更合理的检修安排，单位成本是否异常，哪个流程作业的成本较高。也可以通过对资源动因和作业动因进行控制来降低成本，减少或消除浪费、对维修策略进行调整、提升作业效率、合理调整作业流程、降低对资源和活动的需求等，以达到控制电网成本、优化检修流程的目的。

◎ 本章小结

作业成本法简称ABC，是指通过对企业所有作业活动进行动态追踪，以作业为基础的成本计算方法。

设计作业成本计算系统的步骤：①分析与确认主要作业。②将资源成本分配给作业。③将作业成本分配给最终产品。④计算产品成品。在运用作业成本法时，直接材料、直接人工为直接成本，直接成本采用作业成本法的核算方法与传统成本法的核算方法相同，区别主要在于间接制造费用的分配方法不同，两种方法计算过程与结果不同。

本章最后对作业成本管理的相关内容进行了介绍。

◎ 自测题

（一）单选题

1. 作业成本法的所谓决策相关性是指基于作业基础计算出的（　　）能满足企业生产经营决策多方面的需要。

    A. 价格信息　　　　　B. 产量信息　　　　　C. 销售信息　　　　　D. 成本信息

2. 作业成本法是把企业消耗的资源按（　　）分配到作业以及把作业收集的作业成本按（　　）分配到成本对象的核算方法。

    A. 资源动因、作业动因　　　　　　　　B. 资源动因、成本动因

    C. 成本动因、作业动因　　　　　　　　D. 作业动因、资源动因

3. 作业消耗一定的（　　）。

    A. 成本　　　　　　　B. 时间　　　　　　　C. 费用　　　　　　　D. 资源

4. （　　）是为多种产品生产提供服务的作业。

    A. 非增值作业　　　　B. 产品作业　　　　　C. 过程作业　　　　　D. 共同消耗作业

5. （　　）是将作业成本分配到产品或服务中去的标准，也是将作业耗费与最终产出相沟通的中介。

    A. 资源动因　　　　　B. 作业动因　　　　　C. 成本动因　　　　　D. 价值动因

6. 采购作业的作业动因是（　　）。

    A. 采购次数　　　　　B. 采购批量　　　　　C. 采购数量　　　　　D. 采购员人数

7. 与传统成本计算法相比，作业成本法更注重成本信息对决策的（　　）。

    A. 有用性　　　　　　B. 相关性　　　　　　C. 可比性　　　　　　D. 一致性

8. 在现代制造业中，（　　）的比重极大增加，结构也彻底发生了改变。

    A. 直接人工　　　　　B. 直接材料　　　　　C. 间接费用　　　　　D. 期间费用

9. 作业成本法下的成本计算程序，首先是确认作业中心，将（　　）归集到各作业中心。

    A. 资源耗费价值　　　B. 直接材料　　　　　C. 直接人工　　　　　D. 制造费用

10. 如果某项资源耗费从最初消耗上呈混合耗费形态，则需要选择合适的资源动因，将资源分解并分配到各作业，如（　　）。

    A. 材料费　　　　　　　　　　　　　　B. 各作业各自发生的办公费

    C. 按实付工资额核定应负担的工资　　　D. 动力费

（二）多选题

1. 在作业成本法下，成本计算的对象是多层次的，大体上可以分为（　　）。
   A. 资源层　　　　　B. 作业层　　　　　C. 产品层
   D. 作业中心层　　　E. 制造中心层

2. 传统的成本计算法把产品成本区分为（　　）。
   A. 直接材料　　　　B. 直接人工　　　　C. 生产成本
   D. 制造费用　　　　E. 间接费用

3. 作业成本法对动因的划分包括（　　）。
   A. 成本动因　　　　B. 资源动因　　　　C. 作业动因
   D. 利润动因　　　　E. 执行动因

4. 作业成本法的原理是（　　）。
   A. 产品加工消耗设备折旧　　　　　B. 成本对象消耗作业
   C. 作业消耗资源　　　　　　　　　D. 产品消耗资源
   E. 资源消耗作业

5. 作业成本法与传统成本计算法相比，（　　）。
   A. 有较多的间接成本库
   B. 按成本动因分配生产费用
   C. 间接生产费用的分配基础常为非财务变量
   D. 提供较精准的成本信息
   E. 成本决策相关性较强

6. 根据影响作业的动因不同，作业分为（　　）。
   A. 单位作业　　　　B. 批次作业　　　　C. 产品作业
   D. 公司层作业　　　E. 作业

7. 下列可以作为成本动因的有（　　）。
   A. 直接人工工时　　B. 运输里程　　　　C. 产品数量
   D. 机器工时　　　　E. 订购次数

8. 作业成本法适用于（　　）的企业。
   A. 间接生产费用比较大　　　　　　B. 企业规模大、产品品种多
   C. 作业环节多且易辨认　　　　　　D. 生产准备成本较高
   E. 计算机技术水平较高

（三）判断题

1. 作业成本法认为，产品直接消耗资源。（　　）

2. 作业动因是将作业中心的成本分配到产品或劳务的标准，它反映了作业中心对资源的耗用情况。（　　）

3. 资源耗用量的高低与最终的产出量有直接的关系。（　　）

4. 作业成本法仅仅是一种成本核算方法，而并非一种现代成本管理的方法。（　　）

5. 作业成本法以成本动因作为分配成本的基础，因此它能提供比传统成本计算法更为精确的成本信息。（　　）

6. 成本动因是驱动或产生成本、费用的各种因素，它通常可分为两种：资源动因和作业动因。（　　）

7. 成本动因与作业之间是一对一的关系。（　　）

8. 把相关的一系列作业所消耗的资源费用归集到作业中心，便构成该作业中心的成本库。（　　）

9. 作业成本法的原理是产品消耗作业，客户消耗资源。（　　）

10. 作业成本法中，诱使成本发生的原因包括成本动因和作业动因。（　　）

（四）计算题

1. 某车间维修甲、乙两种设备，相关资料如表4-14所示。

表4-14　　　　　　　　　　甲、乙两种设备的相关资料表

作业名称	作业动因	作业成本/元	甲耗用作业量	乙耗用作业量
订单处理	生产订单份数	20 000	30	10
设备调整	调整次数	35 000	23	27
机器运行	机器小时数	28 000	250	150
质量检验	检验次数	8 000	25	15

要求：

（1）计算各项作业的成本分配率；

（2）在甲、乙两种设备之间分配本月发生的作业成本。

2. 某企业生产甲、乙两种产品，相关资料分别如表4-15、表4-16所示。

表4-15　　　　　　　　　　产品及直接成本相关资料

项目	甲产品	乙产品
产量/件	40 000	50 000
订购次数/次	16	24
机器制造工时/小时	36 000	14 000
直接材料/元	240 000	260 000
直接人工/元	38 000	40 000

表4-16　　　　　　　　　　制造费用明细及成本动因表

项目	制造费用金额/元	成本动因
材料验收成本	46 000	订购次数
产品验收成本	52 000	订购次数
燃料与水电成本	60 000	机器制造工时
开工成本	82 000	订购次数
职工福利成本	66 000	直接人工成本
设备折旧	42 000	机器制造工时
厂房折旧	81 000	产量
材料储存成本	78 000	直接材料成本
车间管理人员工资	18 000	产量
合计	525 000	

要求：

（1）分别按传统成本计算法与作业成本法求出甲、乙两种产品应分配的制造费用；

（2）分别按传统成本计算法与作业成本法计算甲、乙两种产品的总成本和单位成本；

（3）比较两种方法下计算结果的差异，并说明原因。

（五）案例分析题

山西某醋业有限公司

第5章
本量利分析

学习目标

本章主要讲述成本、产量、利润之间的关系。通过学习本章，读者应了解本量利分析的概念和假设，理解本量利分析的基本公式，保本点、安全边际与经营风险分析的关系，掌握保本点和利润目标的含义和计算方法，以及影响保本点和利润目标的各种因素。

基本概念

本量利分析　保本点　利润目标　安全边际　贡献边际

引导案例

5.1　本量利分析概述

本量利分析产生于 20 世纪 30 年代的美国。由于传统的成本分类不能满足企业决策、计划和控制的要求，为了与当时的批量生产相适应，人们开始研究成本、业务量和利润之间的关系。本量利分析以其理论浅显、操作简单、图像直观、便于掌握等特点而被国内外企业广泛接受，早在 20 世纪 50 年代便在西方会计实践中得到了广泛应用。我国于 20 世纪 80 年代初引进本量利分析，经过长时间的发展，其理论日趋完善，成为现代管理会计重要的组成部分。

5.1.1　本量利分析的概念及假设

1. 本量利分析的概念

本量利分析（cost-volume-profit Analysis，CVP）是对成本、作业量（如产量或销售量等）、利润之间的相互关系进行分析的一种简称，是在成本性态分析和变动成本计算模式的基础上，以数学化的会计模型与图文进一步研究作业量、价格、固定成本、变动成本和利润之间的内在逻辑关系，为企业提供进行会计预测、决策、规划和控制必要的财务信息，使管理人员清晰地了解企业的获利情况，从而帮助企业管理人员在生产规模、产品结构和成本等方面做出经济合理的决策的一种分析方法。

2. 本量利分析的基本假设

任何分析理论与方法都应该建立在一定的假设之上。在管理会计实务中，要在作业量、价格、固定成本、变动成本和利润这五种变量之间保持一种绝对平衡的关系实际上是很难实现的，因为它们各自受到许多因素的影响。因此，本量利分析也必须基于一系列的基本假设。这一方面有助于建立简单数学模型来反映成本、产量、利润之间的关系；另一方面，又给数学模型的应用带来约束和限制。进行本量利分析的基本假设有以下几个。

（1）成本按性态分类的假设

在现实中，各种不同的成本与产量、销售量等作业量之间的数量关系是多种多样的。假定全部成本都可以按照成本性态划分为固定成本和变动成本，则对于那些既不属于固定成本也不属于变动成本的混合成本，只能采用专门的方法加以分解。本量利分析应运而生。

（2）相关范围和线性关系假设

由于本量利分析是在成本性态分析的基础上发展起来的，所以成本性态分析的基本假设也成为本量利分析的基本假设，也就是在相关范围内，固定成本总额保持不变，变动成本总额随作业量变化呈正比例变化，所以，总成本与作业量呈线性关系。相应地，假设在这一范围内销售单价不随产量的变化而变化，是个常数，那么，销售收入也表现为线性函数。这一假设实际上暗含，在一定时期内，原材料、工资等要素价格、技术条件、工作效率和生产效率以及市场条件都不发生变化。

（3）品种结构稳定假设

品种结构稳定假设即假设在一个生产和销售多种产品的企业中，以价值形式表现的各种产品的产销量与全部产品的产销量之比不发生变化。在这一假定条件下，多品种本量利分析问题可以很方便地使用单一品种情况下的本量利分析的有关结果。但在现实经济生活中，企业很难始终按照一个固定的品种结构来生产和销售产品，如果品种结构发生较大变动，必然导致利润有很大差别。因此，如果没有该假设，多品种情况下的本量利分析将变得异常复杂。

（4）产销平衡假设

产销平衡假设即假定每期生产出来的产品总是在当期全部销售出去，即使有库存，那么每期期初库存量也保持不变，这样就能够实现产量等于销售量。这一假设使得本量利分析将"产量"与"销售量"在数值上相等，简化了决策分析过程。但在现实经济生活中，销售量可能不等于产量，如此产量因素会对本期利润产生影响。

（5）变动成本法假设

变动成本法假设即假设产品成本是按变动成本法计算的，即只将变动成本包括于产品成本中，而将所有的固定成本作为期间成本处理。该假设不仅能使成本与作业量之间的关系更为清晰，而且更有利于企业做出合理的管理决策。

规定了上述假设，就可以十分便利地使用本量利分析来揭示成本、作业量和利润诸要素之间的内在联系，做出正确的相关决策。但需要注意的是，企业生产经营活动是动态的，而不是静止的。在实际工作中，切记不可盲目套用本量利分析的现成结论，而必须从动态的角度去研究企业经营条件、市场与价格、生产要素、技术条件等诸因素的实际变化情况，根据变化进行本量利分析，及时调整或修正分析结论，积极应用动态分析、风险分析和敏感性分析。

5.1.2 本量利分析的基本关系式

1. 本量利分析的基本公式

在管理会计中将成本、作业量和利润三者之间的依存关系用数学方程式来表达，即得到本量利分析的基本公式，其中涉及的因素包括：销售量、销售单价、单位变动成本、固定成本和利润。它们之间的关系可以用公式表示：

$$利润 = 销售收入 - 变动成本 - 固定成本$$
$$= 销售单价 \times 销售量 - 单位变动成本 \times 销售量 - 固定成本$$
$$= （销售单价 - 单位变动成本） \times 销售量 - 固定成本 \tag{5.1}$$

为了简化公式，常常用字母代替变量。其中 P 表示利润，S 表示销售收入，VC 表示变动成本，FC、a 表示固定成本，x 表示销售量，p 表示销售单价，b 表示单位变动成本。因此上述公式又可表示为：

$$P = S - VC - FC = px - bx - a = (p-b)x - a \tag{5.2}$$

这个公式表现了本量利关系基本定义，本量利分析的其他关系都是在此基础上建立起来的，所以上述公式又称为标准本量利关系式。在这个关系式中，可以清晰地看出成本、销售量和利润三者之间的数量关系。如果公式中的四个变量被赋予确定的数值，另一个变量的数值也就确定了。本量利分析的基本原理就是在假设销售单价、单位变动成本和固定成本为常量以及产销平衡的基础上，将利润、销售量（或产量）分别作为因变量和自变量，当给定销售量（或产量）时，便可以求出其利润，或者给定目标利润，求出目标产量。

【例5-1】假设某公司只产销一种产品，销售单价为60元/件，单位变动成本为32元/件，固定成本为22 000元。

要求：

（1）如果2022年销售2 350件产品，则该公司在2022年盈利状况如何？

（2）如果2023年预计利润为78 000元，则该公司需要销售多少件产品？

分析计算：

（1）根据本量利分析的基本公式：

利润 =（销售单价－单位变动成本）×销售量－固定成本

$\qquad$ =（60－32）×2 350－22 000

$\qquad$ =43 800（元）

所以，在目前销售单价和成本结构不变的情况下，公司生产销售2 350件产品，可以获利43 800元。

（2）根据本量利分析的基本公式：

利润 =（销售单价－单位变动成本）×销售量－固定成本

所以：78 000 =（60－32）×销售量－22 000

则：销售量≈3 572（件）

所以，在目前销售单价和成本结构不变的情况下，要想实现78 000元的利润，该公司必须销售3 572件产品。

2. 贡献边际

在本量利分析中，贡献边际（contribution margin）是一个非常重要的概念。贡献边际又称贡献毛益、边际贡献或边际利润，它描述的是企业的销售收入弥补全部的变动成本后的剩余部分。贡献边际是衡量产品盈利能力的重要指标，在企业的预测决策分析和考核评价中广泛使用。

企业在一定时期内发生的成本，按成本性态可划分为变动成本和固定成本，贡献边际首先要补偿固定成本，而剩余部分将形成利润。如果贡献边际不足以补偿固定成本，则该期会发生亏损。所以，贡献边际可以从根本上揭示产品销售为企业做出的"贡献"水平，通常用 Tcm 表示。计算公式为：

$$贡献边际（Tcm）= 销售收入 - 变动成本$$
$$= px - bx$$
$$=（p-b）x \qquad (5.3)$$

根据本量利分析的基本公式：

$$利润（P）= 销售收入 - 变动成本 - 固定成本$$
$$= S - VC - FC$$
$$= Tcm - FC \qquad (5.4)$$

因此，贡献边际也可以表述为：

$$贡献边际 = 利润 + 固定成本$$
$$Tcm = P + FC \qquad (5.5)$$

【例5-2】假设某公司只产销一种产品，销售单价为6元/件，单位变动成本为3元/件，2022年销售量为600件，固定成本为900元。

要求：计算该公司产品的贡献边际和2022年利润。

分析计算：

根据贡献边际计算公式：

贡献边际 = 销售收入 - 变动成本

$\qquad$ =6×600－3×600

$\qquad$ =1 800（元）

利润＝贡献边际－固定成本

  ＝1 800－900

  ＝900（元）

由此可见，在目前的销售单价和成本结构不变的情况下，该公司贡献边际为1 800元，销售600件产品，实现的利润为900元。

除了以总额形式表示外，贡献边际还可以表示成单位贡献边际。单位贡献边际是产品的销售单价减去单位变动成本后的余额，亦可用贡献边际总额除以销售量得到，反映的是每增加一个单位销售量所增加的贡献收益。计算公式为：

$$单位贡献边际（cm）＝销售单价－单位变动成本$$
$$＝p－b \tag{5.6}$$

在引入贡献边际的相关指标后，本量利分析的公式可以写成：

$$利润＝销售收入－变动成本－固定成本$$
$$＝贡献边际－固定成本$$
$$＝单位贡献边际×销售量－固定成本 \tag{5.7}$$

从改写后的本量利分析公式中可以看出，贡献边际是企业获得利润的源泉，企业产品如果不能提供正的贡献边际，那么企业绝不可能盈利；如果销售产品的贡献边际不能弥补固定成本，那么企业就会出现亏损。

【例5-3】假设某公司只产销一种产品，销售单价为120元/件，单位变动成本为80元/件，固定成本为350 000元，2022年销售产品9 800件。

要求：计算该公司产品的单位贡献边际和2022年实现的销售利润。

分析计算：

根据单位贡献边际的计算公式和修正后的本量利关系式：

单位贡献边际＝销售单价－单位变动成本

  ＝120－80

  ＝40（元/件）

利润＝单位贡献边际×销售量－固定成本

  ＝40×9 800－350 000

  ＝42 000（元）

由此可见，在目前的销售单价和成本结构不变的情况下，该公司单位贡献边际为40元/件，销售9 800件产品，公司实现了42 000元的利润。

3. 贡献边际率

贡献边际率（contribution margin ratio, cmR）是贡献边际的相对数形式，是贡献边际总额占销售收入总额的百分比，也可表示为单位贡献边际占销售单价的百分比。它反映了产品给企业做出贡献的能力。

计算公式为：

$$贡献边际率（cmR）＝\frac{贡献边际总额}{销售收入总额}×100\%$$
$$＝\frac{单位贡献边际}{销售单价}×100\%$$
$$＝\frac{cm}{p}×100\% \tag{5.8}$$

【例5-4】 续【例5-3】，其他条件不变。要求：计算该公司的贡献边际率。

分析计算：

根据贡献边际率的计算公式：

$$贡献边际率 = \frac{单位贡献边际}{销售单价} \times 100\%$$

$$= 40 \div 120 \times 100\%$$

$$= 33.33\%$$

贡献边际率是衡量企业产品盈利能力的一个正指标，它表明每增加一元销售收入能够为企业提供的贡献。通常情况下，贡献边际率越高，产品盈利能力越强；贡献边际率越低，产品盈利能力越弱。

与贡献边际率紧密相关的一个常用概念是"变动成本率"（variable-cost ratio, bR）。变动成本率是变动成本在销售收入总额中所占的比例，反映每一元销售收入中变动成本所占的比重。

计算公式为：

$$变动成本率(bR) = \frac{变动成本}{销售收入总额} \times 100\%$$

$$= \frac{单位变动成本}{销售单价} \times 100\% \qquad (5.9)$$

不难看出，变动成本率和贡献边际率关系密切：变动成本率+贡献边际率=1，即贡献边际率与变动成本率之间存在互补关系。企业产品的变动成本率越低，其贡献边际率就越高，企业盈利能力越强；反之，企业产品的变动成本率越高，贡献边际率就越低，企业盈利能力越弱。对这一互补性关系灵活应用，可以帮助企业合理地处理成本、单价与作业量之间的关系，以达到提高企业盈利能力的目的。

【例5-5】 假设某公司只产销一种产品，销售单价为10元/件，单位变动成本为6元/件，固定成本为50 000元，2022年的销售量为300 000件。

要求：

（1）计算单位贡献边际、贡献边际和贡献边际率；

（2）计算2022年的利润；

（3）计算变动成本率；

（4）验证贡献边际率和变动成本率之间的关系。

分析计算：

（1）单位贡献边际（cm）＝销售单价－单位变动成本

$$= 10 - 6$$

$$= 4（元/件）$$

贡献边际（Tcm）＝（单价－单位变动成本）×销售量

$$=（10 - 6）\times 300\,000$$

$$= 1\,200\,000（元）$$

$$贡献边际率 = \frac{单位贡献边际}{销售单价} \times 100\%$$

$$= 4 \div 10 \times 100\%$$

$$= 40\%$$

（2）利润＝贡献边际－固定成本

$$= 1\,200\,000 - 50\,000$$

$$= 1\,150\,000（元）$$

（3）变动成本率 $= \dfrac{变动成本}{销售收入总额} \times 100\%$

$= 6 \times 300\,000 \div 3\,000\,000 \times 100\%$

$= 60\%$

（4）贡献边际率＋变动成本率＝40%＋60%＝1

该公司的贡献边际率为40%，这意味着销售额每增长1元，则贡献边际总额将增长0.4元，假定固定成本总额不变，公司营业净利润也相应增长0.4元；变动成本率为60%，这意味着在1元的销售额中，变动成本占0.6元。

5.1.3 标准本量利关系图

销售量、变动成本、固定成本、销售收入之间的关系可以通过本量利关系图予以表示。本量利关系图将一定范围内的销售量、变动成本、固定成本和销售收入之间的关系反映在直角坐标系中，使管理者以此能够获得用其他方式不能达到的视觉效果。在管理会计中运用最广泛，而且能反映最基本的本量利关系的是标准本量利关系图，其绘制方法如下。

（1）在直角坐标系中，以横轴表示销售量，纵轴表示成本与销售收入。

（2）绘制固定成本线。固定成本线是一条与横轴平行的直线，其与纵轴的交点即为固定成本总额。

（3）绘制总成本线。在横轴上任取一点的销售量，并描绘所选择的作业量下对应的总成本。描绘此点后，从此点向固定成本线与纵轴交汇点画一条直线，即为总成本线。

（4）绘制销售收入线。选择某一销售量，并描绘所选择的作业量下对应的销售总额点，从此点向原点画一条直线。销售收入线和总成本线的交点就是保本点（*BEP*）。

已绘制完成的标准本量利关系如图 5-1 所示。

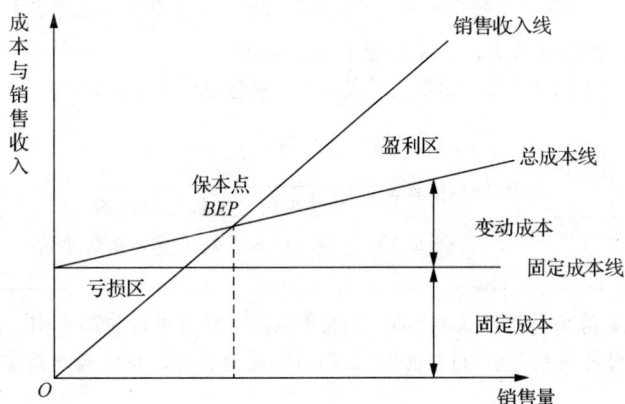

图 5-1 标准本量利关系

通过观察标准本量利关系图，可以很容易发现本、量、利之间关系的如下规律。

（1）在保本点不变的情况下，销售量超过保本点一个单位，即可获得一个单位贡献边际的盈利。销售量越大，实现的盈利就越多。反之，销售量低于保本点一个单位，就产生一个单位贡献边际的亏损。销售量越小，亏损额就越大。

（2）在销售量不变的情况下，保本点越低，盈利区的面积就越大，亏损区的面积就越小，即产品的盈利能力越强；反之，保本点越高，盈利区的面积就越小，亏损区的面积就越大，即产品的盈利能力越弱。

（3）在销售收入既定的情况下，保本点的高低取决于变动成本和固定成本的大小。变动成本或固定成本越小，保本点就越低；反之，保本点就越高。

（4）在总成本已定的情况下，保本点的高低取决于单位售价（销售收入线的斜率）的高低。单位售价越高，保本点越低；单位售价越低，保本点越高。

5.2 本量利分析与经营风险

经营风险是由于企业产品价格、销售量等方面决策失误而导致的风险，也是企业在供产销经营过程中发生的风险。在企业的经营活动中，企业获取的利润越多，其面临的经营风险就越小。企业经营风险的大小，关键在于盈利水平的高低。无论是计算企业盈利水平还是经营风险，都离不开对企业保本点和安全边际的计算与确定。

5.2.1 保本点与经营风险分析

1. 保本点的计算

最基本的经营风险分析就是计算企业特定经营状况下的保本点。保本点（break-even point）亦称盈亏临界点、盈亏分歧点，是指企业组织生产过程中达到不盈不亏状态的销售量或销售总额。此时企业经营所获得的销售收入同其所发生的成本持平，生产经营活动处于既无盈利也无亏损的特定状态。在这种特定状态下，有关产品或劳务的销售收入总额减去其变动成本总额之后的余额，即贡献边际，与固定成本总额相等，因而净利润为零。保本点有两种表现形式：一种是用实物量表示，称为保本点销售量；另一种用货币金额表示，称为保本点销售额。保本点的计算方法主要有基本等式法和贡献边际法。

（1）基本等式法

基本等式法是最常用的分析方法，是根据本量利分析的基本公式演变而来的，在本量利分析的任何环境中都适用。本量利分析的基本公式为：

$$利润 = （销售单价 - 单位变动成本）\times 销售量 - 固定成本 \tag{5.10}$$

由上节我们知道，在保本点上，企业不盈不亏，利润为零：

$$（销售单价 - 单位变动成本）\times 销售量 - 固定成本 = 0$$

所以：

$$保本点销售量 = \frac{固定成本}{销售单价 - 单位变动成本} \tag{5.11}$$

$$保本点销售额 = 保本点销售量 \times 销售单价 \tag{5.12}$$

【例5-6】假设星海公司只产销A产品，2022年该产品销售单价为25元/件，单位变动成本为15元/件，企业全年的固定成本总额为12 000元，则当年星海公司的销售额和销售量分别为多少才可以保本？

分析计算：

根据保本点销售量和销售额计算公式得：

$$\begin{aligned}
保本点销售量 &= \frac{固定成本}{销售单价 - 单价变动成本}\\
&= 12\,000 \div （25 - 15）\\
&= 1\,200（件）
\end{aligned}$$

$$\begin{aligned}
保本点销售额 &= 保本点销售量 \times 销售单价\\
&= 1\,200 \times 25\\
&= 30\,000（元）
\end{aligned}$$

根据计算结果分析，在2022年，星海公司产品销售量至少要达到1 200件，实现30 000元的销售收入，才能弥补所有的成本，保证生产经营的结果不出现亏损。当然，生产经营仅仅实现不亏是不够的，还必须盈利。这就要求该公司未来的产量应超过保本点的水平，实现超过保本点水平的销售收入。超过得越多，所实现的盈利水平也就越高，反之亦然。

（2）贡献边际法

贡献边际法是指在本量利分析中利用贡献边际指标与作业量、利润之间的关系计算保本点的一种方法。目的在于使企业生产产品的利润为零或者贡献边际刚好能够补偿固定成本，企业处于盈亏平衡状态。实际上，这种方法是基本等式法的简化。用公式表示如下：

贡献边际－固定成本＝单位贡献边际×保本点销售量－固定成本＝0

则：

$$保本点销售量 = \frac{固定成本}{单位贡献边际} \tag{5.13}$$

$$保本点销售额 = \frac{固定成本}{单位贡献边际} \times 销售单价 = \frac{固定成本}{贡献边际率} \tag{5.14}$$

【例5-7】某公司2022年只产销甲产品，销售单价为65元/件，单位变动成本为35元/件，企业全年的固定成本总额为210 000元，则当年该公司的销售额和销售量分别为多少才可以保本？

分析计算：

根据保本点销售量和销售额计算公式得：

单位贡献边际＝65－35＝30（元/件）

贡献边际率＝30÷65×100%＝46.15%

$$保本点销售量 = \frac{固定成本}{单位贡献边际}$$

$$= 210\,000 \div 30 = 7\,000（件）$$

$$保本点销售额 = \frac{固定成本}{贡献边际率}$$

$$= 210\,000 \div 46.15\% = 455\,037.92（元）$$

根据计算结果分析，该公司需要销售7 000件产品，或者说需要实现455 037.92元的销售额，贡献边际才能刚好补偿固定成本，使企业处于盈亏平衡状态。

保本点是评价企业经营风险大小的重要指标。在销售收入低于保本点的情况下，企业处于亏损状态，如果企业还按照目前的成本结构继续经营，则经营风险会逐渐加大；若积极控制成本，努力提高销量，企业亏损会逐渐得到弥补，最终达到保本点，即不盈不亏状态。但企业的主要目的是资本增值，所以在保本点时企业经营仍存在较大的风险。当销售收入高于保本点时，企业处于盈利状态，随着销售收入的不断提高，成本逐渐降低，企业的获利会不断增加，经营安全得到一定保障。可见，确定企业实际经营的保本点是十分重要的，它可以为企业提供一个经营的必需杠杆。企业只有合理地安排生产销售策略，才能获得超过保本点的收益，有效控制经营风险。

【例5-8】依【例5-6】，假如在2022年星海公司A产品销售量为1 200件。请分析星海公司2022年经营状况如何？如果销售800件呢？销售2 000件呢？

分析计算：

根据本量利分析的基本公式：

利润＝（销售单价－单位变动成本）×销售量－固定成本

销售量为1 200件时：

利润＝（25－15）×1 200－12 000＝0（元）

销售量为800件时：

利润 =（25 - 15）× 800 - 12 000 = - 4 000（元）

销售量为2 000件时：

利润 =（25 - 15）× 2 000 - 12 000 = 8 000（元）

由此可见，在目前的成本结构下，星海公司A产品的保本点销售量为1 200件，那么在2022年，星海公司销售产品1 200件，正好达到保本点，说明星海公司销售收入恰好弥补全部成本，企业净利润为零，没有盈利，经营风险较大；如果2022年销售产品800件，则该销售量低于保本点销售量，说明企业取得的销售收入还不足以弥补全部成本，企业亏损4 000元，经营风险非常大；当销售量为2 000件时，该销售量超过了保本点销售量，说明2022年收入补偿成本后还有剩余，企业盈利8 000元，则经营比较安全。

2. 有关因素变动对保本点的影响分析

如前所述，保本点就是能够使企业达到盈亏平衡状态时的销售量或销售额。在计算保本点时，我们曾假设销售单价、单位变动成本和固定成本等因素在相关范围内不变。而事实上，上述诸因素在企业经营过程中是经常变动的，并引起保本点的升降变动。显然，诸因素的变动与保本点之间存在着必然的、内在的联系：单位变动成本与固定成本下降或销售单价的提高会使保本点取值变小；反之，单位变动成本与固定成本上升或销售单价的下降会使保本点取值变大。

（1）单位变动成本变动对盈亏临界点的影响

在其他因素不变的情况下，单位变动成本提高，会降低单位贡献边际和贡献边际率，使保本点提高，如此在销售量一定的情况下，企业的盈利将减少或亏损将增加；在其他因素不变的情况下，单位变动成本降低，会增加单位贡献边际和贡献边际率，使得保本点降低，如此在销售量一定的情况下，企业的盈利将增加或亏损将减少。

在本量利分析图上，其他因素不变，单位变动成本提高，表现为总成本线的斜率增大，盈亏临界点提高。如图5-2所示。

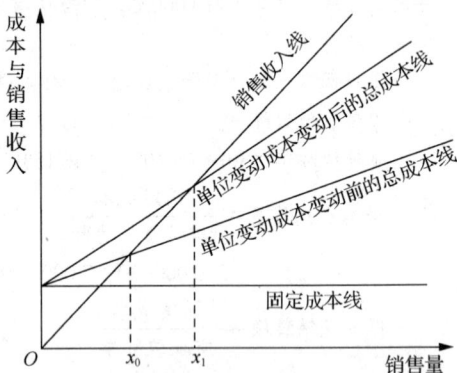

图5-2 单位变动成本变动的本量利分析图

【例5-9】某企业只生产经营一种产品，该产品销售单价为40元/件，单位变动成本为20元/件，固定成本总额为30 000元。要求：假如现在将单位变动成本从20元/件提高到25元/件，则保本点销售量和保本点销售额将发生什么变化？若将单位变动成本从20元/件降到15元/件，则保本点销售量和保本点销售额又将发生什么变化？

分析计算：

当单位变动成本是20元/件时：

单位贡献边际 = 40 - 20 = 20（元/件）

贡献边际率 = 20 ÷ 40 × 100% = 50%

保本点销售量 = 30 000 ÷ 20 = 1 500（件）

保本点销售额 = 30 000 ÷ 50% = 60 000（元）

当单位变动成本是25元/件时：

单位贡献边际 = 40 - 25 = 15（元/件）

贡献边际率 = 15 ÷ 40 × 100% = 37.5%

保本点销售量 = 30 000 ÷ 15 = 2 000（件）

保本点销售额 = 30 000 ÷ 37.5% = 80 000（元）

当单位变动成本是15元/件时：

单位贡献边际＝40－15＝25（元/件）

贡献边际率＝25÷40×100%＝62.5%

保本点销售量＝30 000÷25＝1 200（件）

保本点销售额＝30 000÷62.5%＝48 000（元）

由此可见，单位变动成本的增加，将提高保本点销售量和保本点销售额；单位变动成本的减少，将降低保本点销售量和保本点销售额。

（2）固定成本变动对保本点的影响

在一定范围内，固定成本不随作业量的变动而变动，但企业的经营和管理决策都会导致固定成本的变动，特别是酌量性固定成本的变动。

在其他因素不变的情况下，固定成本总额上升，会造成总成本的上升，从而提高了保本点销售量，在一定销售量的情况下，企业的盈利将减少或亏损将增加；固定成本总额降低，会造成总成本的降低，从而降低了保本点销售量，在一定销售量的情况下，企业的盈利将增加或亏损将减少。

在本量利分析图上，其他因素不变，固定成本的增加表现为总成本线的平移上升，保本点提高，如图 5-3 所示。

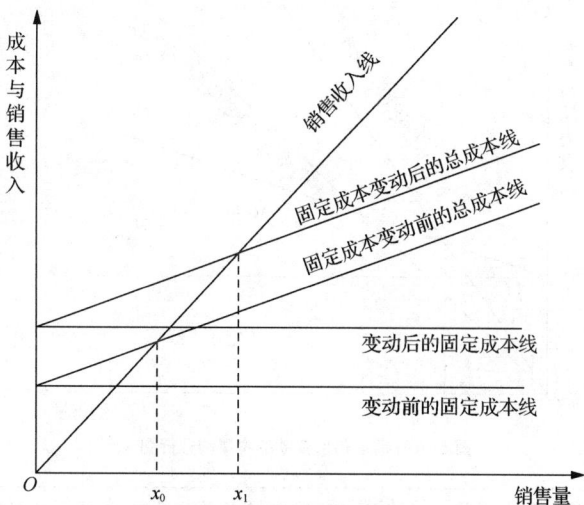

图 5-3　固定成本变动的本量利分析图

【例5-10】某企业只生产经营一种产品，该产品销售单价为40元/件，单位变动成本为20元/件，固定成本总额为50 000元。要求：假如现在将固定成本总额从50 000元提高到60 000元，则保本点销售量和保本点销售额将发生什么变化？若将固定成本从50 000元降到40 000元，则保本点销售量和保本点销售额又将发生什么变化？

分析计算：

当固定成本总额是50 000元时：

单位贡献边际＝40－20＝20（元/件）

贡献边际率＝20÷40×100%＝50%

保本点销售量＝50 000÷20＝2 500（件）

保本点销售额＝50 000÷50%＝100 000（元）

当固定成本总额是60 000元时：

保本点销售量＝60 000÷20＝3 000（件）

保本点销售额＝60 000÷50%＝120 000（元）

当固定成本总额是40 000元时：

保本点销售量＝40 000÷20＝2 000（件）

保本点销售额＝40 000÷50%＝80 000（元）

由此可见，固定成本的增加，将提高保本点销售量和保本点销售额；固定成本的减少，将降低保本点销售量和保本点销售额。

（3）销售单价变动对保本点的影响

销售单价的变动对保本点的影响最直接，这是因为销售单价的变动，会引起单位贡献边际与贡献边际率的同方向变动。

在其他因素不变的情况下，提高销售单价会使单位贡献边际提高，保本点销售量降低，如此在一定销售量的情况下，企业的盈利将增加或亏损将减少；在其他因素不变的情况下，降低销售单价会使单位贡献边际降低，保本点销售量提高，如此在一定销售量的情况下，企业的盈利将减少或亏损将增加。

在本量利分析图上，其他因素不变，销售单价提高，表现为销售收入线的斜率增大，保本点降低，如图5-4所示。

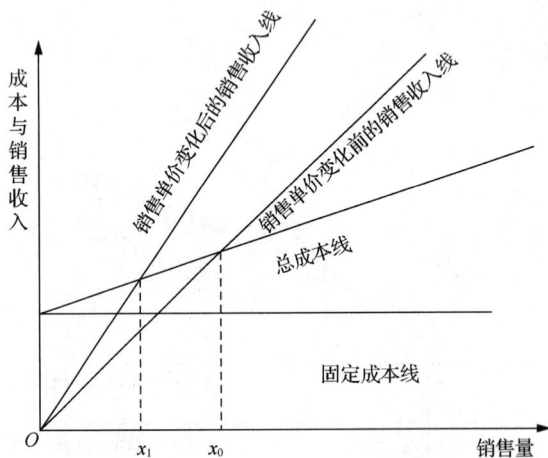

图5-4　销售单价变动的本量利分析图

【例5-11】某企业只生产经营一种产品，该产品销售单价为50元/件，单位变动成本为30元/件，固定成本总额为30 000元。要求：假如现在将单价从50元/件提高到60元/件，则保本点销售量和保本点销售额将发生什么变化？若将单价从50元/件降低到40元/件，则保本点销售量和保本点销售额又将发生什么变化？

分析计算：

当销售单价是50元/件时：

单位贡献边际＝50－30＝20（元/件）

贡献边际率＝20÷50×100%＝40%

保本点销售量＝30 000÷20＝1 500（件）

保本点销售额＝30 000÷40%＝75 000（元）

当销售单价是60元/件时：

单位贡献边际＝60－30＝30（元/件）

贡献边际率＝30÷60×100%＝50%

保本点销售量＝30 000÷30＝1 000（件）

保本点销售额＝30 000÷50%＝60 000（元）

当销售单价是40元/件时：

> 单位贡献边际 $= 40 - 30 = 10$（元/件）
>
> 贡献边际率 $= 10 \div 40 \times 100\% = 25\%$
>
> 保本点销售量 $= 30\,000 \div 10 = 3\,000$（件）
>
> 保本点销售额 $= 30\,000 \div 25\% = 120\,000$（元）
>
> 由此可见，当销售单价提升时，保本点销售量和保本点销售额将降低；当销售单价降低时，保本点销售量和保本点销售额将提高。

3. 根据保本点判断不同类型企业的经营风险

保本点可以用来判断企业的经营风险，并且找出提高企业经济效益的对策。

设固定成本为 a，销售单价为 p，单位变动成本为 b，从保本点公式 $x = a/(p-b)$ 中可以看出，保本点的高低取决于固定成本 a 与销售单价 p 和单位变动成本 b 之差，一个企业，a 越大，保本点越高，而 $p-b$ 越大，保本点越低。在不考虑销售单价的情况下，固定成本和单位变动成本的高低，就可以决定保本点的高低。

根据固定成本和单位变动成本的高低，可以将企业的经营安全性分为四种情况。

一是低固定成本，低单位变动成本。这时保本点很低，企业很容易达到盈亏平衡，而且达到盈亏平衡后，利润很高，在盈利的情况下即使减少销售量也不易出现亏损，经营风险很小，这是一种很理想的经营状况，处于这种状态下的企业可以称为安全型企业。

二是低固定成本，高单位变动成本。我们通过图 5-5 所示的利润比较图进行比较说明。假设成本线 1 属于低固定成本、低单位变动成本的情况，其中的 Q_1 为收入线 S 和成本线 1 的盈亏平衡点，当实际销售量比盈亏临界点 Q_1 所对应的销售量大 x 个单位时，利润为 AC，那么在低固定成本、高单位变动成本的情况下，利润情况又是怎么样的呢？

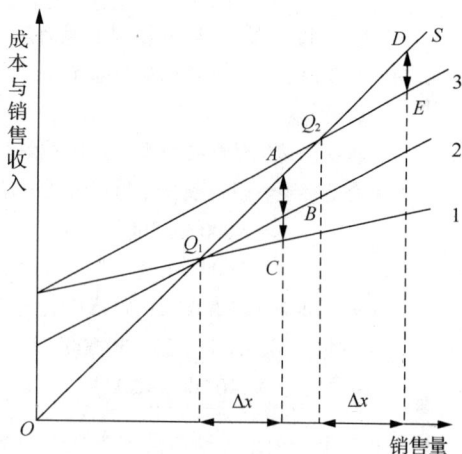

图 5-5 利润比较图

假设固定成本不变，单位变动成本增大，图 5-5 中表现为截距不变，斜率增大，即绕着原成本线 1 与纵轴的交点向上转动，得到成本线 3。此时，盈亏临界点 Q_2 为销售收入线 S 与成本线 3 的交点。很明显相比于原盈亏平衡点 Q_1，新盈亏临界点 Q_2 升高，且当实际销售量相比盈亏临界点对应的销售量增加 x 个单位时，利润为 DE。从图中引出一条与成本线 3 平行，且经过原盈亏平衡点 Q_1 的成本线 2，我们可以寻找一点 A，使其与盈亏临界点 Q_1 的距离为 x 个单位。此时，找到与利润 DE 相等的利润 AB。不难看出，利润 DE 要比利润 AC 小得多。由此可知，当单位变动成本增加时，盈亏临界点也随之升高，因此想要实现盈亏平衡比较困难，并且即使达到盈亏平衡，销售量的变动对利润的影响也有所减弱，也就是说，利润对销售量的敏感性降低。处于这种状态下的企业可以称为警戒型企业，也可以称为"慢性赤字型"企业。

三是高固定成本，低单位变动成本。与第一种情况比较，单位变动成本不变，固定成本升高，表现在图形上就是斜率不变，截距增大。最终盈亏临界点会比第一种情况高，但是达到盈亏临界点后，利润与第一种情况一样很高。企业在盈利的情况下即使减少销售量也不易出现亏损。在这种情况下，盈亏临界点不易达到，但只要销售量上去，一旦达到盈亏临界点，利润就会急剧增长，这一点与安全型企业相似，从盈亏临界点的高度看，这又与警戒型企业相似，具有成长特性。在该状态下的企业称为成长型企业。

四是高固定成本，高单位变动成本。在这种情况下，保本点非常高，企业很难达到，且只要销售额下降一点点，就会导致亏损。而且销售量的增加对利润的影响不显著，即便销售额增加，也增加不了多少利润。因此，企业要尽一切可能避免这种情况的出现。这是最差的经营状态，这种状态下的企业可以称为危险型企业或者倒闭型企业。

需要注意的是，各个企业千差万别，所属行业规模也不尽相同，因此，企业必须根据自身情况判断所属类型与风险高低，从而制定具有可操作性的措施，降低风险，提高盈利。

5.2.2　安全边际与经营风险分析

安全边际（margin of safety）是企业现有或预计的作业量超过保本点作业量的差额，也是现有销售水平与盈亏临界点的差距。安全边际是反映企业经营风险的重要指标，只有当企业的作业量超过保本点作业量时，超出部分所创造的贡献边际才能形成营业利润，此时的超出部分就是安全边际。也就是说，企业的销售水平超过保本点越多，其安全边际越大，营业利润也越多；反之，营业利润就越少。同保本点一样，安全边际也有两种表现形式：一种是用实物量表示，称为安全边际销售量，简称安全边际量；另一种用货币金额表示，称为安全边际销售额，简称安全边际额。其计算公式分别如下：

$$安全边际量＝现有或预计的销售量－保本点销售量 \qquad (5.15)$$
$$安全边际额＝现有或预计的销售额－保本点销售额 \qquad (5.16)$$

【例5-12】续【例5-6】，其他条件不变，2022年星海公司销售A产品6 800件。要求：计算星海公司2022年的安全边际量和安全边际额。

分析计算：

根据安全边际量和安全边际额计算公式可得：

安全边际量＝现有或预计的销售量－保本点销售量

　　　　＝6 800－1 200

　　　　＝5 600（件）

安全边际额＝现有或预计的销售额－保本点销售额

　　　　＝6 800×25－30 000

　　　　＝140 000（元）

由此可见，保本点把正常销售分为两部分：一部分是保本点销售额；另一部分是安全边际额。利润是由安全边际提供的，只有超过保本点的销售收入才能为企业创造利润，而保本点销售额扣除变动成本后只能补偿企业的固定成本。

衡量企业经营风险高低的辅助指标是安全边际率。安全边际率是指安全边际与实际（预期）销售量的比值。它是衡量有关产品经营活动的安全程度高低或面临风险程度大小的重要指标之一。某种产品的安全边际率越高，企业经营的安全程度就越高，面临的经营风险就越小。安全边际率的计算公式如下：

$$安全边际率（MSR）＝\frac{安全边际}{实际或预计的销售量（销售额）}×100\% \qquad (5.17)$$

安全边际和安全边际率都是正指标，越大越好。安全边际率与企业安全性的经验数据如表 5-1 所示。

表5-1　　　　　　　　　　　　　　　　安全边际率与企业安全性

安全边际率	40%以上	30%～40%	20%～30%	10%～20%	10%以下
安全等级	很安全	安全	较安全	值得注意	危险

【例5-13】续【例5-12】，其他条件不变，要求：星海公司2022年的安全边际率是多少？公司经营风险状况如何？

分析计算：

根据安全边际率计算公式得出：

$$安全边际率（MSR）= \frac{安全边际}{现有或预计的销售量（销售额）} \times 100\%$$

$$= 5\ 600 \div 6\ 800 \times 100\%$$

$$= 82.35\%$$

由于2022年星海公司的安全边际率为82.35%，大于40%，这说明这一年星海公司的经营非常安全，企业可以继续保持目前的发展状况。

5.3 利润目标分析

利润不是自然产生的，而是企业全体员工努力工作创造出来的。企业的生产目的在于获取利润，实现资本的增值，而不仅仅是保值，因此，保本点不能作为生产经营的目标，企业还必须在保本点的基础上进一步扩大生产与销售，以实现其盈利的目标。本量利分析不仅可以服务于保本点的确定，而且也可用于分析确定实现预期利润目标时的生产销售规模。利润目标是企业预期在未来一定期间经过努力而能达到的利润水平，也是企业未来期间的奋斗目标。企业管理者可以在考虑自身条件以及外部环境的基础上，根据企业在未来期间的生产能力、生产技术条件、成本水平等，利用本量利分析来决定实现利润目标所需达到的销售量和销售额。

5.3.1 利润目标的计算

在利润目标的约束下，企业的本量利分析实际上就是保本点分析的拓展，以揭示企业为了实现一定利润目标应该达到的业务量水平。确定为获取目标利润必须实现的销售额或销售量有以下两种方法。

1. 本量利等式法

这种方法是利用本量利分析基本公式来计算的，解答的是利润为一定值时的销售量或者销售额是多少的问题。本量利分析的基本公式为：

利润＝（销售单价－单位变动成本）×销售量－固定成本

在特定销售目标下：

（销售单价－单位变动成本）×目标销售量＝固定成本＋利润目标　　　（5.18）

所以：

$$目标销售量 = \frac{固定成本 + 利润目标}{销售单价 - 单位变动成本} \qquad (5.19)$$

$$目标销售额 = \frac{固定成本 + 利润目标}{销售单价 - 单位变动成本} \times 销售单价 \qquad (5.20)$$

【例5-14】某公司只生产和销售一种产品，产品的销售单价为80元/件，单位变动成本为55元/件，固定成本总额为150 000元。要求：若该公司计划2023年的利润目标为550 000元，则该目标下公司需销售多少件产品？销售额为多少？

分析计算：

根据目标销售量和目标销售额的计算公式得出：

$$目标销售量 = \frac{固定成本 + 利润目标}{销售单价 - 单位变动成本}$$

$$= （150\ 000 + 550\ 000）\div（80 - 55）$$

$$= 28\ 000（件）$$

$$目标销售额 = \frac{固定成本 + 利润目标}{销售单价 - 单位变动成本} \times 销售单价$$
$$= 28\,000 \times 80$$
$$= 2\,240\,000（元）$$

可见，为了完成550 000元的利润目标，该公司需要销售28 000件产品，或者需要实现2 240 000元的销售额。

2. 贡献边际法

该方法将贡献边际公式进一步扩展，把利润目标包括其中。这种方法实质也是对本量利等式法的另一种变通。用公式表示如下：

$$单位贡献边际 \times 目标销售量 - 固定成本 = 利润目标 \qquad (5.21)$$

所以：

$$目标销售量 = \frac{固定成本 + 利润目标}{单位贡献边际} \qquad (5.22)$$

$$目标销售额 = \frac{固定成本 + 利润目标}{贡献边际率} \qquad (5.23)$$

【例5-15】某企业只产销一种产品，销售单价为200元/件，单位变动成本为150元/件，固定成本总额为240 000元。要求：该企业计划2023年利润目标为160 000元，则该目标下企业需销售多少件产品？销售额为多少？

分析计算：

根据目标销售量和目标销售额的计算公式得出：

单位贡献边际 = 200 - 150 = 50（元/件）

贡献边际率 = 50÷200×100% = 25%

$$目标销售量 = \frac{固定成本 + 利润目标}{单位贡献边际}$$
$$= (240\,000 + 160\,000) \div 50$$
$$= 8\,000（件）$$

$$目标销售额 = \frac{固定成本 + 利润目标}{贡献边际率}$$
$$= (240\,000 + 160\,000) \div 25\%$$
$$= 1\,600\,000（元）$$

可见，为了完成160 000元的利润目标，该企业需要销售8 000件产品，或者需要实现1 600 000元的销售额。

5.3.2 有关因素变动对实现利润目标的影响分析

目标利润分析实际上是对保本点分析的拓展与延伸，导致保本点变化的因素也可能对实现目标利润产生影响。此外，在进行税后目标利润分析时，所得税税率的变化也会影响目标利润。

1. 销售单价变动对实现利润目标的影响

根据本量利分析的基本公式，企业利润的计算公式如下：

$$利润 = 销售量 \times （销售单价 - 单位变动成本）- 固定成本$$

即：$P = x(p - b) - a$

若企业制定利润目标（以 TP 表示），则 $P = TP$。

根据上式，实现利润目标的销售单价为：$p = \dfrac{a+TP}{x} + b$　　　　　　　　（5.24）

【例5-16】假设某企业研发生产一种产品，由于该产品缺乏同类产品，无法确定市场价格。该产品的单位变动成本为12元/件，全年固定成本总额为50 000元，根据市场调查，该企业2023年预计可实现销售量10 000件，如果未来一年顺利完成经营计划，则企业的利润为30 000元。要求：计算为达到利润目标该产品的销售单价应该为多少。

分析计算：将上述资料代入公式 $p = \dfrac{a+TP}{x} + b$

则目标销售单价 $= \dfrac{50\ 000 + 30\ 000}{10\ 000} + 12 = 20$（元/件）

上述计算表明企业为实现利润目标，销售单价至少为20元/件。

2. 单位变动成本变动对实现利润目标的影响

根据本量利分析基本公式，企业利润的计算公式如下：

利润＝销售量×（销售单价－单位变动成本）－固定成本

即：$P = x(p-b) - a$

若企业制定利润目标，则 $P = TP$。

根据上式，实现利润目标的单位变动成本为：$b = p - \dfrac{a+TP}{x}$　　　　（5.25）

【例5-17】假设某企业研发生产一种产品，该产品的销售单价为20元/件。该产品全年固定成本总额为50 000元。根据市场调查，该企业2023年预计可实现销售量10 000件，如果未来一年顺利完成经营计划，则企业的利润为30 000元。要求：计算为达到利润目标该产品的单位变动成本应该控制在什么水平。

分析计算：

将上述资料代入公式 $b = p - \dfrac{a+TP}{x}$

则目标单位变动成本 $= 20 - \dfrac{50\ 000 + 30\ 000}{10\ 000} = 12$（元/件）

上述计算表明，企业为实现利润目标，应当将单位变动成本控制在12元/件以下。

3. 固定成本变动对实现利润目标的影响

根据本量利分析的基本公式，企业利润的计算公式如下：

利润＝销售量×（销售单价－单位变动成本）－固定成本

即：$P = x(p-b) - a$

若企业制定利润目标，则 $P = TP$。

根据上式，实现目标利润的固定成本为：$a = x(p-b) - TP$　　　　　（5.26）

【例5-18】假设某企业研发生产一种产品，该产品的销售单价为20元/件，单位变动成本为12元/件。根据市场调查，该企业2023年预计可实现销售量10 000件，如果未来一年顺利完成经营计划，则企业的利润为30 000元。要求：计算为达到目标利润该产品的固定成本总额应该控制在什么水平。

分析计算：

将上述资料代入公式 $a = x(p-b) - TP$

则目标固定成本总额 $= 10\ 000 \times (20 - 12) - 30\ 000 = 50\ 000$（元）

上述计算表明，企业为实现利润目标，应当将固定成本总额控制在50 000元以下。

4. 销售量变动对实现目标利润的影响

根据本量利分析的基本公式，企业利润的计算公式如下：

$$利润 = 销售量 \times （销售单价 - 单位变动成本） - 固定成本$$

即：$P = x(p - b) - a$

若企业制定利润目标，则 $P = TP$。

根据上式，实现目标利润的销售量为：$x = \dfrac{a + TP}{p - b}$ (5.27)

【例5-19】 假设某企业生产销售一种产品，该产品销售单价定为20元/件，单位变动成本为12元/件，全年固定成本总额为50 000元。要求：如果企业的利润目标为30 000元，则为达到利润目标该产品的销售量应该为多少？

分析计算：

将上述资料代入公式 $x = \dfrac{a + TP}{p - b}$

则目标销售量 $= \dfrac{50\ 000 + 30\ 000}{20 - 12} = 10\ 000$（件）

上述计算表明，企业为实现利润目标，销售量应至少为10 000件。

---

5. 所得税税率变动对实现利润目标的影响

如果企业的利润目标为净利润目标，除了上述因素的变动会对实现净利润目标产生影响，所得税税率的变动也会对其产生影响。

【例5-20】 假设某企业研发生产一种产品，该产品的销售单价为20元/件，单位变动成本为12元/件，固定成本为20 000元，如果未来一年顺利完成经营计划，则企业的净利润为60 300元。假设企业所得税税率为33%。要求：计算实现这一净利润目标所要达到的销售量。

分析计算：

实现这一净利润目标的销售量为：$x = \dfrac{\dfrac{TTP}{1 - TR} + a}{p - b} = \dfrac{\dfrac{60\ 300}{1 - 33\%} + 20\ 000}{20 - 12} = 13\ 750$（件）

假设根据相关规定，企业所得税税率由33%改为25%，则实现原定税后净利润目标的销售量要达到：$x = \dfrac{\dfrac{TTP}{1 - TR} + a}{p - b} = \dfrac{\dfrac{60\ 300}{1 - 25\%} + 20\ 000}{20 - 12} = 12\ 550$（件）

如果销售量为13 750件，则净利润将实现 $TTP = [x(p - b) - a](1 - TR) = [13\ 750 \times (20 - 12) - 20\ 000] \times (1 - 25\%) = 67\ 500$元，超出净利润目标7 200元。

知识延展

精选案例

伊利集团本量利分析应用

本量利分析可以对市场销售状况进行规划以及为企业的决策者提供决策的信息，被广泛地运用于实践当中。伊利集团所有的产品可以分为四大类，分别为液体乳、奶粉及奶制品、冷饮产品、其他。伊利集团的四种产品，实际销售额都超过了盈亏临界点，故产品均处于盈利状态。但在长期的生产经营中，伊利集团仍存在着广告投入高、原材料费用高等问题。因此，伊利集团考虑通过控制广告费用、改进成本管控，实现降低成本的目的。

其中，在降低供应商的原材料价格方面，伊利集团尽可能地抢占市场占有率，使得自身有一定的市场垄断能力来促使供应商提供优惠价格，并且有选择地挑选那些能够稳定提供原材料的供应商建立长期的合作关系，最大限度地降低购买原材料时所产生的成本。此外，其成立了一个管理原材料的小组，这个小组不但要对采购的原材料进行价、质、量情况分析、总结和预测，还要对原材料的存储、使用、采购情况进行考核，并对生产部门在原材料方面的管控工作进行评价，根据评价结果对不同的生产小组进行相应的奖惩。生产部门充分分析每种产品的生产工艺，持续优化产品的生产工艺流程，在保证产品质量的基础上，更加高效地生产产品，降低产品的制造成本以及人工费用。

本章小结

本量利分析即"成本—作业量—利润"关系分析，是指在成本性态分析和变动成本法的基础上，通过研究对成本、业务量和利润三者之间的数量依存关系，揭示出变动成本、固定成本、销售量、销售单价和利润之间的内在规律性联系，为会计预测、决策、规划和控制提供必要的财务信息。

管理会计将成本、作业量和利润三者之间的依存关系用数学方程式来表达，即本量利分析的基本公式：利润＝销售单价×销售量－单位变动成本×销售量－固定成本。

贡献边际是衡量企业产品盈利能力的一个重要指标，是指产品的销售收入减去变动成本后的余额，贡献边际除了以总额形式表示之外，还有单位贡献边际和贡献边际率两种表现形式。

变动成本率与贡献边际率密切相关，二者存在互补关系。

保本点是指企业组织生产过程中达到不盈不亏状态的销售量或销售总额，是评价企业经营风险水平高低的重要指标，销售量低于保本点，则经营风险高；销售量高于保本点，则经营安全有保障。保本点计算方法有基本等式法和贡献边际法。

安全边际是指企业现有或预计的作业量超过盈亏临界点作业量的差额，其有两种表现形式：安全边际销售量和安全边际销售额。除此之外，安全边际率也是衡量企业经营安全程度的指标。

利润目标是企业在未来一定期间必须而且经过努力才能达到的利润水平，也是企业未来期间的奋斗目标。利润目标的计算方法有本量利等式法和贡献边际法。

销售单价、单位变动成本和固定成本等因素的变化都会对保本点产生影响，并且各个变量对于保本点分析结果的影响方向和程度不尽相同。

自测题

（一）单选题

1. 利润＝（实际销售量－保本销售量）×（　　　　）。

　　A. 贡献边际率　　　　B. 单位利润　　　　　C. 单位售价　　　　　D. 单位贡献边际

2. 某企业只生产一种产品，单价为6元/件，单位变动生产成本为4元/件，单位销售和管理变动成本为0.5元/件，销量为500件，则其产品贡献边际为（　　）元。

　　A. 650　　　　　　B. 750　　　　　　C. 850　　　　　　D. 950

3. 下属因素中导致保本点销售量上升的是（　　）。

　　A. 销售量上升　　B. 产品单价下降　　C. 固定成本下降　　D. 产品单位变动成本下降

4. 已知产品销售单价为24元/件，保本点销售量为150件，销售额可达4 800元，则安全边际率为（　　）。

　　A. 33.33%　　　　B. 25%　　　　　　C. 50%　　　　　　D. 20%

5. 销售量不变，保本点越高，则能实现的利润（　　）。

　　A. 越小　　　　　B. 不变　　　　　　C. 越大　　　　　　D. 不一定

6. 某企业只生产一种产品，月计划销售600件，单位变动成本为6元/件，月固定成本为1 000元，欲实现利润1 640元，则销售单价应为（　　）元/件。

　　A. 16.40　　　　　B. 14.60　　　　　C. 10.60　　　　　D. 10.40

7. 销售收入为20万元，贡献边际率为60%，其变动成本为（　　）万元。

　　A. 8　　　　　　　B. 12　　　　　　　C. 4　　　　　　　D. 16

8. 单价单独变动时，会使安全边际（　　）。

　　A. 不变　　　　　B. 不一定变动　　　C. 同方向变动　　　D. 反方向变动

9. 某企业只生产一种产品，每月固定成本为1 000元，单价为10元/件，计划销售量为600件，欲实现目标利润800元，其单位变动成本为（　　）元。

　　A. 10　　　　　　　B. 9　　　　　　　C. 8　　　　　　　D. 7

10. 下列因素变动不会引起保本点变动的是（　　）。

　　A. 固定成本上升　　　　　　　　　　　B. 销售量上升

　　C. 单位变动成本上升　　　　　　　　　D. 销售单价上升

（二）多选题

1. 安全边际率＝（　　）。

　　A. 安全边际量÷实际销售量　　　　　　B. 保本点销售量÷实际销售量

　　C. 安全边际额÷实际销售额　　　　　　D. 保本点销售额÷实际销售额

2. 贡献边际率的计算公式可表示为（　　）。

　　A. 1－变动成本率　　　　　　　　　　B. 贡献边际÷销售收入

　　C. 固定成本÷保本销售量　　　　　　　D. 单位贡献边际÷单价

3. 下列各项中，能够同时影响保本点的因素为（　　）。

　　A. 单位贡献边际　　B. 贡献边际率　　　C. 固定成本总额　　D. 利润目标

4. 从标准本量利分析图中可知（　　）。

　　A. 保本点右边，成本大于收入，是亏损区

　　B. 在销售量一定的情况下，保本点越高，盈利区越大

　　C. 实际销售量超过保本点销售量的部分即安全边际

　　D. 在其他因素不变的情况，保本点越低，盈利面积越小

5. 在其他因素不变的前提下，销售单价上升会产生的结果有（　　）。

　　A. 单位变动成本上升　　　　　　　　　B. 单位贡献边际上升

　　C. 单位变动成本下降　　　　　　　　　D. 安全边际率上升

（三）简答题

1. 什么是本量利分析，其基本假设有哪些？

2. 贡献边际率指标的含义是什么？它和变动成本率的关系如何？

3. 什么是安全边际？安全边际如何指导企业经营？

（四）计算题

1. 已知：某公司2023年预计销售某种产品50 000件，若该产品变动成本率为50%，安全边际率为20%，单位贡献边际为15元。

要求：

（1）预测2023年该公司的保本点销售额；

（2）2023年该公司可获得多少利润？

2. 已知：某公司产销一种产品，本年有关资料如表5-2所示。

表5-2 　　　　　　　　　　　　有关资料

销售单价/元	20
单位变动成本/元	14
直接材料/元	4
直接人工/元	7
变动制造费用/元	3
单位贡献边际/元	6

要求：

（1）若每月销售额为25 000元时可以保本，计算当年的固定成本总额；

（2）若直接人工增加10%，要维持目前的贡献边际率，则单位售价应提高多少？

3. 已知：某公司只生产一种产品，2022年销售收入为1 000万元，利润为100万元，变动成本率为60%。

要求：

（1）计算该公司2022年的固定成本；

（2）假定2023年该公司只追加20万元的广告费，其他条件均不变，试计算该年的固定成本；

（3）计算2023年该公司保本点销售额。

（五）思考题

企业某期的生产量等于销售量，即采用变动成本法和完全成本法核算会取得相同的总成本和营业利润，两种方法下的保本点和安全边际指标也相同。但在实际经营中，经常会出现产销不平衡的情况。即以完全成本法计算的总成本及营业利润可能大于或小于以变动成本法计算的总成本和营业利润。在这种情况下，假设其他条件不变，根据变动成本法计算的保本点、安全边际等指标，与根据完全成本法计算的保本点和安全边际指标是否仍然相等？如果不相等，应该是何关系，为什么？

（六）案例分析题

加油站和度假村的决策

第6章
短期经营决策

学习目标

本章主要讲述短期经营决策的基本概念、决策方法以及常见的问题分析。通过学习本章，读者应了解短期决策的含义以及在短期经营决策中常用的成本概念，重点理解短期经营决策常用方法的基本原理，熟练掌握短期经营决策常用方法在生产何种产品的决策、亏损产品是否停产的决策、产品是否进一步加工的决策、特殊订货是否接受的决策、零部件外购或自制的决策中的应用。

基本概念

短期经营决策　相关成本　无关成本　差别损益分析法　相关损益分析法

引导案例

知识延展

6.1 短期经营决策的基本概念

6.1.1 决策与短期经营决策的定义

决策是为了达到一定的目标而在各种方案中进行选择的过程。管理会计中的决策是指企业在生产经营活动中对一些特殊的专门问题，需要决定是否采取某项行动，或者在两个或两个以上的备选方案中做出选择，以取得最佳的经济效益。从广义上讲，决策不仅是选择方案的行动，还是一个提出问题、分析问题和解决问题的复杂过程。这个过程包括收集资料、提出备选方案和选定最优方案等基本环节。

管理会计所涉及的决策包括短期决策和长期决策，其都属于微观决策的范畴。其中，企业的短期决策又称短期经营决策，是企业为有效地组织现在的生产经营活动而合理利用资源，以期获得最佳的经济效益而进行的决策。短期决策的目标往往在一年或一个营运周期之内就能实现，如产品零部件自制或外购的决策、亏损产品的停产或转产的决策等。此类决策的主要特点是一般不涉及大量资金的投入，且见效快；一般不考虑货币时间价值。长期决策又称长期投资决策或资本支出决策，主要是为企业的发展方向、新产品的开发、生产规模的扩大等所进行的具有长远性、全面性的决策，它涉及的时间通常在一年或一个营运周期以上。本章重点研究短期经营决策。

6.1.2 短期经营决策中的成本概念

成本是构成商品价值的重要组成部分，是商品生产中生产要素耗费的货币表现，同时也是影响决策的关键因素。短期经营决策中的成本不仅包括过去实际发生的成本，还包括利用历史信息资料对企业未来进行预测和一些没有真实发生的成本。本节按成本是否与企业决策相关，将成本分为相关成本和无关成本两大类。

1. 相关成本

在短期经营决策中，常使用的相关成本有以下几种。

（1）差量成本

企业在进行决策之前，要对不同的备选方案进行比较。由于每个备选方案都会发生一定的预期成本，企业有必要将不同备选方案的预期成本加以比较。两个备选方案的预期成本的差额称为差量成本，也称差别成本。

（2）边际成本

从理论上讲，边际成本是指产量（业务量）向无限小变化时，成本的变动数额。从纯经济学角度来讲，边际成本指的是产品成本对产品产量无限小的变化部分，这个概念表明，每一单位的产品的成本与总产品量有关。但事实上，产量不可能向无限小变化，而至少应为一个单位的产量。所以，边际成本是指产量每增加或减少一个单位所引起的成本变动。

（3）机会成本

机会成本是经济学中一个重要的概念。它是指从备选方案中选择某项方案而放弃其他方案可能丧失的潜在利益。被放弃的方案可能获得的潜在利益即为已选中方案的机会成本。在现实生活中，每项经济资源都可能存在许多不同的用途，用于某一方面，就不能用于另一方面，即资源在某一方面的使用所得，是放弃其他方面使用的机会得来的。因此，以放弃方案的可能收益作为选中方案的"损失"，是在决策时要考虑的一个重要因素。如此分析、评价方案的经济性，可以全面评价决策方案的所得和所失的关系，并能真正对所选定的"机会"的预期经济效益进行全面、客观的评价。

（4）付现成本

付现成本是指由于某项决策所引起的需要在将来动用现金支付的成本，是一种未来成本。付现成本是在某项决策需要付现但又全面衡量该项决策是否真正有利时，应予以认真考虑的，尤其是在企业资金紧张的时候更应慎重对待。当企业资金紧张，近期无应收账款可以收回，且从市场上筹措资金又比较困难或借款利率较高时，对于那些马上需要执行的方案，在决策分析过程中，企业往往宁愿采纳总成本高而付现成本较低的方案，而不愿意采纳总成本低而付现成本较高的方案。

（5）专属成本

专属成本是指可以明确归属于企业生产的某种产品，或为企业设置的某个部门而发生的固定成本或混合成本，又称特定成本。没有产品或部门，就不会发生这些成本，所以，专属成本是与特定的产品或部门相联系的特定成本。专属成本往往是为了弥补生产能力不足的缺陷，增加有关设备而发生的。

（6）可避免成本

可避免成本是指通过某项决策行动可改变其数额的成本。也就是说，如果某一特定方案被采用了，与其相联系的某项支出就必然发生，否则，该项支出就不会发生，则该项支出为可避免成本。例如，企业为了接受某项特殊订货，需增购一台专用设备，则购置专用设备的成本即为可避免成本；如果企业不接受该项订货，则不会发生该项成本。

2．无关成本

无关成本包括沉没成本、共同成本、不可避免成本等。

（1）沉没成本

沉没成本是指因过去决策而发生，无法由现在或者将来的任何决策改变的成本。这类成本是过去的支出，与面向未来的决策没有关联，可以不予考虑。

【例6-1】 某企业原有一台机床，原价1 000 000元，累计折旧600 000元，账面净值400 000元，现因故作价出售。假设有两个方案可以考虑：一是将旧机床直接出售，可获得变价收入300 000元；二是经修理后再出售，需支付修理费用10 000元，但可获得350 000元。要求：确定该企业应选择哪个方案。

分析：在进行决策时，该机床的账面净值400 000元，即为沉没成本。因为这类成本在企业本次做出作价出售决策之前已经发生且钱款不能再向机床售卖方索回，所以它与目前所进行的决策没有任

何关系，所以在分析、评价有关方案的经济性时无须考虑。

同时，该机床的残值或变现价值与本决策有关。直接出售可获得300 000元，而修理后出售可获得净收入340 000元（350 000－10 000），显然，采用第二种方案可多得40 000元（340 000－300 000）。所以，应将机床修理后再出售。

（2）共同成本

共同成本是指同时和若干种或若干批产品都有联系的有关成本，它没有具体、明确的归属对象，通常应由几种或者几批产品共同分担。例如，某企业生产A、B、C三种产品，都要经过甲设备进行初步加工，甲设备每年的折旧费是25 000元。甲设备的年折旧费25 000元即为共同成本。

（3）不可避免成本

不可避免成本是指某项决策行动不能改变其数额的成本，也就是说，与某一特定决策方案没有直接联系的成本。其发生与否，并不取决于有关方案的取舍。例如，无论是机械化生产方案还是自动化生产方案，其都需要占用厂房，这样厂房的折旧费用对任何方案来说都需要发生，因而是不可避免成本。同样，构成产品实体的材料成本无论是哪一种方案都要发生，因而也是不可避免成本。

6.2 短期经营决策的常用方法

在短期经营决策中，企业需要采用不同的决策方法对各备选方案进行比较和分析，从而选择最优方案。在实际工作中，经常采用的短期经营决策方法有贡献边际分析法、差别损益分析法、相关损益分析法、成本无差别点法等。

6.2.1 贡献边际分析法

企业在做短期经营决策的过程中主要比较不同方案的相关损益，因为决策的需要，我们可以通过分析方案的贡献边际来确定最终的相关损益。贡献边际分析法是指通过对比备选方案贡献边际的大小来选择最优方案的决策方法。

贡献边际分析法的原理：同一组生产资源，可以用于生产不同的产品，当企业选择生产某产品的方案时，生产资源的固定成本不管生产什么产品都会发生，所以就是无关成本。企业在对比备选方案的优劣时，可以只考虑变动成本这一相关成本，根据变动成本和销售收入计算贡献边际，就可以做出合理选择。

贡献边际分析法又可分两种。第一种是贡献边际总额法，当不涉及资源约束时，企业需要计算贡献边际总额。贡献边际总额高的产品就是最优选择。第二种是单位贡献边际法，当涉及资源约束时，企业必须计算单位资源贡献边际，即单位资源所能创造的贡献边际，并以此作为决策评价指标。单位资源贡献边际可按下式计算。

$$单位资源贡献边际＝单位贡献边际÷单位产品资源消耗定额 \tag{6.1}$$

单位资源贡献边际是个正指标，根据它做出决策的判断标准是：哪个方案的该项指标大，哪个方案为优。单位贡献边际法比较简单，经常被应用于生产经营决策中的互斥方案决策（同一项决策任务所涉及的所有备选方案之间存在着相互排斥的关系）。

6.2.2 差别损益分析法

差别损益分析法，又叫差量分析法，是指通过比较两个备选方案的差量收入、差量成本以及差量损益来评价方案的优劣。差量收入是指两个备选方案的预期收入之差，差量成本是两个备选方案的预期成本之差，差量收入与差量成本的差额即为差量损益。使用差别损益分析法一般需要编制差别损益分析表，如表6-1所示。

知识延展

表6-1   差别损益分析表

	甲方案	乙方案	差量
预期收入	$R_甲$	$R_乙$	$\Delta R = R_甲 - R_乙$
预期成本	$C_甲$	$C_乙$	$\Delta C = C_甲 - C_乙$
差量损益			$\Delta P = \Delta R - \Delta C$

如表 6-1 所示,在甲、乙两个方案的比较中,如果 $\Delta P > 0$,则甲方案优于乙方案,企业应该选择甲方案;如果 $\Delta P < 0$,则乙方案优于甲方案,企业应该选择乙方案;如果 $\Delta P = 0$,则企业选择甲方案或乙方案均可。

企业在采用差别损益分析法进行决策分析时,只需考虑那些对备选方案的预期总收入和预期总成本会产生影响的因素,而对于那些不相关的因素,则可以不用考虑。需要特别注意的是,差别损益分析法只适用于对两个备选方案进行决策,如果备选方案的数量在两个以上,则应该分别两两进行比较分析,最终再以能提供最大经营效益的方案作为最优方案。

6.2.3 相关损益分析法

相关损益分析法是指对各个备选方案,分别就同一个与方案相关的指标,如收入、成本,进行计算,根据各个方案损益金额的大小来确定最优方案。在只有两个备选方案的情况下,差量分析法和相关损益分析法的本质完全相同,其结果也完全相同,只是计算顺序不同。对于只有一个方案,就某一个相关损益指标进行计算,以确定是否采纳某种方案的过程,属于相关损益分析法的特殊情况。

这种方法适用于多个方案的决策分析,最终选择相关损益最大的项目作为最优方案。某方案的相关损益就是该方案的相关收入与相关成本之差。其中,相关收入是指与特定决策方案相联系的、能对决策产生重大影响的、在项目投资决策中必须予以充分考虑的收入;相关成本是指对企业经营管理有影响或在经营管理决策分析时必须加以考虑的各种形式的成本,主要包括机会成本、付现成本等。

相关损益指标是一个正指标,根据它做出决策的判断标准是:哪个方案的相关损益最大,哪个方案最优。

6.2.4 成本无差别点法

企业在生产经营中,面临许多只涉及成本而不涉及收入的选择,而且与决策相关的业务量并不确定,此时前面所介绍的贡献边际分析法、差别损益分析法和相关损益分析法便无法运用。这时需要考虑采用成本无差别点法进行方案的择优选择。

成本无差别点法是指在各备选方案收入相同,且业务量不确定的情况下,通过判断处于不同水平上的业务量与成本无差别点业务量之间的关系,做出决策的一种方法。其原理是寻找一个成本的无差别点,就是业务量在这一水平时,各备选方案的成本正好相等,然后依据方案的业务量高于或低于无差别点,来决定应该接受还是放弃该方案,从而从备选方案中,选择最优的方案。

成本无差别点法适用条件为,各方案的业务量单位必须相同,方案之间的相关固定成本与单位变动成本恰好相互矛盾(如第一个方案的相关固定成本大于第二个方案的相关固定成本,而第一个方案的单位变动成本又恰恰小于第二个方案的单位变动成本),否则无法应用。

6.3 常见短期经营决策问题分析

对企业而言,短期经营决策涉及的内容相当丰富,其中生产决策是企业短期经营决策的重要组成部分。本书主要讨论以下几个典型的短期经营决策问题:资源受约束时应生产何种产品的决策、亏损产品是否停产的决策、产品是否进一步加工的决策、是否接受特殊订货的决策、零部件自制与外购的决策。

6.3.1 资源受约束时应生产何种产品的决策

企业的生产往往会受到各种资源条件的限制。当一些有限资源限制了企业满足需求的能力时，我们就可以说企业存在约束性资源。由于约束性资源的存在，为了使企业现有的生产经营能力得到合理、充分的利用，又使其在经济上获得尽可能多的收益，企业就必须在若干种产品之间做出正确的选择，科学地制定最佳产品生产对象决策。约束性资源下的产品决策一般采用贡献边际分析法、差别损益分析法等做出。

【例6-2】尚品公司对R原材料进行加工后，主要用来生产A、B两种产品，其成本和收入数据如表6-2所示。

表6-2 A、B两种产品的有关资料

项目	A 产品	B 产品
销售单价	25元	30元
单位变动成本	10元	18元
单位贡献边际	15元	12元
贡献边际率	60%	40%
单位产品机器小时	2机器小时	1机器小时

现在假定明年两种产品的年需求量都超过了该公司的生产能力，而生产能力却是该公司产销量的唯一限制资源，该公司全年可利用的生产能力只有20 000机器小时。

要求：做出生产哪一种产品的决策。

计算分析：该公司利用现有生产能力生产，不论生产哪种产品，都不会影响固定成本总额，因而只需考虑两种产品的贡献边际。又因该公司的生产能力为限制资源，则必须考虑该约束性资源的贡献边际。这一数字可用单位贡献边际除以单位产品需要的约束性资源数量而得，如表6-3所示。

表6-3 A、B两种产品贡献边际计算表

项目	A 产品	B 产品
单位贡献边际	15元	12元
单位产品机器小时	2机器小时	1机器小时
每机器小时贡献边际	7.5元	12元
20 000 机器小时贡献边际	150 000元	240 000元

由上可知，A产品的单位贡献边际是15元，B产品的单位贡献边际只有12元，A产品的贡献边际率为60%，而B产品的贡献边际率仅为40%，相比之下，A产品似乎比B产品更有利可图。但是，B产品每机器小时可提供贡献边际12元，而A产品每机器小时只能提供贡献边际7.5元。因而，在有限的20 000机器小时生产能力条件下，B产品提供的贡献边际总额为240 000元，超过了A产品150 000元的贡献边际总额。故在现有的生产能力条件下，尚品公司明年应该生产B产品。

6.3.2 亏损产品是否停产的决策

所谓亏损产品，是指按照传统的利润核算方法，其收入低于销货成本的产品。

企业在经营过程中，由于种种原因会发生某种产品亏损，从而需要做出亏损产品是否应该停产的决策。亏损产品是否停产？如果按照传统的成本核算法进行分析，答案似乎很明确，既然产品不能为企业创造利润，自然应当停产；但是，如果按照本量利分析的观点，产品销售收入扣除变动成本后的余额是贡献边际，贡献边际减去固定成本后的余额才是利润。有些亏损产品的贡献边际是正数，它之所以亏损是因为其贡献边际不足以弥补它所分摊的固定成本。如果停止生产该产品，其原产品负担的共同固定成本就转移到其他产品身上，从而加重其他产品的负担。这类亏损产品被称为虚亏产品。如果亏损产品产生的贡献边际为负，则这类亏损产品为实亏产品，显然，实亏产品应该停产，否则，生产越多，亏损越大。企业在做亏损产品是否停产的决策时，应当综合考虑企业的生产能力和经营状况。

应该指出的是，在做出亏损产品是否停产的决策时，企业往往假设亏损产品一旦停产，闲置下来的生产能力无法被用于其他方面，既不能将闲置设备对外出租、获取租金收入，也不能转产。此时，若亏损产品的损益额大于 0，就应该继续生产；否则应该停产。

【例6-3】假设ABC公司主要生产甲、乙、丙三种产品，该公司年度固定成本总额为320 000元，且固定成本按产品销售收入比重分配。三种产品的贡献边际及盈亏资料如表6-4所示。

表6-4　　　　　　　　　　　甲、乙、丙三种产品相关损益资料

	甲产品	乙产品	丙产品	合计
销售单价/元	12	18	5	—
销售量/件	70 000	10 000	40 000	—
销售收入/元	840 000	180 000	200 000	1 220 000
变动成本/元	480 000	140 000	220 000	840 000
贡献边际总额/元	360 000	40 000	− 20 000	380 000
固定成本/元	225 000	45 000	50 000	320 000
相关损益/元	135 000	− 5 000	− 70 000	60 000

要求：根据上述资料，ABC公司是否应当停产乙、丙两种亏损产品？

计算分析：由表6-4可以看出，丙产品的贡献边际为负，说明该产品在不负担固定成本的情况下仍然亏损，属于实亏产品，因此公司应该停止丙产品的生产，其负担的固定成本由盈利产品分摊，这样公司的利润总额将增加至80 000元（135 000 − 5 000 − 50 000）。

乙产品的贡献边际为40 000元，分摊的固定成本为45 000元，亏损5 000元，属于虚亏产品。如果乙产品也停产，企业的利润不但不会增加，反而会相应减少，因为乙产品提供的贡献边际可以弥补其分担的固定成本45 000元中的40 000元，若停产，则该部分固定成本将转嫁给甲产品负担，此时甲产品应该承担的乙产品的固定成本为45 000元（假设丙产品已经停产）。在丙产品停产的同时乙产品也停产后，企业的产品盈亏及利润情况如表6-5所示。

表6-5　　　　　　　　　乙、丙两种产品停产后甲产品相关损益计算表　　　　　　　　单位：元

	甲产品
相关收入	840 000
相关成本	800 000
其中：变动成本	480 000
固定成本	320 000
相关损益	40 000

从表6-5中可以看出，乙、丙两种产品停产后企业的相关损益是40 000元，虽然依然处于盈利状态，但小于停产前原有的损益60 000元。所以，同时停产乙、丙两种产品的做法并不明智。

进一步地，我们来进行如下分析。如果将丙产品停产、乙产品生产销售规模从现有的10 000件，增加至15 000件，同时，不需要增加新的设备投入，则乙产品提供的贡献边际不仅可以弥补其分担的固定成本45 000元，而且可以为企业带来15 000元（18 × 15 000 − 140 000 ÷ 10 000 × 15 000 − 45 000）的利润，

企业的相关损益也相应地由单纯停产丙产品的80 000元增加至100 000元（135 000＋15 000－50 000）。由上述分析可以看出，该公司应当停产丙产品，同时，不仅不应停止乙产品的生产，还应扩大乙产品的生产规模。

6.3.3 产品是否进一步加工的决策

1. 半成品是否进一步加工决策

半成品是指经过一定生产过程并已检验合格、交付半成品仓库保管，可直接对外出售，也可进一步加工形成最终产成品然后再出售的中间产品。半成品不包括必须从一个生产车间转给另一个生产车间继续加工、不能直接出售的自制半成品，以及不能单独计算成本的自制半成品。它们都属于在产品。

半成品是否进一步加工决策，又称是否直接出售半成品决策，是指企业对于既可以直接出售，又可以继续加工成产成品后再出售的半成品所做出的决策。继续加工成产成品后再出售，其售价比较高，但要追加一定的成本，有时还可能追加固定成本，此时追加的加工成本属于决策的相关成本，企业在决策时必须予以考虑。企业在做出半成品是否进一步加工的决策时，需视进一步加工后新增的收入是否超过进一步加工过程中追加的成本而定。如果前者大于后者，则继续加工方案较优；反之，如果前者小于后者，则应选择直接出售半成品的方案。半成品是否进一步加工的决策可以利用差别损益分析法和相关损益分析法做出。

【例6-4】海韵公司每年生产1 000件A半成品。其单位完全生产成本为18元，其中单位固定性制造费用为2元，直接出售的价格为40元。公司目前已具备将80%的A半成品深加工为B产成品的能力，但每深加工一件A半成品需要追加10元变动性加工成本。B产成品的单价为60元。假定B产成品的废品率为1%。

要求：请考虑以下不相关的情况，用差别损益分析法为企业做出是否进一步加工A半成品的决策，并说明理由。

（1）深加工能力无法转移；

（2）深加工能力完全用于承揽零星加工业务，预计可获得贡献边际5 000元；

（3）同（1），如果追加投入10 000元专属成本，可使企业具备将A半成品全部进一步加工成B产成品的能力，并使废品率降低为零。

计算分析：

（1）海韵公司的深加工能力无法转移，将80%的A半成品进一步加工成B产成品与直接出售80%的A半成品相比较的差别损益，如表6-6所示。

表6-6　　　　　　　　　　　差别损益分析表　　　　　　　　　　　单位：元

	直接出售A半成品	出售B产成品	差量
销售收入	40×1 000×80%＝32 000	60×1 000×80%×99%＝47 520	15 520
销售成本	0	8 000	8 000
其中：加工成本	0	10×1 000×80%＝8 000	
专属成本	0	0	
差量利润			7 520

从差别损益分析表可以看出，80%的A半成品进一步加工成B产成品后再出售比直接出售多得7 520元（15 520－8 000）利润，对企业有利，因此海韵公司应将80%的A半成品进一步加工为B产成品后出售。

（2）在深加工能力可用于承揽零星加工业务，预计可获得贡献边际5 000元的情况下，相关差别损益分析表如表6-7所示。

表6-7　　　　　　　　　　　　　　　　　　差别损益分析表　　　　　　　　　　　　　　　　单位：元

	直接出售A半成品	出售B产成品	差量
销售收入	$40 \times 1\,000 \times 80\% = 32\,000$	$60 \times 1\,000 \times 80\% \times 99\% = 47\,520$	15 520
销售成本	0	13 000	13 000
其中：加工成本	0	$10 \times 1\,000 \times 80\% = 8\,000$	
机会成本	0	5 000	
差量利润			2 520

进一步加工能力用于承揽零星加工业务可获得的贡献边际5 000元属于机会成本，在决策时应予以考虑。由上述差别损益分析表可以看出，在考虑5 000元机会成本的情况下，80%的A半成品进一步加工成B产成品后再出售比直接出售A半成品多得2 520元利润，对企业有利，故企业应该将80%的A半成品进一步加工为B产成品后出售。

（3）如果追加投入10 000元专属成本，可使进一步加工能力达到100%，并使废品率降低为零。相关差别损益分析表如表6-8所示。

表6-8　　　　　　　　　　　　　　　　　　差别损益分析表　　　　　　　　　　　　　　　　单位：元

	半成品A直接出售	产成品B出售	差量
销售收入	$40 \times 1\,000 = 40\,000$	$60 \times 1\,000 = 60\,000$	20 000
销售成本	0	20 000	20 000
其中：加工成本	0	$10 \times 1\,000 = 10\,000$	
专属成本	0	10 000	
差量利润			0

由上述差别损益分析表可以看出，在追加投入10 000元专属成本的情况下，A半成品直接出售和进一步加工成B产成品出售两者的损益相同，对企业的影响力均等。所以，企业可以在两方案中任选其一，但实际情况中，直接出售更为方便。

2. 联产品是否进一步加工的决策

联产品是指利用同一种原材料，在同一生产过程中生产出两种以上性质或者用途不同的主要产品，如汽油、柴油等产品都是炼油厂的联产品，这些产品的综合成本称为联合成本。如果分离后每种产品还需继续加工，就必须另外追加成本，这种成本称为可分成本，这应由分离后继续加工的产品独自负担。

联产品是否进一步加工的决策，就是围绕究竟是选择"进一步加工产品"方案还是选择"直接出售联产品"方案而展开的决策，进行此类决策，联合成本为无关成本，不予考虑，可分成本为相关成本，必须考虑。企业在对联产品是否进一步加工做出决策时，所采用的决策方法与半成品是否进一步加工决策一样，可以使用差别损益分析法和相关损益分析法。为了便于理解决策方法的应用，联产品是否进一步加工的决策采用相关损益分析法来进行计算分析。现举例说明如下。

【例6-5】某企业对R原材料进行加工，生产出A、B两种联产品。其中，A产品的生产量为6 000千克，分离后直接出售的价格为30元/千克；B产品的生产量为4 000千克，分离后直接出售的价格为35元/千克，其联合成本为16 000元。若要进一步加工A产品，需追加成本80 000元，A产品进一步加工后的售价为40元/千克；若要进一步加工B产品，需追加成本50 000元，另需购置专用设备10 000元，B产品进一步加工后的售价涨到60元/千克。

要求：为该企业做出联产品A和B是否进一步加工的决策。

计算分析：联合成本16 000元是沉没成本，在决策时不予考虑。根据所给出的资料，编制的相关损益分析表如表6-9和表6-10所示。

表6-9　　　　　　　　　　　　相关损益分析表　　　　　　　　　　　　单位：元

	A产品直接出售	进一步加工A产品出售
相关收入	6 000 × 30 = 180 000	6 000 × 40 = 240 000
相关成本	0	80 000
其中：加工成本	0	80 000
专属成本	0	0
相关损益	180 000	160 000

由上述分析结果可以看出，进一步加工A产品出售的相关损益与联产品直接出售的相关损益相差20 000元（160 000 - 180 000），故A产品进一步加工后再出售比直接出售少得20 000元利润，对企业无利，故A产品应直接出售。

表6-10　　　　　　　　　　　　相关损益分析表　　　　　　　　　　　　单位：元

	B产品直接出售	进一步加工B产品出售
相关收入	4 000 × 35 = 140 000	4 000 × 60 = 240 000
相关成本	0	60 000
其中：加工成本	0	50 000
专属成本	0	10 000
相关损益	140 000	180 000

由上述分析结果可以看出，进一步加工B产品出售的相关损益与联产品直接出售的相关损益相差40 000元（180 000 - 140 000），故B产品进一步加工后再出售比直接出售多得40 000元利润，对企业有利，故B产品应进一步加工后再出售。

6.3.4　是否接受特殊订货的决策

此处所说的特殊订货是指产品的订货单价低于产品的正常订货价格，甚至低于产品的单位成本的订货。从财务会计角度看，特殊订货对企业是不利的。但从管理会计角度看，如果企业的生产能力有闲置，那么企业现有生产能力成本可以全部由正常生产任务负担，特殊订货则不负担这部分固定成本，此时企业有可能做出接受特殊订货的决策。因此，企业在进行是否接受特殊订货的决策时，除了需要考虑特殊订货的单价、产品的单位变动成本、特殊订货的数量、特殊订货需要追加的专属成本等因素外，还需要考虑企业的生产能力是否有闲置、闲置生产能力可否转移等。本书就企业常见的几种特殊订货情况分述如下。

1. 企业生产能力有闲置，且该能力无法转移，特殊订货也不影响正常销售

当企业的特殊订货不影响产品的正常销售，闲置的生产能力又无其他用途，而且不需追加专属成本时，如果追加订货的单价大于该种产品的单位变动成本，企业就应当接受追加订货，因为此时企业的固定成本已由正常销售的产品负担，特殊订货将带来额外的利润；如果追加订货的单价小于该种产品的单位变动成本，则企业应当拒绝追加订货。

【例6-6】霍斯特公司生产A产品，年最大生产能力为220 000件，该产品的正常销售价格为每件160元。根据订货需求预测，2022年度的预算销售量为200 000件，全年预算固定性制造费用为2 000 000元，则每件产品的固定制造费用为10元，产品单位变动成本为110元。预算执行年度中间，有一客户向霍斯特公司发出了一个特殊订货需求，其要求的价格为每件128元，而且此项订货不需要增加变动销售费用。

要求：若该客户的特殊订货数量为20 000件，企业是否应该接受该订单？

计算分析：依题意知，该特殊订单的价格为128元，比160元低32元，从传统财务会计的角度看，接受此订货会给企业带来损失。但是从管理会计的角度来分析，此次特殊订货在企业的闲置生产能力20 000件（220 000－200 000）范围内，不会影响正常销售。如果接受该订货，不仅会帮助公司充分利用闲置的生产能力，而且不会增加固定成本，也不需要增加变动销售费用。因此可以用相关损益分析法进行分析，如表6-11所示。

表6-11　　　　　　　　　　　　特殊订货相关损益分析表　　　　　　　　　　　单位：元

项目	特殊订单损益
相关收入	20 000 × 128 = 2 560 000
相关成本	2 200 000
其中：变动成本	20 000 × 110 = 2 200 000
相关损益	360 000

从表6-11中可以看出，该特殊订货的价格128元比产品单位变动成本110元高出18元，因为接受该特殊订单会给企业带来360 000元的贡献边际，进而使公司多获得收益360 000元，对公司有利，因此霍斯特公司应该接受该特殊订货。

2. 企业生产能力有闲置，但不能完全满足特殊订货要求，需追加部分专属成本

若特殊订货要求追加专属成本，如需要购买专门用于生产追加订货产品的专用设备、工具等，对于是否接受特殊订货，企业除了要比较特殊订货的单价和单位变动成本之外，还要考虑专属成本的影响。

【例6-7】某企业生产甲产品，年生产能力为200 000台，产品销售单价为120元/台，单位成本为80元/台，其中，直接材料30元/台，直接人工25元/台，制造费用合计25元/台（变动性制造费用10元/台，固定性制造费用15元/台）。根据企业目前的生产状况，企业尚有40 000台的生产能力闲置，现有一个客户提出订货15 000台，每台的价格是70元，且对产品性能有特殊要求，企业为此需购置一台专用设备，价值40 000元。

要求：企业是否应该接受该特殊订货？

计算分析：按照传统会计的观点，如果接受该订货，订单上的价格70元/台低于产品的单位成本80元/台，且接受该订单还需增加专属成本40 000元，无疑会给企业带来亏损，因此企业不应该接受该订单。但从管理会计的角度来看，该订单的订货量15 000台小于闲置的生产能力40 000台，在企业闲置生产能力的承受范围之内，原有的固定成本属于无关成本，无须考虑，所以只要订货方的出价高于产品的单位变动成本，且贡献边际在弥补了专属固定成本后还有剩余，企业就可以接受订单。特殊订货相关损益分析具体如表6-12所示。

表6-12　　　　　　　　　　　　特殊订货相关损益分析表　　　　　　　　　　　单位：元

项目	特殊订单损益
相关收入	15 000 × 70 = 1 050 000
相关成本	975 000 + 40 000 = 1 015 000
其中：增量成本	15 000 × （30 + 25 + 10）= 975 000
专属成本	40 000
相关损益	35 000

由表6-12可以看出，接受该批订货的相关损益为35 000元，即可为企业创造35 000元的利润，所以企业可以接受该批订货。

同时，我们可以得出结论：企业在闲置生产能力承受范围内是否接受特殊订货，主要取决于特殊订货提供的贡献边际在补偿追加的专属成本后能否为企业提供正盈余。如果特殊订货能够为企业提供正盈余，企业就应接受特殊订货，否则就不应该接受。

3. 企业生产能力有闲置，但不能完全满足特殊订货，会减少部分正常销售

若特殊订货会妨碍企业原有计划任务的完成，因而减少部分正常销售，则应将因减少正常销售损失的贡献边际追加订货方案的机会成本，当追加订货的贡献边际额足以补偿这部分机会成本且有剩余时，从理论上企业可以接受订货。但是，在企业实际业务中，有可能恰恰相反。因为从企业短期利益角度来看，企业应该接受该特殊订货，但是从企业长远利益的角度，接受该特殊订货可能导致原有合同无法完成，失去老客户，进而导致企业今后正常订单的减少，因此企业会拒绝该特殊订货。故企业在做出是否接受特殊订货的决策时，应该权衡利弊，充分考虑各种影响因素后再做出最后决策。

4. 企业生产能力有闲置且可以转移

如果企业生产能力有闲置且可以转移，那么接受特殊订货就会占用闲置生产能力并产生机会成本。此时，企业应将追加特殊订货的贡献边际与追加订货方案的机会成本做比较，只有当追加特殊订货的贡献边际大于机会成本时，才可以接受订货。

【例6-8】仍用【例6-6】中的特殊订货资料。假定霍斯特公司闲置的生产能力可以转移为承接其他零星加工业务，预计可获得收入100 000元，其他条件不变。

要求：试分析是否接受该项订货。

计算分析：依据题意编制相关损益分析表，如表6-13所示。

表6-13　　　　　　　　　　　特殊订单相关损益分析表　　　　　　　　　　单位：元

项目	特殊订单损益
相关收入	20 000 × 128 = 2 560 000
相关成本	2 300 000
其中：变动成本	20 000 × 110 = 2 200 000
机会成本	100 000
相关损益	260 000

从表6-13中可以看出，霍斯特公司的相关损益是260 000元，增加了公司的利润，故公司应该接受该特殊订货。

6.3.5　零部件自制与外购的决策

零部件自制与外购的决策，是指企业围绕既可自制又可外购的零部件的取得方式而开展的决策，又叫零部件取得方式的决策。外购是指从外部供应商那里购买产品或服务，而不是组织生产同样的产品或提供同样的服务，即自制。在企业实务中，企业常常面临是自制还是外购某个零部件的决策。

企业要做出此类决策，一方面要分清自制时是否增加了固定成本，如果自制需要追加专属固定成本，则追加的专属固定成本是与决策相关的成本，而原有的固定成本属于沉没成本，不能影响企业的决策，故在企业决策中不予考虑。自制的另一个相关成本是变动生产成本。另一方面，企业要弄清外购方案的相关成本，外购方案的相关成本一般包括买价、运输费用和采购费用等，有时还存在机会成本。

1. 企业具备自制能力

如果企业已经具备自制能力，则原有的固定成本就属于沉没成本，不会因零部件的自制或外购而发生变动，在决策中不予考虑。根据自制能力能否转移，企业可分为自制能力不能转移和自制能力可以转移两种情况。

（1）自制能力不能转移

在企业已经具备必要的自制能力且此能力无法转移的情况下，不管零部件是自制的还是外购的，一般不会对产品销售收入产生影响，即自制方案和外购方案的销售收入相同。在收入相同的前提下，企业就可以用成本指标来评价方案的优劣。如果自制零部件无须追加专属成本，则企业只需将自制方案的变动成本与外购成本进行比较，然后选其低者即可。如果自制变动成本高于外购成本，则企业应外购；如果自制变动成本低于外购成本，则企业应自制。如果自制零部件需要追加专属成本，则企业应将专属成本纳入自制零部件的相关成本范畴。

【例6-9】某企业每年需K零部件6 000件，外购单价为100元/件，该企业现在有闲置的生产能力可生产该零部件，其单位成本为：直接材料34元/件，直接人工20元/件，变动性制造费用20元/件，固定性制造费用16元/件。

要求：为该企业做出K零部件是自制还是外购的决策。

计算分析：由于该企业计划利用闲置的生产能力来生产K零部件，所以固定性制造费用为沉没成本，在企业决策时可以不予考虑。

自制该零部件的单位变动成本＝34＋20＋20＝74（元/件）

自制成本＝单位变动成本×零件需求量

$\qquad$ ＝74×6 000＝444 000（元）

外购成本＝外购单价×零件需求量

$\qquad$ ＝100×6 000＝600 000（元）

可以看出，自制成本比外购成本低156 000元，自制可帮助企业节约支出，进而实现更多利润，因此，该企业应该自制K零部件。

（2）自制能力可以转移

在自制能力可以转移的情况下，对于自制方案的相关成本，企业除了要考虑按零部件需用量计算的变动生产成本外，还需考虑自制能力转移有关的机会成本。

【例6-10】沿用【例6-9】的资料，假设该企业的自制生产能力可以对外出租，租金收入为200 000元/年。

要求：为该企业做出K零部件是自制还是外购的决策。

计算分析：

自制成本＝74×6 000＋200 000＝644 000（元）

外购成本＝100×6 000＝600 000（元）

很明显可以看出，外购比自制可节约成本44 000元（644 000－600 000），从而帮助企业多创造44 000元的利润，故该企业应该外购K零部件。

2. 企业不具备或不完全具备自制能力

如果企业没有多余的生产能力或多余的生产能力不足，无法满足自制零部件的需要，就需增加固定成本以购置必要的机器设备。在此种情况下，自制零部件的成本不仅包括变动成本，而且包括由此新增加的固定成本。同时，由于单位固定成本是随产量呈反比例变动的，对于不同的需求量，决策分析的结论就可能不同。当需求量确定时，企业可直接比较相关成本，分析外购方案与自制方案各自相关损益的大小；当需求量不确定时，由于相关收入为零，企业可以使用成本无差别点法，先计算不同方案预期成本相同时的业务量，即成本无差别点业务量，比较在该业务量两侧的不同业务量水平所对应的成本的差异来进行分析。因零部件的需要量确定情况下的决策与前例相似，这里重点就零部件需要量不确定情况下的决策进行举例。

【例6-11】星海公司生产产品需要一种零部件，该零部件可自制，也可外购。外购单价为120元/件。若自制，单位生产成本为：直接材料32元/件，直接人工24元/件，变动性制造费用24元/件，固定性制造费用20元/件，每年还需要增加固定成本100 000元。

要求：做出该公司零部件在什么情况下自制、什么情况下外购的决策。

计算分析：设星海公司零部件需求量为x，用成本无差别点法进行分析。

自制该产品的单位相关变动成本＝32＋24＋24＝80（元/件）

自制方案预期成本：$y_0 = 80x + 100\ 000$

外购方案预期成本：$y_1 = 120x$

在成本无差别点上，$y_0 = y_1$；

成本无差别点业务量：$x = 100\ 000 \div (120 - 80) = 2\ 500$（件）

因此，当需求量小于2 500件时，外购有利；当需求量大于2 500件时，自制有利；当需求量等于2 500件时，两种方案均可。

◎ 本章小结

本章从总体上对经营决策常用的成本概念及基本方法进行介绍，并对五种主要短期经营决策问题进行阐述分析，具体包括资源受约束时应生产何种产品的决策、亏损产品是否停产的决策、产品是否进一步加工的决策、是否接受特殊订货的决策、零部件自制与外购的决策。

由于企业的生产会受到各种资源条件的限制，企业为了科学地制定最佳产品生产对象决策，可以采用贡献边际分析法、差别损益分析法等。

在做出亏损产品是否停产的决策时，往往假设亏损产品一旦停产，闲置下来的生产能力无法被用于其他方面。此时，如果亏损产品的损益额大于0，就应该继续生产；否则就应该停产。

产品是否进一步加工的决策主要包括半成品是否进一步加工的决策和联产品是否进一步加工的决策。对于这两种决策，企业可用相关损益分析法和差别损益分析法来进行分析，通过比较不同方案的相关损益和差别损益来确定哪一个决策方案是最优的。

企业在做出是否接受特殊订货的决策时，分以下情况：若特殊订货不影响产品的正常销售、闲置的生产能力又无其他用途，而且不需要追加专属成本，则只要追加订货的单价大于该种产品的单位变动成本，企业就可以接受追加订货；若特殊订货要求追加专属成本，则企业还要考虑专属成本的影响；若接受特殊订货会减少部分正常销售，则企业在实际业务中要从企业长远利益的角度考虑，权衡利弊；若企业闲置的生产能力可以转移，产生机会成本，则当追加订货的贡献边际大于机会成本时，企业可接受订货。

在做出零部件自制与外购的决策时，企业分为以下三种情况处理：若企业自制能力无法转移，在自制不需要追加专属成本的情况下，只需选其自制的变动成本与外购成本较低者即可；若企业自制能力可以转移，对于自制方案还需考虑与自制能力转移有关的机会成本；若企业无法满足自制零部件的需要，需购置必要的机器设备，此时自制零部件的成本不仅包括变动成本，还应包括由此新增的固定成本。

◎ 自测题

（一）单选题

1. 某生产电子器件的企业为满足客户追加订货的需要，增加了一些成本开支，其中（　　）是专属固定成本。

    A. 为及时完成该批产品的生产，需要购入一台新设备

    B. 为及时完成该批追加订货，需要支付职工加班费

    C. 为生产该批产品机器设备增加的耗电量

    D. 该厂为生产该批产品及以后的生产建造了一间新的厂房

2. 某厂需要甲零部件，其外购单价为10元/件，若自行生产，单位变动成本为6元/件，且需要为此每年追加10 000元的固定成本，通过计算可知，当该零部件的年需要量为（   ）件时，外购、自制两种方案等效。

    A. 2 500   B. 3 000   C. 2 000   D. 1 800

3. 在固定成本不变的情况下，下列（   ）应该采取采购的策略。

    A. 自制单位变动成本小于外购价格   B. 自制单位变动成本等于外购价格

    C. 自制单位变动成本大于外购成本   D. 自制单位产品成本大于外购成本

4. 当闲置的生产能力无法转移，并且出现以下（   ）情况时，企业不应该接受追加订货。

    A. 订货价格低于单位完全成本   B. 订货冲击原有生产能力

    C. 需要追加专属成本   D. 以上都不对

5. 有关联产品是否进一步加工的决策，联产品进一步加工前的成本属于（   ）。

    A. 机会成本   B. 变动成本   C. 沉没成本   D. 付现成本

6. ABC公司现有10 000件积压的在产品，其制造成本为100 000元。如果该公司将积压的在产品深加工后再出售，进一步加工成本为30 000元，则该方案在决策时属于沉没成本的是（   ）元。

    A. 100 000   B. 30 000   C. 80 000   D. 130 000

7. 现有客户要求追加订货，在企业有一定闲置的生产能力，且需要追加专属成本的情况下，企业接受这一订货的前提是（   ）。

    A. 客户所出的价格不低于该产品的市场价格

    B. 客户所出的价格高于该产品的总成本，且有一定利润

    C. 客户所出的价格高于该产品的变动成本，且能补偿因此而增加的固定成本

    D. 不需要再追加专属成本

8. 成本无差别点法的应用条件是各备选方案（   ）。

    A. 相关收入不同   B. 相关成本相同

    C. 业务量不能事先确定   D. 成本资料不全

9. 某企业的年最大生产机器小时为6 000机器小时，该企业正常生产机器小时为5 000机器小时，尚有1 000机器小时的生产能力闲置。现有A、B、C、D四种产品，它们的单位贡献边际分别为6元、8元、10元和15元，生产四种产品所需要的单位机器小时分别为3机器小时、3机器小时、4机器小时和5机器小时，则该企业应该增产的是（   ）。

    A. A产品   B. B产品   C. C产品   D. D产品

10. 在短期经营决策中，企业不接受特殊订货的原因是买方出价低于（   ）。

    A. 正常价格   B. 单位产品成本

    C. 单位固定成本   D. 单位变动生产成本

（二）多选题

1. 下列各项中，属于联产品进一步加工决策方案可能需要考虑的相关成本有（   ）。

    A. 可分成本   B. 联合成本   C. 机会成本

    D. 增量成本   E. 专属成本

2. 在做出是否接受以低价追加订货的决策中，如果发生了追加订货冲击正常任务的现象，就意味着（   ）。

    A. 不可能完全利用其绝对闲置生产能力来组织追加订货的生产

    B. 追加订货量大于正常订货量

    C. 追加订货量大于绝对闲置生产能力

    D. 因追加订货有特殊要求必须追加专属成本

    E. 会因此而带来机会成本

3. 下列短期经营决策正确的有（　　　）。

    A. 接受客户追加订货的条件是，其出价必须高于该产品的单位生产成本

    B. 所有的短期经营决策都不需要考虑固定成本

    C. 外购零部件的单价高于自制的零部件的单位变动成本时，应该外购

    D. 做出联产品是否进一步加工的决策时，要考虑进一步加工的成本

    E. 当企业同时存在某种约束条件时，应该寻求总贡献边际最大化

4. 在企业做出短期经营决策时，可以不予考虑的成本是（　　　）。

    A. 机会成本   B. 增量成本   C. 重置成本

    D. 沉没成本   E. 专属成本

5. 下列有关企业零部件自制或外购的表述中，正确的有（　　　）。

    A. 在企业已经具备必要的自制能力且此能力无法转移的情况下，只需将自制方案的变动成本与外购成本进行比较，然后选其低者即可

    B. 在自制能力可以转移的情况下，对于自制方案的相关成本，企业除了要考虑按零部件需用量计算的变动生产成本外，还需考虑自制能力转移有关的机会成本

    C. 企业没有多余的生产能力或多余的生产能力不足，且当需求量确定时，可直接比较相关成本，分析外购方案与自制方案各自相关损益的大小

    D. 企业没有多余的生产能力或多余的生产能力不足，且当需求量不确定时，由于相关收入为零，可以先计算不同方案预期成本相同时的业务量，即成本无差别点业务量，比较在该业务量两侧的不同业务量水平所对应的成本的差异来进行分析

（三）判断题

1. 专属成本是指那些能够明确归属于特定决策方案的固定成本或混合成本。（　　　）

2. 在生产经营决策中，确定决策方案必须通盘考虑相关业务量、相关收入和相关成本等因素。（　　　）

3. 企业在对如何利用约束资源决策时，固定成本通常是不受选择影响的，所以通常应该选择那些能使企业的总贡献边际最大化的方案。（　　　）

4. 在自制能力可以转移的情况下，对于自制方案的相关成本，企业只需要考虑按零部件需用量计算的变动生产成本，不用考虑与自制能力转移有关的机会成本。（　　　）

5. 即使企业闲置生产能力可以转移，接受特殊订货也不会产生机会成本。（　　　）

6. 对于联产品应立即出售还是继续加工的决策，企业可以不考虑可分成本。（　　　）

7. 企业在有闲置生产能力的情况下，进行是否接受特殊订货的决策，必须考虑特殊订货的单价、产品的单位变动成本、特殊订货的数量、追加的专属成本等因素。（　　　）

8. 企业在做出半成品是否进一步加工的决策时，可以采用差别损益分析法。（　　　）

9. 在短期经营决策中，所有的固定成本或折旧费都是沉没成本。（　　　）

10. 如果追加订货的价格低于产品的完全成本，则不应该接受追加订货。（　　　）

（四）计算分析题

1. ABC公司每年需要使用甲零部件2 000件，该零部件可以自制也可以外购。如果本公司生产部门生产，年总成本为19 000元，其中，固定生产成本为7 000元。如果从市场上购买，单价为8元/件。这时企业可将闲置生产能力用于加工乙零部件，可节约外购成本2 000元。

要求：对于该零部件，ABC公司应该自制还是外购？

2. 海达公司只生产A产品，全年最大生产能力为1 500件。2022年年初接受心海公司的一笔订单，该订单的价格为100元/件，数量为1 200件，海达公司的单位固定生产成本为25元/件，单位变动生产成本为55元/件。现在有一个客户要求以65元/件的价格追加订货。

要求：请根据以下四种情况分析海达公司是否可以接受该笔追加订货？

（1）如果海达公司自制能力无法转移，追加订货量为300件，不追加专属成本；

（2）如果海达公司自制能力无法转移，追加订货量为300件，公司需要追加1 200元专属成本；

（3）如果海达公司自制能力无法转移，追加订货量为400件，公司需要追加900元专属成本；

（4）如果海达公司自制能力可以转移，用于生产其他产品可获得5 000元收入，心海公司追加订货量为300件。

3. 甲市某一制药厂，使用同一种机器同时生产A、B两种产品，假设机器的最大生产能力为10 000机器小时。A、B两种产品的相关数据如表6-14所示。

表6-14　　　　　　　　　　　　　A、B两种产品的相关数据

项目		A产品	B产品
销售单价		160元	280元
单位成本	直接材料	60元	90元
	直接人工	40元	70元
	变动性制造费用	30元	80元
	固定性制造费用	28元	35元
每件机器小时		20机器小时	25机器小时

要求：根据以上材料分析该制药厂在机器小时为约束资源的情况下，生产何种产品较为有利？

4. 某化学公司以联合成本117 000元生产两种联产品，这些产品的销售和继续加工的数据如表6-15所示。

表6-15　　　　　　　　　　　产品销售及继续加工数据　　　　　　　　　　单位：元

产品名称	销售额	继续加工成本
H产品	230 000	190 000
K产品	330 000	300 000

在盈亏临界点，公司有机会将产品销售给其他加工商。如果选择这一备选方案，销售额将是：H产品为54 000元，K产品为28 000元。

公司打算来年以同样的产量和销量继续经营。考虑所有信息，并假设盈亏临界点后发生的成本为变动成本。

要求：该公司的哪种产品应该被继续加工？哪种产品应当在盈亏临界点出售？

5. 某公司生产A、B、C三种产品的销售收入、销售成本及损益数据如表6-16所示，如果在公司的销售成本中，固定成本总额为112 500元，并按各种产品的销售比重进行分配。

表6-16　　　　　　　　　　　A、B、C三种产品的相关数据　　　　　　　　单位：元

项目	A产品	B产品	C产品	合计
销售收入	100 000	100 000	25 000	225 000
销售成本	75 000	107 500	22 500	205 000
损益	25 000	− 7 500	2 500	20 000

要求：请你采用贡献边际分析法计算该公司的损益，分析亏损产品是否应停产。

（五）案例分析题

东方公司产品生产的
决策

第7章
资本支出决策

学习目标

通过对本章的学习，读者应掌握货币时间价值和现金流量的计算方法，了解静态评价指标与动态评价指标的优缺点，掌握静态投资回收期、投资利润率、净现值、内部报酬率和动态投资回收期等指标的计算与应用方法。

基本概念

现金流量　货币时间价值　静态评价指标　动态评价指标

引导案例

知识延展

7.1 资本支出决策的含义与特点

7.1.1 资本支出决策的含义

企业管理者经常会面临投资于长期使用的资本或项目的机会（或需要），例如，厂房的新建、改建和扩建，设备的购置、更新，现有产品的改造和新产品开发等。这些将产生重大跨年度财务影响的决策被称为资本支出决策（capital investment decisions），也称为资本预算决策。

资本支出决策涉及制订计划、设定目标和优先顺序、安排资金以及按照某种标准选择欲投资的长期资产或项目的过程。资本支出决策一方面使大量的资源在相当长的时间内暴露在风险之下，另一方面又影响着企业的未来发展。若投资决策正确，可以使企业的利润大幅度增长，如此企业未来一段期间内的经营状况就好、经济效益就高，有助于企业生产能力长远规划的实现，从而使企业在未来保持良好的盈利能力；反之，决策失误，会使企业蒙受巨大损失，甚至将企业推上绝境。因此，制定正确的资本支出决策对企业的长期生存发展至关重要。

7.1.2 资本支出决策的特点

由于资本支出决策是为了改变和提高企业的经营能力和生产能力而进行的决策，它在较长时间内使企业的生产经营活动发生重大变化，因而具有以下特点。

（1）时间长。时间长不仅指项目运营时间长，也指回收期长。一般都超过一年，有的甚至超过几十年，并且各个项目的运营时间以及回收期都各不相同。

（2）资金占用量大。长期投资项目一般都耗费大量资金，因而会对企业的资金结构和财务状况产生较大影响，企业应当谨慎决策。

（3）发生的频率低。资本支出决策发生的频率相对较低，有的若干年才可能发生一次。

（4）不可逆转。如果资本支出决策正确，形成的优势可以在较长的时间内保持，如果资本支出决策失误，所形成的固定资产改变其用途很难，即使可以改变用途，代价一般也很大。

（5）风险大。资本支出决策一经完成，所形成的固定资产将长期影响企业的生产和经营，而在这较长的时期内，市场和企业的各种相关影响因素经常变化，不确定因素较多，因此，资本支出决策的风险较大。

7.2 现金流量的含义与估算

7.2.1 现金流量的含义

现金流量（cash flow）是指长期投资项目在从筹建、设计、施工、正式投产使用直至报废为止的投资项目有效持续期间内（项目计算期）形成的现金流出量（cash flow-out，CO）与现金流入量（cash flow-in，CI）的统称。这里的现金包括库存现金和现金等价物。

现金流量的内容通常包括现金流入量、现金流出量及其两者的差额净现金流量（net cash flow，NCF）。确定和计量各个投资方案形成的现金流入量和现金流出量及逐年的净现金流量，是正确评价其投资效益的一个必要条件。

7.2.2 确定现金流量应考虑的因素

1. 项目计算期

为了更准确地计算现金流量的分布，我们需要了解项目计算期的构成。项目计算期是指投资项目从投资建设开始到最终清理结束整个过程的全部时间，通常以年为单位。完整的投资项目计算期一般由建设期和经营期两部分组成。其中，建设期是指自项目资金正式投入开始，到项目建成、投产为止所需要的时间，通常记作 s（$s \geq 0$）。建设期的第1年年初是建设起点，记作第0年，建设期的最后一年年末是投产日，记作第 s 年。项目计算期最后一年的年末称为终结点，记作第 n 年。从投产日到终结点之间的时间间隔称为经营期，记作 p。经营期一般应根据项目主要设备的经济使用寿命期确定，而非该项目物理意义上的存续期。

项目计算期、建设期和经营期之间的关系如公式（7.1）和图7-1所示。

$$项目计算期（n）＝建设期＋经营期＝s+p \tag{7.1}$$

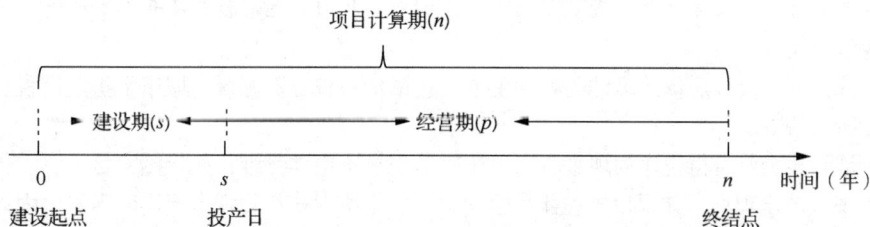

图7-1 项目计算期的组成示意图

2. 现金流量的分布时点

项目计算期的各个阶段都可能发生现金流量。投资主体一般按年度估算现金的流入量、流出量和二者之间的差额。尽管每年的现金流入量和现金流出量会在各个不同的时点上发生，但为了计算和评价方便，假定建设期内的现金流量均在年末或年初发生，经营期的现金流量均在年末发生。

3. 全投资假设

在评价投资项目和确定现金流量时，企业要以全投资假设为前提，将投资决策和筹资决策分开。也就是说，要将投入在该项目上的资金视为自有资金，即使该项目的确需要通过举债来完成资金筹措，与资金筹集相关的利息支出及债务本金的偿还都在计算该项目的现金流量时不予考虑。需同时注意的是，项目建设期内发生的利息支出会增加投资项目所涉及固定资产的价值，在计算固定资产原值时必须予以考虑。

7.2.3 现金流量的组成内容

企业在进行资本支出决策前，要具体测算投资方案涉及的现金流出、现金流入的金额及时间，以及现金流入量与现金流出量的差额，即净现金流量。这些是正确评价项目的投资经济效果与效益的必要条件。所以，我们必须进一步明确现金流出量、现金流入量、净现金流量的含义、具体内容与计算方法。

1. 现金流出量

现金流出量是指与某投资项目有关的现金支出，主要包括以下几个部分。

（1）建设投资

建设投资是指在建设期内按照一定生产经营规模和建设内容投入的，用于形成固定资产、无形资产和开办费的资金的统称。建设投资往往用于购买土地，支付租赁费用、土建工程费，购置生产设备，支付设备安装支出、人员培训费用等。建设投资是建设期发生的主要现金流出量，一般发生在建设期期初，或分散在建设期各年的年末。

（2）营运资金投资

营运资金投资是指项目投产前后一次或分次投放在流动资产方面的资金，又称为垫支的流动资金投资，主要满足项目投产后购置原材料、支付人员工资等日常周转所需。营运资金投资一般发生在建设期期末，即发生在经营期期初。当项目终结时，营运资金投资将在终结点处一次性收回。

建设投资和营运资金投资构成原始投资额，反映企业直接投放在该项目上的现实资金。原始投资额加上建设期内的资本化利息，构成项目的投资总额，能够反映企业因为投资该项目而发生的全部支出。拟用新资产替换旧资产的更新改造项目，往往不涉及营运资金投资，所以，更新改造项目的原始投资额一般只包括建设投资。

（3）付现成本

付现成本又称经营成本，是指在项目经营期内发生的、需要动用现金来支付的成本，在数量上相当于该项目引发的总成本（不包含财务费用）扣除计提的固定资产折旧、无形资产及开办费摊销之后的余额。其计算公式为：

$$付现成本＝总成本（不含财务费用）－固定资产折旧－无形资产及开办费摊销 \quad (7.2)$$

（4）各项税款

各项税款指项目投产后依法缴纳的各种税款，包括消费税、资源税、城市维护建设税和教育费附加、企业所得税等。

当然，是否将企业所得税作为现金流出，还应考虑投资主体是谁：如果国家是投资主体，所得税就不作为现金流出项目；如果投资主体是企业，一般把所得税作为现金流出的内容，因为只有税后收益才是企业从该投资项目上得到的回报。

（5）其他现金流出

在实际资本支出决策中，企业对有些改建、扩建项目往往还需考虑改建、扩建项目带来的停产或减产损失及原有固定资产拆除费用等。这些也应作为现金流出的一项内容。

2. 现金流入量

现金流入量是指与某投资项目有关的全部现金收入，主要包括以下几个部分。

（1）营业收入

营业收入指项目投产后每年实现的全部销售收入或业务收入。为简化核算，假定正常经营年度内每期发生的赊销额与回收的应收账款大体相等。营业收入是经营期主要的现金流入项目。

（2）项目终结时资产的变价净收入或中途变价收入（回收固定资产余值）

一个投资项目，在其项目计算期的期末，往往会有一些资产需要处置，从而获取一定金额的变价收入。例如，出资购买的机器设备，在其报废时会有一定金额的清理收入或转让给他人或其他企业的收入，这些收入扣除相关的清理费用后的净额即为变价净收入。这些收入会带来现金的流入，因此，应作为现金流入因素予以考虑。

（3）回收垫支的营运资金（回收流动资金）

回收垫支的营运资金是指投资项目终结时，回收之前垫付的所有营运资金。在项目的计算期将要结束时，企业要把项目有关的全部存货出售。为简化计算，在发生营运资金垫支时，把它视作现金流出；而在项目经营期间循环发生的营运资金收回和再垫支，既不作为现金流入，也不作为现金流出。一般在投资分析时，假定垫支的营运资金在项目结束时收回。这样，投资项目在项目终结点因不再发生新的替代投资而回收的原垫支的全部营运资金，即为项目投产前所发生的垫支的营运资金总额。

3. 净现金流量及其计算

净现金流量又称为现金净流量（NCF），是指在一定期间现金流入量与现金流出量的差额。这里的一定期间，可以是投资项目的整个计算期，也可以是某年。

计算净现金流量的一般公式：

某年净现金流量 NCF_t = 该年现金流入量 - 该年现金流出量 = $CI_t - CO_t (t = 0, 1, 2, \cdots, n)$ （7.3）

其中，t 表示项目计算期中的第 t 年，0 年为建设期的起点，n 为项目计算期的终点。由于现金流入、流出在项目计算期内不同阶段的内容不同，各阶段的净现金流量表现出不同的特点。例如，在建设期内，净现金流量一般为负值或等于零；在经营期内，净现金流量多为正值。

在实务中，经常用简算法计算新建投资项目各年的净现金流量。其中：

建设期内某年净现金流量（NCF_t）= - 该年发生的投资额 = $-I_t$

= - 固定资产投资 - 无形资产投资 - 开办费投资 - 营运资金投资   （7.4）

经营期某年的净现金流量（NCF_t）= 该年现金流入量 - 该年现金流出量

= 该年息税前利润 ×（1 - 所得税税率）+ 该年折旧 + 该年无形资产及开办费摊销（考虑所得税）   （7.5）

或：= 该年息税前利润 + 该年折旧 + 该年无形资产及开办费摊销（不考虑所得税）   （7.6）

之所以要在利润中加回折旧，是因为在按照财务会计的相关规定计算利润时，折旧费作为企业经营必不可少的一项费用，已经计入产品成本、销售费用或管理费用，进而抵减了利润，也就是说，利润中已经扣减了折旧。然而，从投资决策的现金流动角度看，折旧是项目初始投资时的现金流出量在生产经营期内的摊销额，不是经营期现金的实际支出，并未实际减少现金。因此，应该将导致利润减少、现金未减少的折旧加回。无形资产及开办费摊销也因类似原因需要加回。

4. 项目终结点的净现金流量

对于项目终结点的净现金流量，企业除了考虑该年正常经营产生的净现金流量（即经营净现金流量）外，还应考虑回收额，即终结点上收到的垫支的流动资金以及固定资产变价净收入之和。相关公式如下：

项目终结点净现金流量（NCF_n）= 该年现金流入量 - 该年现金流出量

= 该年息税前利润 ×（1 - 所得税税率）+ 该年折旧 + 该年无形资产及开办费摊销额 + 回收额（考虑所得税）   （7.7）

或：= 该年息税前利润 + 该年折旧 + 该年无形资产及开办费摊销额 + 回收额（不考虑所得税）   （7.8）

在实际工作中，为反映投资项目计算期内各年的现金流入量和现金流出量，以计算投资项目的经济评价指标，一般需编制投资项目现金流量表。其中，新建投资项目的现金流量表格式一般如表 7-1 所示。

表7-1　　　　　　　　　　　　某新建投资项目现金流量表　　　　　　　　　　单位：元

项目	建设期（年）		经营期（年）					合计
	0	1	2	3	4	...	n	
一、现金流入								
1. 营业收入								
2. 回收固定资产余值								
3. 回收流动资金								
现金流入量小计								
二、现金流出								
1. 建设投资								
2. 流动资金投资								
3. 付现成本								
4. 各项税款								
现金流出量小计								
三、净现金流量								
四、累计净现金流量								

7.2.4　现金流量的估算

【例7-1】新建投资项目的现金流量

某企业拟新建一条生产线。该生产线需要一次性投入购买该生产线所需的价款100万元。资金来源为银行借款，年利率10%，生产线买入后需1年的安装调试期，期满即可投入使用。建设期间未购买无形资产、发生开办费支出。该生产线预计可使用10年，按直线法计提折旧，期满有残值10万元。投入使用后，该生产线可使企业每年增加销售收入（不含增值税）80.39万元，同时使付现的经营成本增加48万元，所得税税率为25%。

要求：计算该固定资产投资项目各年的净现金流量。

解：项目计算期$n = 1 + 10 = 11$（年）

生产线原值 = $100 + 100 \times 10\% = 110$（万元）

固定资产年折旧额 = $(110 - 10) \div 10 = 10$（万元）

每年经营净利润增加额 = $80.39 - 48 - 10 = 22.39$（万元）

每年应交所得税 = $22.39 \times 25\% = 5.60$（万元）

每年税后利润 = $22.39 - 5.60 = 16.79$（万元）

由此，按简化公式计算的该生产线各年的净现金流量为：

$NCF_0 = -100$（万元）

$NCF_1 = 0$（万元）

$NCF_{2\sim10} = 16.79 + 10 = 26.79$（万元）

$NCF_{11} = 16.79 + 10 + 10 = 36.79$（万元）

该项目对应的现金流量表如表7-2所示。

表7-2　　　　　　　　　　　该生产线投资项目现金流量表　　　　　　　　单位：万元

项目	建设期（年）		经营期（年）					合计
	0	1	2	3	...	10	11	
一、现金流入								
1. 营业收入	0	0	80.39	80.39	...	80.39	80.39	803.90
2. 回收固定资产余值	0	0	0	0	...	0	10.00	10.00

续表

项目	建设期（年）		经营期（年）					合计
	0	1	2	3	…	10	11	
现金流入量小计	0	0	80.39	80.39	…	80.39	90.39	813.90
二、现金流出								
1. 建设投资	100.00	0	0	0	…	0	0	100.00
2. 付现成本	0	0	48.00	48.00	…	48.00	48.00	480.00
3. 各项税款	0	0	5.60	5.60	…	5.60	5.60	56.00
现金流出量小计	100.00	0	53.60	53.60	…	53.60	53.60	636.00
三、净现金流量	−100.00	0.00	26.79	26.79	…	26.79	36.79	177.90
四、累计净现金流量	−100.00	−100.00	−73.21	−46.42	…	141.11	177.90	—

【例7-2】固定资产更新改造投资项目的现金流量

某企业打算变卖一套尚可使用5年的旧设备，另购置一套新设备来替换它。取得新设备的投资额为200万元，旧设备的折余价值为100万元，其变价净收入为95万元，新设备的预计可使用寿命为5年，且到第5年年末新设备与继续使用旧设备的预计净残值相等，均为0。新旧设备的替换在当年内完成（即建设期为0）。使用新设备可使企业在第1年增加营业收入50万元，增加经营成本25万元；第2~5年每年增加营业收入60万元，增加经营成本30万元。设备均采用直线法计提折旧。适用的企业所得税税率为25%，假定不考虑附加因素。

要求：按简化公式计算该更新设备项目各年的净现金流量。

解：根据题意，该企业因购置新设备、替换旧设备而发生的净投资额等于新设备的买价扣减旧设备的变价净收入之后的余额。同时，旧设备被提前报废会发生固定资产处置损失，该损失会计入替换完成当期的费用，从而抵减当期利润、少缴企业所得税，进而少支出现金。

由此：

（1）更换新设备比继续使用旧设备增加的投资额＝新设备的投资−旧设备的变价净收入

$$=200-95=105（万元）$$

（2）经营期1~5年每年因更新改造而增加的折旧＝105÷5＝21（万元）

（3）经营期第1年总成本变动额＝该年增加的经营成本＋该年新增的折旧

$$=25+21=46（万元）$$

（4）经营期第2~5年总成本变动额（不包括财务费用）＝30＋21＝51（万元）

（5）因旧设备提前报废发生的处理固定资产净损失

$$=旧固定资产折余价值−变价净收入＝100-95=5（万元）$$

（6）因旧固定资产提前报废发生的净损失而抵减的所得税额＝5×25%＝1.25（万元）

（7）经营期第1年税前利润的变动额＝50−46＝4（万元）

（8）经营期第2~5年税前利润的变动额＝60−51＝9（万元）

按简化公式计算的该设备更新项目的净现金流量为：

$\Delta NCF_0＝−$（该年发生的新固定资产投资−旧固定资产变价净收入）

$$=−（200-95）=−105（万元）$$

$\Delta NCF_1＝$当年因更新改造而增加的息税前利润×（1−所得税税率）＋该年因更新改造而增加的折旧＋因旧固定资产提前报废发生的净损失而抵减的所得税额

$$=4×（1-25\%）+21+1.25=25.25（万元）$$

$\Delta NCF_{2~5}＝$该年因更新改造而增加的息税前利润×（1−所得税税率）＋该年更新改造而增加的折旧

$$=9×（1-25\%）+21=27.75（万元）$$

7.3 货币时间价值

7.3.1 货币时间价值的含义

货币时间价值是资本支出决策中必须考虑的客观经济范畴，它所揭示的是在一定时空下当作资本来使用的货币具有增值性的规律。货币时间价值的含义可以概括为：由于放弃现在使用一定数量货币的机会而得到的按照所放弃时间长短计算的投资报酬，具体就是指货币经历一定时间的投资和再投资后所增加的价值，是扣除风险报酬和通货膨胀之后的真实报酬，其实质是资金周转使用后的增值额。对一定数量的货币而言，周转使用的时间越长，增值额就越大，货币的时间价值就越高。

7.3.2 货币时间价值的相关概念

1. 投资期间

投资期间（n）是从投资开始到结束的时间长度，一般以年为计量单位。当其他条件相同时，投资期间越短，赚取的资本增值额越少。例如，在银行中存入了一笔款项，在银行存款利率稳定的条件下，存期为4年时获得的利息将会比存期为5年时得到的利息少。

2. 利息率

利息率（i）是指投资赚取的年收益额与投资额的比值。

一般来说，银行的计息方式有两种：单利计息和复利计息。单利计息是指只基于本金计算利息，利息不纳入本金作为计息基数；复利是指把赚取的利息计入本金，共同作为新的计息基数计算利息。之所以如此，是因为复利计息方式下是假设赚取的全部利息将重新作为本金进行再投资，从而会与原来的本金一起作为新的本金继续赚取利息。

【例7-3】 某企业打算在年初向银行存入一笔10 000元的本金，年利率为6%，存期为5年。请分别用单利计息方式和复利计息方式计算企业5年后可从银行中一次性提取的全部利息。

解：计算过程如表7-3所示。

表7-3　　　　　　　　　　　　　　复利计息与单利计息比较　　　　　　　　　　　　　单位：元

	单利计息		复利计息	
	计算过程	利息	计算过程	利息
第1年	10 000 × 6%	600	10 000 × 6%	600
第2年	10 000 × 6%	600	（10 000 + 600）× 6%	636
第3年	10 000 × 6%	600	（10 000 + 600 + 636）× 6%	674
第4年	10 000 × 6%	600	（10 000 + 600 + 636 + 674）× 6%	715
第5年	10 000 × 6%	600	（10 000 + 600 + 636 + 674 + 715）× 6%	758
利息合计	—	3 000	—	3 383

可以看出，单利计息方式下，每年的利息额固定不变；复利计息方式下，每年获得的利息都会随着计息基数（截至计息期期初的本利和）的增加而增加。

在长期决策中，为了反映货币不断运动、持续增值的规律，我们必须按复利计息方式计算货币的时间价值。

3. 终值与现值

终值与现值分别代表了某项投资在其计算期内的起点和终点上的价值。现值（present value，P），也称折现值，是指对未来（第n年年末）一定数量的资金（相当于本利和）按照一定的折现率折现到基准年（第0年）的价值，即本金。终值（future value，F），又称将来值，是指现在（第0年）

一定数量的资金（相当于本金）在未来某一时点的价值，即本利和。

终值与现值的关系大致如图 7-2 所示。

终值和现值是时间线上的点

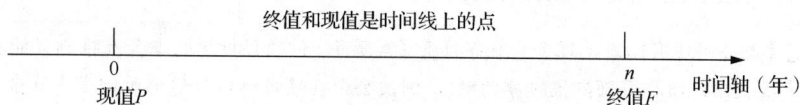

图 7-2 货币时间价值的终值与现值

7.3.3 货币时间价值的计算

1. 一次性收付款项的终值与现值

一次性收付款项是指在某一特定时点上发生的某项一次性付（收）款业务，经过一段时间之后再发生相应的一次性收（付）款业务。例如，在【例7-3】中，存入本金为 10 000 元，年利率为 6%，经过 5 年后一次取出本利和 13 383 元，就属于一次性收付款项。这里若将存款当时的本金称作一次性收付款的现值，即 $P=10\ 000$ 元，则 5 年后的本利和就是一次性收付款项的终值，即 $F=13\ 383$ 元。由此可见，一次性收付款项的终值与现值的唯一区别在于投资期间的利息额 3 383 元。也有人称一次性收付款项的现值和终值为复利现值和复利终值。在考虑时间价值的情况下，同一笔款项的现值与终值在内在价值上是等价的。

（1）一次性收付款项的终值计算

一次性收付款项的终值计算，其实质是指在第 0 年收（付）款本金（P），计算在第 n 年年末付（收）款的本利和（F）。

结合时间轴，其计算的基本原理如图 7-3 所示。

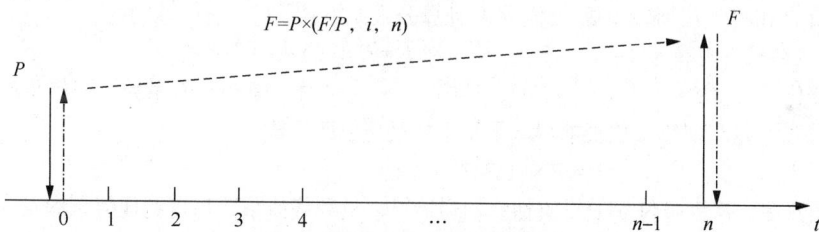

图 7-3 一次性收付款项终值计算示意图[①]

根据已知的现值 P 和利率 i，则 n 期后的终值 F 的计算公式如下：

$$终值 = 现值 \times (1+利率)^{计息期}，即 F = P \times (1+i)^n \tag{7.9}$$

式（7.9）中 $(1+i)^n$ 称为复利终值系数，记作 $(F/P, i, n)$，于是式（7.9）又可以改写成：

$$F = P \times (F/P, i, n) \tag{7.10}$$

复利终值系数可以通过手工或借助电子设备计算，也可通过查阅复利终值系数表直接获取。

【例7-4】沿用【例7-3】的资料，计算第5年年末该存款到期后的本利和。

根据题意，现值 P 为10 000元，利率 i 为6%，期数 n 为5年，则终值 F 的计算过程如下。

通过公式计算。

$F = P \times (1+i)^n = 10\ 000 \times (1+6\%)^5 \approx 13\ 382.26$（元）

利用复利终值系数直接计算。

通过查阅复利终值系数表可知 $(F/P, 6\%, 5)=1.338\ 2$，则

$F = P \times (F/P, i, n) = 10\ 000 \times (F/P, 6\%, 5) = 10\ 000 \times 1.338\ 2 = 13\ 382$（元）

[①] 示意图中箭头向下表示现金投入（流出），箭头向上表示现金收回（流入）。一次性收付款项既可以表示在现值点存入一笔资金，在终值点收回本利和（如实线箭头所示）；也可以表示在现值点借入一笔资金，在终值点归还其本利和（如虚线箭头所示）。但在资本支出决策中，一般是在现值点投入资金，终值点收回资金。

该公司第5年年末存款到期后的本利和为13 382元[1]。由于查表可大大节约计算工作量，因此利用复利终值系数直接计算在实践中更具有普遍性，也更加便捷。

【例7-5】某公司现有10万元现金，准备投资于A项目，该项目投资的本金及报酬只能在5年后项目终结时一次性收回，该公司预期报酬率为8%，则该公司在项目终结时能够收回多少资金？

根据题意，现值P为10万元，利率i为8%，投资期即计息期n为5年，通过查阅复利终值系数表可知（F/P，8%，5）＝1.469 3，则终值F为：

$$F = P \times (F/P, i, n) = 10 \times (F/P, 8\%, 5) = 10 \times 1.469\ 3 = 14.693（万元）$$

所以该公司在项目终结时可以收回14.693万元。

（2）一次性收付款项的现值计算

一次性收付款项的现值计算，其实质是指为得到第n年收（付）款的本利和（F），计算在第0年年初需付（收）款的本金（P）。计算一次性收付款项现值的过程也称为"折现"，此时使用的利率i又称作折现率。

结合时间轴，其计算的基本原理如图7-4所示：

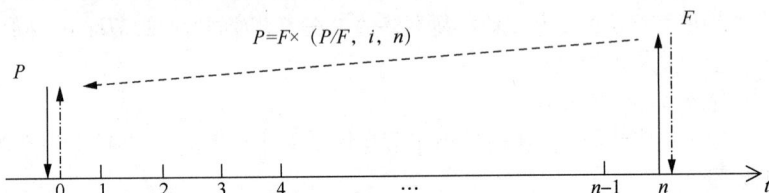

图7-4　一次性收付款项现值计算示意图

已知现值P和利率i，求n期后终值F的计算公式如下：

$$终值 = 现值 \times (1 + 利率)^{计息期}，即\ F = P \times (1 + i)^n \tag{7.11}$$

对上式变化，可得$P = F \times (1 + i)^{-n}$，其中$(1 + i)^{-n}$称为复利现值系数，记作（$P/F$，$i$，$n$），该系数也可通过查复利现值系数表求得。于是上式又可以改写成：

$$P = F \times (P/F, i, n) \tag{7.12}$$

显然，折现是一次性收付款项终值计算的逆运算，复利终值系数与复利现值系数互为倒数。

【例7-6】甲公司准备投资于A项目，并拟在6年后项目终结时一次性收回150 000元。甲公司预期报酬率为8%，则甲公司在项目开始时需投资多少资金？

根据题意，终值F为150 000元，利率i为8%，计息期n为6年，则现值P的计算如下。

通过公式计算：

$$P = F \times (1 + i)^{-n} = 150\ 000 \times (1 + 8\%)^{-6} \approx 94\ 525.44（元）$$

利用复利现值系数直接计算：

通过查阅复利现值系数表可知（P/F，8%，6）＝0.630 2，则

$$P = F \times (P/F, i, n) = 150\ 000 \times (P/F, 8\%, 6) = 150\ 000 \times 0.630\ 2 = 94\ 530（元）$$

因此，甲公司在项目开始时需要投资94 530元。

2. 系列收付款项的终值与现值

系列收付款项，是指在n期内多次发生收（付）款业务，形成多个时点收（付）款的数列。目前很多银行开展的整存零取和零存整取业务都属于系列收付款项。系列收付款项不仅在现值时点和终值时点涉及现金收（付）业务，在计算期内也涉及多次现金的收（付）业务。

---

[1] 用不同方法计算的结果的微小差异是系数表保留位数有限所引起的。之后的例题采用不同方法计算的差异也均由此原因导致，不再赘述。

（1）系列收付款项的终值计算

系列收付款项的终值计算实质上就是将多个时点产生的资金数列逐一换算成未来某一时点的终值，然后再加总求和的过程。例如，在 n 年内，已知企业每年往银行存款 R_t（$t=1$，2，3，$\cdots$，n）元，则第 n 年年末一次取出的本利和一共是多少？又如，在资本支出决策中，假设在未来的 n 年内，企业每年年末需要向一个项目投入 R_t（$t=1$，2，3，$\cdots$，n）元的资金，则在第 n 年年末至少需要从项目中收回多少资金，才值得企业投资该项目？这些问题都属于求系列收付款项的终值的问题。

当系列收（付）款额为 R_1、R_2、R_3、$\cdots$、R_n（$R_t \geq 0$），与之相应的终值分别为 F_1、F_2、F_3、$\cdots$、F_n 时，结合时间轴，其计算的基本原理如图 7-5 所示。

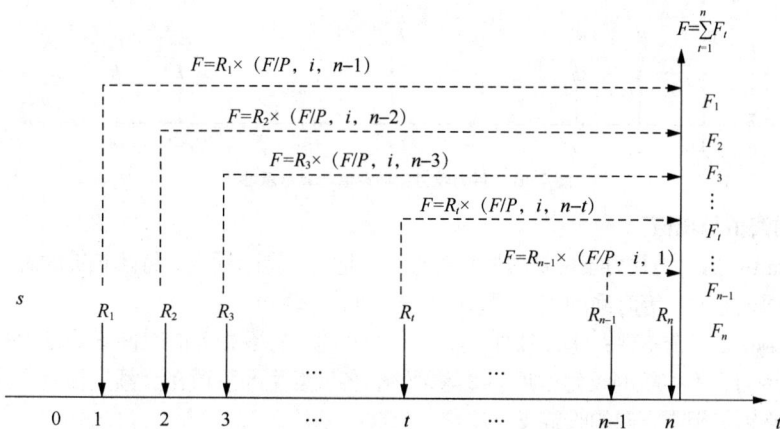

图 7-5 系列收付款项终值计算示意图[①]

该系列收付款项的终值 F 的计算公式为：

$$
\begin{aligned}
F &= \sum_{t=1}^{n} F_t \\
&= F_1 + F_2 + F_3 + \cdots + F_n \\
&= R_1 \times (F/P, i, n-1) + R_2 \times (F/P, i, n-2) + R_3 \times (F/P, i, n-3) + \cdots + R_n \times (F/P, i, 0) \\
&= \sum_{t=1}^{n} \left[R_t \times (F/P, i, n-t) \right]
\end{aligned}
\tag{7.13}
$$

（2）系列收付款项的现值计算

系列收付款项的现值计算实质上就是分别将多个时点的一次性款项的终值（当时值）折算成现在这一时点的现值，然后再加总求和的过程。例如，企业在 n 年内每年年末从银行提取一定数额的资金 R_t（$t=1$，2，$\cdots$，n）元，第 n 年年末取完，问事先应一次性存入银行多少钱？又如，现有一个项目，假如在未来的 n 年内，企业每年年末都会从中收回 R_t（$t=1$，2，3，$\cdots$，n）元的资金，则企业现在需要向该项目投入多少资金？这些问题都属于求系列收付款项现值的问题。

当系列收（付）款额为 R_1、R_2、R_3、$\cdots$、R_n（$R_t \geq 0$），它们相应的现值分别为 P_1、P_2、P_3、$\cdots$、P_n 时，结合时间轴，其计算的基本原理如图 7-6 所示。

该系列收付款项的现值 P 的计算公式为：

$$
\begin{aligned}
P &= \sum_{t=1}^{n} P_t \\
&= P_1 + P_2 + P_3 + \cdots + P_n \\
&= R_1 \times (P/F, i, 1) + R_2 \times (P/F, i, 2) + R_3 \times (P/F, i, 3) + \cdots + R_n \times (P/F, i, n) \\
&= \sum_{t=1}^{n} \left[R_t \times (P/F, i, t) \right]
\end{aligned}
\tag{7.14}
$$

---

① 计算系列收付款项终值时，系列款项可以是系列付款也可以是系列收款，均不影响终值的价值。此后的示意图不再赘述。

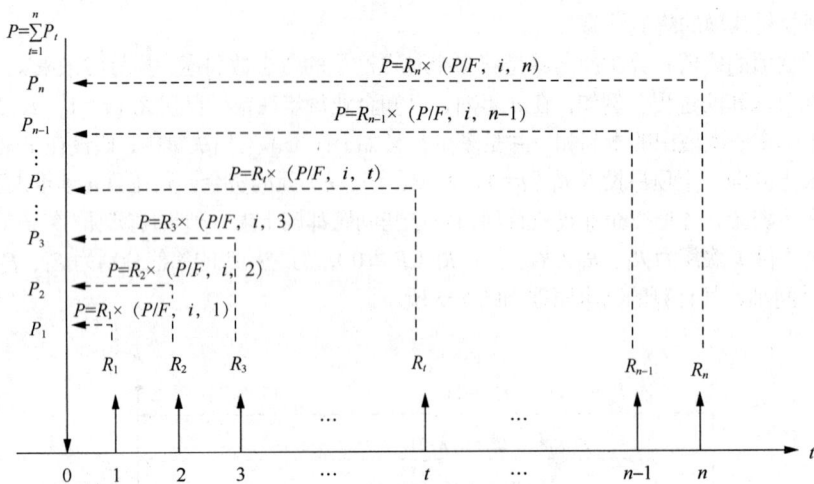

图7-6　系列收付款项现值计算示意图

3. 年金的终值与现值

年金（annuity，A）是系列收付款项的特殊形式，是指一定时期内，每隔相等的时间收入或支出相等金额的款项。等额、等时间间隔、同方向是年金的典型特征。

年金一般应满足三个条件：①连续性。在一定期间内，每隔相等的时间必会发生一次收（付）款业务，形成系列、不中断的收付款项。②等额性。各期发生的款项在金额上相等。③同向性。各期发生的款项必须是相同方向的收或支。

许多经济活动，如分期等额形成的各种偿债基金，按直线法提取的折旧费，按期、等额支付的保险金、租金，等额本息还款，定期等额回收的投资额等，都属于年金的范畴。按照收款或付款具体特点的不同，年金又可分为普通年金、预付年金、递延年金和永续年金等四种。其中，普通年金应用最为广泛，其他几种年金可在普通年金的基础上推算出来。

（1）普通年金终值的计算

普通年金是指在每期期末发生的收或付的等额款项，又叫后付年金，通常用 A 表示。[①]普通年金的终值简称普通年金终值，可用 F_A 表示。在已知 n 内每期期末均收或付相等的款项，即存在普通年金 A，利率为 i 时，将每期期末的 A 分别换算成第 n 期期末的终值，然后加总求和，即为普通年金的终值 F_A。结合时间轴，普通年金终值 F_A 计算的基本原理如图7-7所示。

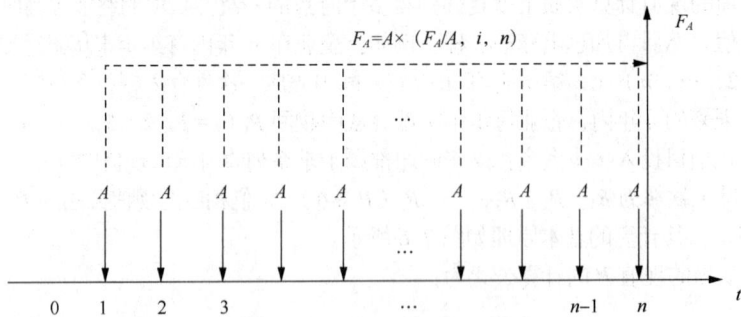

图7-7　普通年金终值计算示意图

作为特殊形式的系列收付款项的终值，普通年金终值 F_A 的计算公式为：

$$F_A = A \times (1+i)^{n-1} + A \times (1+i)^{n-2} + A \times (1+i)^{n-3} + \cdots + A \times (1+i)^1 + A \times (1+i)^0$$

$$= A \times \frac{(1+i)^n - 1}{i}$$

（7.15）

---

① 在本书中，以后凡涉及年金问题，如无特殊说明均指普通年金。

其中，$\dfrac{(1+i)^n-1}{i}$ 称为普通年金终值系数，又称一元年金终值，记作 $(F_A/A,\ i,\ n)$，相应地，上式又可以改写为：

$$F_A = A \times (F_A/A,\ i,\ n) \tag{7.16}$$

普通年金终值系数也可以通过查阅普通年金终值系数表来取得。

需要注意的是，普通年金终值与复利终值都是按照复利计息方式计算得到的本利和，不同的是，前者是根据每次收（付）的金额均为 A 的系列收付款项计算得出的本利和，而后者则是根据现值为 P 的一次性款项计算得出的本利和。

【例7-7】 某企业连续8年于每年年末存款10 000元，年利率为6%，计算该企业第8年年末可从银行中一次性取出的本利和。

根据题意，年金 A 为10 000元，利率 i 为6%，期数 n 为8年，则 F_A 的计算如下。

通过公式计算：

$$F_A = A \times \frac{(1+i)^n-1}{i} = 10\,000 \times \frac{(1+6\%)^8-1}{6\%} \approx 98\,974.68\ （元）$$

利用普通年金终值系数直接计算：

通过查阅 $n=8$、$i=6\%$ 的普通年金终值系数表可知 $(F_A/A,\ 6\%,\ 8)=9.897\,5$，则

$$F_A = A \times (F_A/A,\ i,\ n) = 10\,000 \times (F_A/A,\ 6\%,\ 8) = 10\,000 \times 9.897\,5 = 98\,975\ （元）$$

所以，该企业第8年年末可从银行中一次性取出的本利和为98 975元。

（2）普通年金现值的计算

普通年金现值，简称年金现值，它是等额系列收付款现值的简化形式，用 P_A 表示。已知普通年金为 A，期数为 n，利率为 i，将每一次收（付）的 A 分别折算成第 1 期期初的现值并加总求和，即为普通年金的现值 P_A。结合时间轴，其计算的基本原理如图 7-8 所示。

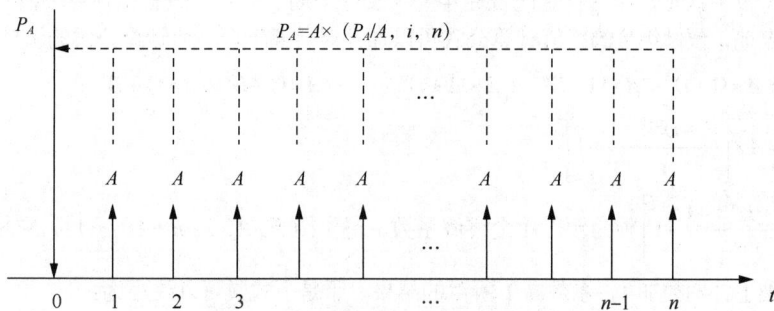

图 7-8　普通年金现值计算示意图

普通年金现值是 P_A 特殊的系列收付款项的现值，其计算公式为：

$$P_A = A \times (1+i)^{-1} + A \times (1+i)^{-2} + A \times (1+i)^{-3} + \cdots + A \times (1+i)^{-(n-1)} + A \times (1+i)^{-n}$$

$$= A \times \frac{1-(1+i)^{-n}}{i} \tag{7.17}$$

其中，$\dfrac{1-(1+i)^{-n}}{i}$ 称为普通年金现值系数，记作 $(P_A/A,\ i,\ n)$，于是上式又可以改写为：

$$P_A = A \times (P_A/A,\ i,\ n) \tag{7.18}$$

普通年金现值系数可以通过查阅普通年金现值系数表来得出。

【例7-8】 某企业打算连续8年在每年年末取出存款10 000元，年利率为6%，计算此种情况下该企业应在第1年年初存入多少资金。

根据题意，年金 A 为10 000元，利率 i 为6%，期数 n 为8年，则现值 P_A 的计算如下。

通过公式计算：

$$P_A = A \times \frac{1-(1+i)^{-n}}{i} = 10\,000 \times \frac{1-(1+6\%)^{-8}}{6\%} \approx 62\,097.94（元）$$

利用普通年金现值系数直接计算：

通过查阅普通年金现值系数表可知 $(P_A/A，6\%，8) = 6.209\,8$，则

$$P_A = A \times (P_A/A，i，n) = 10\,000 \times (P_A/A，6\%，8) = 10\,000 \times 6.209\,8 = 62\,098（元）$$

所以，该企业应在第1年年初存入资金62 098元。

4. 其他种类年金的计算

（1）预付年金的终值与现值的计算

预付年金又称先付年金或即付年金，是指从第一期起，每期期初发生的等额系列收（付）款项，它与普通年金的区别在于每次收（付）款的时点不同，如图7-9所示。

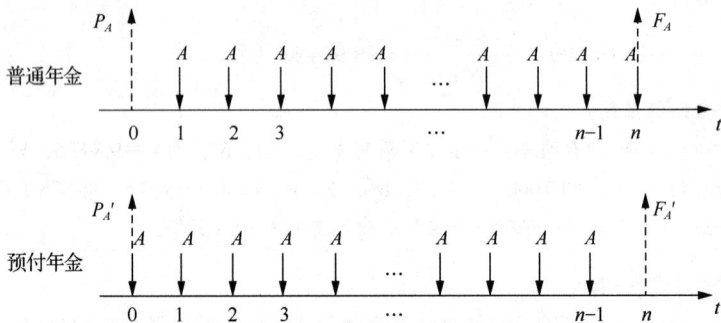

图7-9 普通年金和预付年金对比示意图

由图7-9可知，投资期均为 n 期的预付年金与普通年金相比，它们收（付）款的次数是相同的，但由于每次收（付）款时，预付年金比普通年金早发生一期，前者比后者在计算终值时应多计算一期的利息。相应地，预付年金的终值计算公式可以通过对普通年金终值计算公式的调整得到。即：

$$F_A' = A \times (1+i)^n + A \times (1+i)^{n-1} + A \times (1+i)^{n-2} + \cdots + A \times (1+i)^2 + A \times (1+i)^1$$

$$= A \times \left[\frac{(1+i)^{n+1}-1}{i} - 1 \right] \tag{7.19}$$

其中，$\left[\frac{(1+i)^{n+1}-1}{i} - 1 \right]$ 称为预付年金终值系数，记作 $[(F_A/A，i，n+1)-1]$，它是在普通年金终值系数的基础上，期数加1，系数减1所得的结果。于是上式又可以改写为：

$$F_A' = A \times [(F_A/A，i，n+1)-1]$$

【例7-9】某企业连续8年每年存款10 000元，但将存款时间从每年年末改为每年年初，年利率为6%。计算该企业第8年年末一次性从银行取出的本利和。

根据题意，预付年金 A 为10 000元，利率 i 为6%，期数 n 为8年，通过查阅普通年金终值系数表可知

$(F_A/A，6\%，9) = 11.491\,3$，则预付年金终值 F_A' 为：

$$F_A' = A \times [(F_A/A，i，n+1)-1] = 10\,000 \times [(F_A/A，6\%，8+1)-1]$$

$$= 10\,000 \times (11.491\,3 - 1) = 104\,913（元）$$

因此，该企业第8年年末可一次性从银行取出的本利和为104 913元。

当然，如果不查普通年金终值系数表而是手工计算预付年金终值系数，也能得出相同的结果，只是计算过程比较烦琐。

与计算终值的原理相似，由图7-9可见，在计算预付年金的现值P_A'时，同期发生的预付年金会比普通年金少折现一期。因此，预付年金现值P_A'也可以根据普通年金现值P_A的相应公式调整得到。即：

$$P_A' = A \times (1+i)^0 + A \times (1+i)^{-1} + A \times (1+i)^{-2} + \cdots + A \times (1+i)^{-(n-2)} + A \times (1+i)^{-(n-1)}$$

$$= A \times \left[\frac{1-(1+i)^{-(n-1)}}{i} + 1 \right] \tag{7.20}$$

其中，$\left[\dfrac{1-(1+i)^{-(n-1)}}{i} + 1 \right]$称为预付年金现值系数，记作$[(P_A/A, i, n-1)+1]$，它是在普通年金现值系数的基础上，期数减1，系数加1所得的结果。于是上式又可以改写为：

$$P_A' = A \times [(P_A/A, i, n-1)+1] \tag{7.21}$$

【例7-10】同【例7-8】，某企业仍打算连续8年在每年取出存款10 000元，但将取款时间改为每年年初，年利率为6%，计算在这种情况下该企业应在第1年年初存入多少金额。

根据题意，预付年金A为10 000元，利率i为6%，期数n为8年，通过查阅普通年金现值系数表可知$(P_A/A, 6\%, 7) = 5.582\,4$，则预付年金现值$P_A'$为：

$$P_A' = A \times [(P_A/A, i, n-1)+1] = 10\,000 \times [(P/A, 6\%, 8-1)+1]$$

$$= 10\,000 \times (5.582\,4+1) = 65\,824（元）$$

所以该企业应在第1年年初存入的金额为65 824元。

通过比较【例7-7】至【例7-10】，我们会发现，对于同样是年利率i为6%、期数n为8，金额为10 000元的年金A，因为每次收款或付款发生的时点不同，就产生了金额不等的终值与现值，具体比较如表7-4所示。

表7-4　　　　　　　　　　　　　　　终值与现值的比较

已知条件：$A = 10\,000$，$n=8$，$i=6\%$

每期年金发生的时点	年金种类	现值（元）	终值（元）
年末	普通年金	$P_A = 62\,098$【例7-8】	$F_A = 98\,975$【例7-7】
年初	预付年金	$P_A' = 65\,824$【例7-10】	$F_A' = 104\,913$【例7-9】

由表7-4可知，在年金的数额相等、期数和年利率相同的情况下，预付年金的现值与终值均大于普通年金的现值与终值，因此，企业在进行资本支出决策时，需要注意安排每年资金收付的时点，以实现投资项目收益的最大化。

（2）递延年金终值与现值的计算

递延年金是指从起点开始经过m期（$m=1, 2, \cdots, n$）后才发生的系列等额款项收或付的一种年金形式。这里的m期被称为递延期。也就是说，凡不是从第一年开始收或付的年金都属于递延年金。

作为一种特殊的年金形式，递延年金与普通年金的区别如图7-10所示。

由图7-10可知，递延年金与普通年金相比，尽管期限一样，都是n期，但普通年金在n期内，每个期末都要发生等额款项的收（付），而递延年金在n期内，前m期无收（付）行为发生，称为递延期，只在后$(n-m)$期内才会发生等额收（付）款。

递延年金终值的计算相对简单，因为递延年金终值的大小只与收（付）款的期间有关，而与递延期无关。年金递延了m期后才发生，第一次收付款项发生在第$m+1$期期末，最后一次收付款项发生在第n期，此时只需要将其看成一个$n-m$期的普通年金求终值即可。其计算公式为：

$$F_A'' = A \times (F_A/A, i, n-m) \tag{7.22}$$

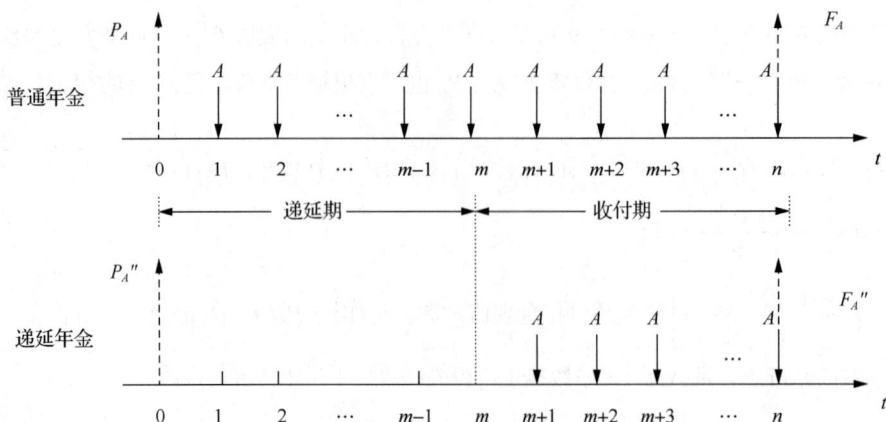

图 7-10　递延年金与普通年金对比示意图

递延年金现值的计算相对复杂，因为递延年金的现值大小不仅与收付期有关，也与递延期有关。实务中，递延年金现值的计算方法有三种。

方法一：把递延年金视为期数为 $n-m$ 的普通年金，先求出折现到递延期期末的现值，再将此现值按照一次性收付款项的折现方法折现到第一期期初。其计算公式为：

$$P_A'' = A \times (P/A, \ i, \ n-m) \times (P/F, \ i, \ m) \tag{7.23}$$

方法二：先计算期数为 n 期的普通年金的现值，再扣除实际并未发生的递延期（m 期）内普通年金的现值。其计算公式为：

$$P_A'' = \left[A \times (P_A/A, \ i, \ n) - (P_A/A, \ i, \ m) \right] \tag{7.24}$$

方法三：先计算期数为 $n-m$ 的递延年金的终值，再将此终值按照一次性收付款项的计算公式折现到第一年年初。其计算公式为：

$$P_A'' = A \times (F_A/A, \ i, \ n-m) \times (P/F, \ i, \ n) \tag{7.25}$$

【例7-11】某企业于年初投资一固定资产项目，预计从第3年开始至第8年，每年年末可获得投资收益100 000元，年利率为8%。计算该固定资产投资项目收益的现值。

根据题意，递延年金A为100 000元，年利率i为8%，总期数n为8年，递延期m为2年，实际发生期（$n-m$）为6年，分别根据三种方法计算的现值如下。

方法一：$P_A'' = 100\ 000 \times (P_A/A, 8\%, 6) \times (P/F, 8\%, 2)$
$= 100\ 000 \times 4.622\ 9 \times 0.857\ 3 = 396\ 321.22$（元）

方法二：$P_A'' = 100\ 000 \times \left[(P_A/A, 8\%, 8) - (P_A/A, 8\%, 2) \right]$
$= 100\ 000 \times (5.746\ 6 - 1.783\ 3) \approx 396\ 321.22$（元）

方法三：$P_A'' = 100\ 000 \times (F_A/A, 8\%, 6) \times (P/F, 8\%, 8)$
$= 100\ 000 \times 7.335\ 9 \times 0.540\ 3 \approx 396\ 321.22$（元）

因此，该固定资产投资项目年收益的现值约为396 321.22元。

（3）永续年金现值的计算

永续年金是指可以无限期继续下去的等额款项的收付，也是一类特殊形式的年金。在经济生活中，并不存在可以无限期持续的年金，但可将持续期较长的等额款项的收付，如优先股股利等，视同永续年金。

假设永续年金没有终止的时间，因此其不存在终值问题，而只能计算其现值。永续年金的现值计算公式可由普通年金的现值公式推导得出：

$$P_A = A \times \frac{1-(1+i)^{-n}}{i} \qquad\qquad (7.26)$$

当 $n \to \infty$ 时，$(1+i)^{-n} \to 0$，因此，永续年金现值的计算公式为：

$$P_A^* = \frac{A}{i} \qquad\qquad (7.27)$$

【例7-12】某大学打算利用校友的捐款建立一个永久性教育基金，基金建立后存入银行，然后本金不动且买入年利率为5%的长期国债，每年年底的利息10万元提取出来作为支付给学生的奖学金。请问：该大学需要一次性在银行中存入多少资金才能保证每年10万元的奖学金的支付？

解：依据题意，每年年底支付给学生的奖学金10万元可视为永续年金 A，年利率为5%，则需要一次性存入银行的资金即为该永续年金的现值，其计算如下：

$$P_A^* = \frac{A}{i} = 10 \div 5\% = 200 \text{（万元）}$$

因此，该大学需要一次性存入的资金为200万元。

7.4 长期投资决策评价指标与应用

长期投资决策是指对长期投资项目的备选方案进行比较、分析、判断、评价，进而做出是否投资、投资于哪一个或哪几个项目更好的选择，即从若干长期投资项目的备选方案中选择最优方案或最优组合方案的过程。在决策过程中，企业首先需要根据投资项目在未来的现金流入、流出以及净流动情况，测算出与该项目有关的决策评价指标值，然后与既定的评价标准相比较，以确定某一个投资项目是否具有财务可行性，或多个投资方案中哪一个项目最具财务可行性，又或者在多个投资方案中哪几个项目组合在一起是最优的组合。

长期投资决策评价指标是评价投资项目优劣的标准和量度，也是做出是否投资某项目的依据。按照是否考虑货币时间价值，长期投资决策评价指标可细分为静态评价指标和动态评价指标两大类。静态评价指标是在计算时不需要考虑货币时间价值的指标，也称为非贴现指标，如静态投资回收期、投资利润率等；动态评价指标是在计算时需要考虑货币时间价值、进行折算的指标，也称为贴现指标，常见的有动态投资回收期、净现值、获利指数、内部报酬率等。

7.4.1 静态评价指标

1. 静态投资回收期

（1）静态投资回收期的含义

静态投资回收期（payback period，PP）是指以投资项目投产后的经营净现金流量抵偿原始总投资所需要的全部时间，通常以年来表示。静态投资回收期指标衡量了在不考虑货币时间价值时，投资者能够收回原始投资的速度。在其他条件不变的情况下，静态投资回收期越短，投资者收回原始投资的速度就越快，项目的吸引力也越大。

按照包括与不包括建设期的不同，静态投资回收期又分为包括建设期的静态投资回收期（PP）和不包括建设期的静态投资回收期（PP'）。其中，包括建设期的静态投资回收期就是截至该时点的投资项目累计净现金流量为零的时间，即：$\sum_{t=0}^{PP} NCF_t = 0$ 中的时间 PP。进一步说，自项目投资建设开始至 PP 这一时点为止，累计经营净现金流量恰好等于原始投资额。在包括建设期的静态投资回收期（PP）基础上扣减建设期（s），即可得到不包括建设期（s）的静态投资回收期（PP'），即 $PP' = PP - s$。相应地，如果先计算得出不包括建设期的静态投资回收期 PP'，也可计算得出 PP，此时 $PP = PP' + s$。

（2）静态投资回收期的计算

在实务中，静态投资回收期的计算方法因项目每年经营净现金流量的特点不同而有所区别，具体可分为公式法和列表法两种。

第一种方法：公式法

当投资项目满足一定条件时，可使用公式先计算得到投资项目的不包括建设期的静态投资回收期 PP'，进而调整得到包括建设期的静态投资回收期 PP。这一条件就是：自投产开始至第 m 年，投资项目每年的经营净现金流量均相等，且在此期间的累计现金流量大于或等于原始投资额。此时，可利用公式计算得到不包括建设期的静态投资回收期 PP'，进而调整得到包括建设期的静态投资回收期 PP。此种用于确定静态投资回收期的方法就是公式法。

在公式法下，不包括建设期的静态投资回收期 $PP' = \dfrac{原始总投资}{投产后每年都相等的经营净现金流量}$ （7.28）

包括建设期的静态投资回收期 $PP = PP' + s$ （7.29）

【例7-13】 X公司正在考虑以24万元投资一项A固定资产项目，用于公司车间生产设备的改造升级。A固定资产购入后可尽快投入使用，预计可使用6年，期末无残值。在该固定资产使用期间，公司每年会因为使用该固定资产而节省2万元的原材料成本和工资薪酬费用。求A固定资产项目的静态投资回收期。

根据题意：净现金流量是同期的现金流入量扣减现金流出量之后的余额。本例中，费用的节约相当于现金流入。

该固定资产每年的折旧 $= 24 \div 6 = 4$（万元）

投产后每年的净现金流量 $NCF_{1\sim6} = 4 + 2 = 6$（万元）

$6 \times 6 = 36 > 24$

A项目的不包括建设期的静态投资回收期为：

$$PP' = \frac{24}{6} = 4 \text{（年）}$$

在此基础上，包括建设期的静态投资回收期 $PP = 4 + 0 = 4$（年）

表7-5也验证了X公司将在生产经营期的第4年收回对A固定资产24万元的投资。此时，累计净现金流量为0，累计净现金流量（6+6+6+6）恰好可以抵偿原始投资额24万元，即公司可以收回全部原始投资额。

表7-5   A项目累计净现金流量计算表   单位：万元

年度	0	1	2	3	4	5	6
净现金流量	−24	6	6	6	6	6	6
累计净现金流量	−24	−18	−12	−6	0	6	12

第二种方法：列表法

如果项目投产后每年的净现金流量均不相等，或者虽然投产后前 m 年的净现金流量均相等，但其合计数小于原始投资额，则不能使用公式法，而应转而使用列表法。列表法就是通过编制投资项目各年的累计现金流量表，直接读出或计算出项目包括建设期的静态投资回收期 PP，进而调整得到不包括建设期的静态投资回收期 PP'。

具体来说，根据静态投资回收期的定义，如果在项目的累计净现金流量计算表中能够直接找到一个金额为0累计净现金流量，则其对应的期间即为包括建设期的静态投资回收期 PP；如果找不到一个恰好为0的累计净现金流量，则可以找到累计净现金流量为负的最后一年的年数及其对应的累计净现金流量、其下一年的净现金流量，进而利用下面的公式计算得到 PP：

$$PP = 累计净现金流量最后一次出现负值的年份 + \frac{|该年的累计净现金流量|}{下一年的净现金流量} \qquad (7.30)$$

【例7-14】 假设X公司还在考虑以24万元投资另一名为C的固定资产项目，建设期为1年，经营期为5年。C固定资产项目投产后每年的净现金流量均不相等。其中，投产后第1年为10万元，第2年至第5年分别为7万元、5万元、4万元和3万元。求C固定资产项目的静态投资回收期。

分析：根据已知信息，需首先编制该项目的累计净现金流量计算表，进而确定或计算得到静态投资回收期。C固定资产项目的累计净现金流量计算表如表7-6所示。

表7-6　　　　　　　　　　　C 固定资产项目的累计净现金流量计算表　　　　　　　　单位：万元

年度	0	1	2	3	4	5	6
净现金流量	−24	0	10	7	5	4	3
累计净现金流量	−24	−24	−14	−7	−2	2	5

在表7-6中，没有一期的累计净现金流量恰好为0。因此，需利用公式计算得出包括建设期的静态投资回收期PP。

此时，$PP = 4 + \dfrac{|-2|}{4} = 4.5$（年）

相应地，不包括建设期的静态投资回收期$PP' = 4.5 - 1 = 3.5$（年）

（3）静态投资回收期的决策标准

运用静态投资回收期进行单一方案的投资决策时，应当将投资方案的投资回收期与行业或部门的基准投资回收期进行比较。一般认为，当投资回收期小于行业或部门的基准投资回收期时，该投资方案才可以被接受。

（4）静态投资回收期的优缺点

静态投资回收期的优点在于计算简便，容易理解，关注企业原始投资被偿还的时间，而且回收期常被视为能够区别各投资方案风险大小的指标。因此，其被广泛应用于小额资本支出决策以及技术更新较快的高新技术企业的投资决策。

但是，静态投资回收期也存在不足。一是静态投资回收期没有考虑货币时间价值。按照货币时间价值原理，发生在回收期内不同年份的净现金流量的价值是不相同的。静态投资回收期在计算过程中，对不同时点产生的净现金流量未作区分，自然也就忽视了货币时间价值的客观存在；二是静态投资回收期没有考虑投资方案在回收期以后产生的净现金流量的影响，而更多考察的是投资项目的风险性，而不是盈利性。也正因为如此，管理层往往不会将静态投资回收期作为唯一的投资决策指标，而是将该指标作为投资决策的次要指标加以参考和使用。

2．投资利润率

投资利润率（return on investment，ROI）又称为投资报酬率，是指项目达到设计生产能力后一个正常经营年度的年利润与项目投资总额的比率。当经营期各年的利润总额不完全相同时，可先计算经营期各年的年平均利润额，进而计算其与项目投资总额之间的比值。

投资利润率实际上是基于权责发生制计算得出的数据，用于衡量投资项目在其可使用期间的盈利性，在计算时主要关注资产带来的经营收益，而不是净现金流入。

（1）投资利润率的计算

投资利润率的计算公式如下：

$$投资利润率 = \frac{年利润或年平均利润}{投资总额} \times 100\% \qquad (7.31)$$

【例7-15】 X公司拟投资A项目，原始投资额为1 900万元，建设期为1年，建设期内发生资本化利息100万元。进入生产经营期后，各年的净利润均为400万元。求A项目的投资报酬率。

分析：根据已知信息，

A项目的投资总额 = 原始投资额 + 建设期内的资本化利息 = 1 900 + 100 = 2 000（万元）

则A项目的投资报酬率（ROI）= $\dfrac{400}{2\ 000} \times 100\% = 20\%$

【例7-16】 仍以**【例7-15】**中的X公司为例。X公司现有一投资项目B，投资总额为1 500万元。进入生产经营期后，各年的净利润如表7-7所示。求项目B的投资报酬率。

表7-7　　　　　　　　　　　　　投资项目B各年净利润表　　　　　　　　　　　单位：万元

经营期	第1年	第2年	第3年	第4年
净利润	800	400	700	500

分析：根据已知信息，

项目B的年平均净利润 =（800 + 400 + 700 + 500）÷ 4 = 600（万元）

因此，项目B的投资报酬率（ROI）= = $\dfrac{600}{1\ 500} \times 100\% = 40\%$

（2）投资报酬率的决策规则

当采用投资报酬率指标进行长期投资决策时，一般认为，当项目的投资报酬率大于或等于无风险收益率时，该投资项目具备财务可行性，可以进行投资。

当在多个投资项目中进行最优项目的选择决策时，各备选项目应首先具备财务可行性，即项目的投资报酬率应大于或等于无风险收益率。其中投资报酬率最大的项目为最优的选择。

（3）投资报酬率的优缺点

投资报酬率的优点在于计算简单、易于掌握，与静态投资回收期相比，也注意到了回收期后的净收益的变化情况，衡量了整个经营期间的收益性。该指标不受建设期的长短、投资时间和方式、有无回收额以及净现金流量的大小、时间的影响，能够说明投资方案的投资水平。

但是投资报酬率也存在如下缺点。第一，投资报酬率没有考虑货币时间价值因素；第二，投资收益中没有包括折旧，没有完整反映现金流入量与流出量。因此，投资报酬率指标多用于投资项目的初选，或者投资后项目间经济效益的比较。

7.4.2　动态评价指标

动态评价指标是考虑了货币时间价值后计算出的指标，如动态投资回收期、净现值、获利指数、内部报酬率等。这些指标基于复利计息制度考虑货币时间价值，也就是假设企业会将从项目中收到的现金流量进行再投资。一般而言，资本投资的现金流出通常发生在初始投资的起点，但项目产生的现金流入往往发生在未来，因此，只有将不同时点的现金流基于货币时间价值折算为同一时点上的数值才能进行更有效的比较。

1. 动态投资回收期

动态投资回收期（dynamic payback period，PP''），又称为折现投资回收期，是指按资本成本（或设定折现率）计算的折现经营净现金流量补偿原始投资现值所需要的全部时间，也是考虑了货币时间价值的原始投资额的返本年限。

（1）动态投资回收期计算

根据动态投资回收期的定义，动态投资回收期的计算方法就是计算从项目投资建设开始，用投产后产生的各年折现后经营净现金流量弥补原始投资额现值所需要的时间。其计算方法如下：

$$\sum_{t=0}^{PP''} NCF_t \ (P/F, \ i, \ t) = 0 \qquad (7.32)$$

式中，PP'' 为动态投资回收期；

t 为年份；

NCF_t 为第 t 年的净现金流量；

$(P/F, \ i, \ t)$ 为第 t 年、折现率为 i 的复利现值系数。

如果根据上述公式，不能直接计算出使上述公式为零的符合条件的动态投资回收期，可以按照下述公式进一步计算得到动态投资回收期 PP''：

$$动态投资回收期 = 累计折现后净现金流量最后一次为负值的年份 + \frac{|当年累计折现后净现金流量|}{下年折现后净现金流量} \qquad (7.33)$$

【例7-17】已知X公司的A项目的各年净现金流量如表7-8所示，假定X公司对A项目所要求的投资报酬率为10%。要求：计算A项目的动态投资回收期（保留3位小数）。

表7-8　　　　　　　　　　　　A项目各年的净现金流量表　　　　　　　　　　　单位：万元

年度	0	1	2	3	4
NCF	−1 700	700	400	600	800

分析：根据表7-8编制A项目的累计折现后净现金流量计算表，具体如表7-9所示。

表7-9　　　　　　　　　　　A项目累计折现后净现金流量计算表　　　　　　　　单位：万元

年度	0	1	2	3	4
NCF	−1 700	700	400	600	800
复利现值系数（10%）	1	0.909	0.826	0.751	0.683
折现后净现金流量	−1 700	636.3	330.4	450.6	546.4
累计折现净现金流量	−1 700	−1 063.7	−733.3	−282.7	263.7

则动态投资回收期 $PP'' = 3 + \dfrac{|-282.7|}{546.4} = 3 + 0.52 = 3.52$（年）

（2）动态投资回收期的决策规则

采用动态投资回收期指标进行长期投资决策时，决策规则为：运用动态投资回收期进行互斥方案选择的投资决策时，应优先选择投资回收期短的方案。运用动态投资回收期进行独立方案的投资决策时，一般认为，如果投资方案的动态投资回收期小于或等于预期投资回收期，则接受该投资方案。

（3）动态投资回收期的优缺点

动态投资回收期考虑了货币时间价值，因此在实务上要优于静态投资回收期。但是动态投资回收期也存在不足：其计算相对复杂，而且仍然无法揭示回收期满之后的净现金流量变动对企业的影响。因此，动态投资回收期只适用于对项目财务可行性的初步判断。

2. 净现值

净现值（net present value，NPV）是指在项目计算期内，按照行业基准折现率或其他设定的折现率计算的各年净现金流量折现值的代数和，也是项目投产后各年净现金流入量的折现值扣减建设期内各年现金流出量折现值后的余额。净现值为正，表明该项目的实际投资报酬率高于所要求的投资报酬率，能够为企业创造价值；净现值为负，则表明该项目的实际投资报酬率低于所要求的投资报酬率，会损害企业价值。

（1）净现值的计算

根据净现值的定义，可以通过将项目在其计算期（n）内各年的净现金流量（NCF_t）按照行业基准折现率或其他设定的折现率（i）折现，然后加总求代数和，计算得到净现值。其具体计算公式如下：

$$NPV = \sum_{t=0}^{n} \frac{NCF_t}{(1+i)^t} \quad\quad (7.34)$$

当建设期 $s=0$，原始投资额（用 I_0 表示）在建设起点一次性投入时，NPV 的计算公式可相应调整为：

$$NPV = \sum_{t=1}^{n} \frac{NCF_t}{(1+i)^t} - I_0 \quad\quad (7.35)$$

在此基础上，如果投资项目投产后各年的净现金流量均相等（用 NCF 表示），则 NPV 的计算可借助年金现值的相关计算公式予以简化。此时，

$$NPV = NCF \times (P_A/A, i, n) - I_0 \quad\quad (7.36)$$

【例7-18】X公司拟投资建设两条新能源汽车生产线，每条生产线均需投入1 000 000元，且两条生产线所需设备购入后均无建设期，使用期限均为5年，使用到期后无残值。公司要求的投资报酬率为14%。两条生产线投产后各年净现金流量如表7-10所示。

要求：分别求出两条生产线的净现值，并判断两条生产线是否具有投资价值。

表7-10　　　　　　　　　　　　投产后各年净现金流量　　　　　　　　　　　　单位：元

年	年净现金流量	
	A生产线	B生产线
1	305 450	500 000
2	305 450	350 000
3	305 450	300 000
4	305 450	250 000
5	305 450	40 000
合计	1 527 250	1 440 000

解：根据表7-10，在不考虑货币时间价值的情况下，A生产线能够产生更多的净现金流入，但B生产线产生现金的速度更快，二者各有优势。为进一步确定哪一条生产线更具投资价值，我们需要分别计算这两条生产线的净现值。

对于A生产线，投产后各年的净现金流量均相等，从而形成一个金额为305 450元的普通年金。通过查阅普通年金现值系数表可知，当 $i=14\%$、$n=5$ 时，年金现值系数（$P_A/A, 14\%, 5$）= 3.433 1。因此：

A生产线项目的净现值 $NPV = NCF \times (P_A/A, i, n) - I_0$

$\qquad = 305\,450 \times 3.433\,1 - 1\,000\,000$

$\qquad = 48\,640.4$（元）

A生产线的净现值为48 640.4元，大于0，说明该项目的实际收益率大于公司要求的14%的报酬率，具有一定的投资价值。

对于B生产线而言，其投产后各年的净现金流量各不相同，因此，只能依据净现值的初始计算公式，将项目计算期内的各年净现金流量分别按照 $i=14\%$ 的复利现值系求现值，然后加总求代数和，计算得到净现值 NPV。

其计算过程如表7-11所示。

表7-11　　　　　　　　　　　　B生产线净现值计算表　　　　　　　　　　　　单位：元

年度	0	1	2	3	4	5	合计
NCF	−1 000 000	500 000	350 000	300 000	250 000	40 000	—
复利现值系数（14%）	1	0.877 2	0.769 5	0.675	0.592 1	0.519 4	—
NCF 折现值	−1 000 000	438 600	269 325	202 500	148 025	20 776	79 226

因此，B生产线的净现值即为各年NCF折现值的代数和，即表7-11中的合计数79 266元，也大于0，说明该项目的投资收益率也大于14%，同样是一项具有投资价值的项目。

（2）净现值的决策规则

采用净现值指标进行长期投资决策时，决策规则为：当单一投资项目的净现值大于或等于0时，该项目具有财务上的可行性，可以进行投资。否则，会损害企业价值，不宜进行投资。当在投资额相同且净现值均大于0的多个项目中进行最优项目的选择时，应优先选择净现值大的方案。

【例7-19】续**【例7-18】**，说明当X公司只能够选择一条生产线进行投资时，哪一个更值得投资。

分析：经过有关计算，A生产线和B生产线的净现值均为正数，因此，这两个项目都有一定的投资价值。但进一步考察我们会发现，两条生产线所需的投资额相同（均为1 000 000元），建设期、项目计算期和残值均相同，而且B生产线的净现值更大（79 226元>48 640.4元）。这说明，在公司要求的投资报酬率为14%的条件下，B生产线比A生产线将产生更多的额外收益，因此，也更具有投资价值，应优先进行选择。

（3）净现值指标的优缺点

结合上述例题可以发现，净现值具有以下优点：考虑了货币时间价值；考虑了项目计算期内的全部净现金流量，体现了流动性与收益性的统一；考虑了投资的风险性。

净现值也存在以下几个方面的局限性：只能通过净现值的正负性质判断实际投资报酬是否达到要求的投资报酬率，但不能揭示各个投资方案本身可以达到的实际投资报酬率。净现值是一个绝对数指标，只能反映某个单独投资方案的投资与收益关系。如果几个投资方案的原始投资额不同，那么仅以净现值的大小将无法比较投资方案获利水平的高低，也就无法做出项目优劣的评价与选择；投资者要求的投资报酬率或折现率的确定比较困难，对计算净现值有着重要的影响。

3. 获利指数

获利指数（profitability index，PI）是指项目投产后各年净现金流量的折现值之和与原始投资额的折现值之和之比。此指标可以反映每1元投资额在未来获得净现金流量的现值有多少，从而使原始投资额不同的方案也可以在考虑货币时间价值的基础上进行比较。

（1）获利指数的计算

获利指数的计算与净现值的计算类似。首先计算项目投产后各年净现金流量的折现值并加总求和，然后计算原始投资额折现值的合计数，最后将二者进行比较，即可得到获利指数。其计算公式为：

$$获利指数 = \frac{投产后各年净现金流量折现值之和}{原始投资额折现值之和} \qquad (7.37)$$

【例7-20】假设X公司有原始投资额不同的A、B、C三个投资项目，详情如表7-12所示。

要求：根据获利指数对这三个项目进行评价。

表7-12 X公司的资本投资方案 单位：元

项目	A	B	C
投产后各年净现金流量折现值合计数	150 000	238 000	182 000
原始投资额折现值合计数	（125 000）	（200 000）	（150 000）
净现值（NPV）	25 000	38 000	32 000

分析：根据获利指数的计算公式，A、B、C三个项目的获利指数分别如下。

A：$PI = 150\,000 \div 125\,000 = 1.20$

B：$PI = 238\,000 \div 200\,000 = 1.19$

C：$PI = 182\,000 \div 150\,000 = 1.21$

可以看出，在这三个项目中，C项目的获利指数最高，投资在该项目上每1元钱能够产生1.21元的收益（以现值表示），而投资在A项目、B项目上的收益则相对略少。因此，单从获利指数上进行评价，C项目是这三个项目中最优的。

（2）获利指数的决策规则

采用获利指数指标进行长期投资决策时，决策规则为：对单一投资项目而言，如果该项目的获利指数大于或等于1，则该项目具备财务可行性，可以接受；在对多个已具备财务可行性的投资项目进行评判和选择时，获利指数大的方案更具投资价值。

（3）获利指数的优缺点

获利指数与净现值一样都考虑了货币时间价值，而且使用相同的数据，即投产后各年净现金流量、原始投资额等，进行计算。因此，在评价单一方案的财务可行性时，用这两个指标得出的决策结论是相同的。但在进行多个投资项目的优劣选择和评判时，有可能因为原始投资总额的不同而造成评价结果有所差异。同时，获利指数的缺点还包括无法直接揭示投资项目本身实际投资报酬率的高低。

4. 内部报酬率

净现值和获利指数虽然都考虑了货币时间价值，但它们有一个共同的不足，那就是不能据以了解投资项目本身实际投资报酬率的高低，而内部报酬率则能够很好地弥补这一不足。

内部报酬率（internal rate of return，IRR）又称内部收益率，是指在考虑货币时间价值后，一个投资项目实际可以达到的投资报酬率。如果按照内部报酬率对投资项目在其计算期内的全部现金流量进行折现、计算净现值，则此时的净现值将为零。因此，内部报酬率的实质就是能够使投资项目的净现值为零的折现率。进一步说，内部报酬率是使投产后各年的累计净现金流量折现值等于原始投资额折现值合计数的折现率。该指标是一项正指标，越大越好。

（1）内部报酬率的计算

在计算内部报酬率过程中，需视项目有无建设期、投产后各年的净现金流量是否相同等情形的不同，采用不同的计算方法。

第一种情况：原始投资额在建设起点一次投入，建设期为零，项目投产后各年净现金流量均相等

在此种情况下，根据内部报酬率的含义，将有下式成立：

$$NCF \times (P_A/A, \ IRR, \ n) = I_0 \tag{7.38}$$

其中，n 为项目计算期；IRR 为内部报酬率，NCF 为投产后每年都相等的净现金流量；I_0 为原始投资额。相应地，以 IRR 为折现率的年金现值系数（P_A/A，IRR，n）就等于 $\dfrac{I_0}{NCF}$。

在此基础上，查阅普通年金现值系数表。如果能在其中恰好找到一个折现期为 n、数值等于（$\dfrac{I_0}{NCF}$）的年金现值系数 r_0，则该系数对应的折现率即为 IRR。

【例7-21】以【例7-18】中的A生产线为例。该项目的初始投资成本是1 000 000元，无建设期，并将在经营期内每年产生等额的净现金流入305 450元。

要求：计算这一项目的内部报酬率。

分析：根据题意，将内部报酬率IRR作为折现率求净现值时将有下式成立：

305 450 × （P_A/A，IRR，5）− 1 000 000 = 0

相应地，（P_A/A，IRR，5）= 1 000 000 ÷ 305 450 = 3.274

查普通年金现值系数表可知，当 n = 5时，（P_A/A，16%，5）= 3.274 3

因此，IRR = 16%

A生产线的内部报酬率为16%，也就是说，如果用16%作为折现率，这个项目的净现值将刚好为0。

考虑到X公司要求的投资报酬率是14%，而A生产线的内部报酬率为16%，高于X公司可接受的投资报酬率14%，因此，这个项目值得投资。

在A生产线中，计算出的普通年金现值系数在普通年金现值系数表中刚好可以找到，但在多数情况下，确切的系数在表中无法找到，这就需要用插值法求解IRR。

需要注意的是，我们这里采用的插值法，实际上是线性插值法，即使用连接两个已知量的直线来计算确定在这两个已知量之间的一个未知量 x 对应的 y 值的方法。其原理是：假设已知两个坐标点 (x_1, y_1) 与 (x_2, y_2)，此时要得到 $[x_1, x_2]$ 区间内某一位置的 x_0 对应的 y_0 值，如图 7-11 所示。

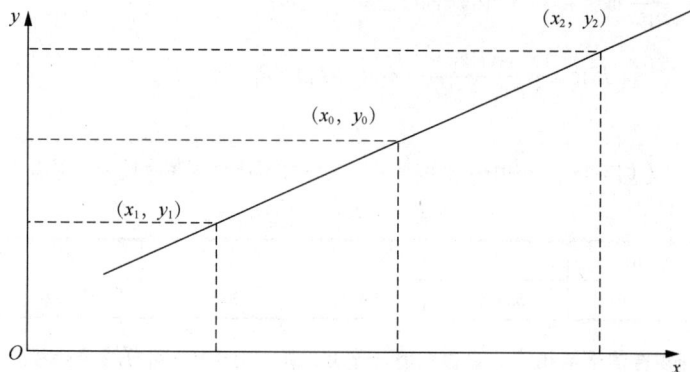

图 7-11　线性插值法

根据图中所示内容，我们可以按比例得到：$\dfrac{y_0 - y_1}{y_2 - y_1} = \dfrac{x_0 - x_1}{x_2 - x_1}$，或：$\dfrac{y_0 - y_1}{y_1 - y_2} = \dfrac{x_1 - x_0}{x_2 - x_1}$。相应地，$x_0$ 对应的 y_0 为：

$$y_0 = \frac{x_0 - x_1}{x_2 - x_1} \times (y_2 - y_1) + y_1 = \frac{x_1 - x_0}{x_2 - x_1} \times (y_1 - y_2) + y_1$$

当插值法应用于内部报酬率的计算时，假定在普通年金现值系数表中找到折现期为 n 的两个邻近 $\left(\dfrac{I_0}{NCF} = T_0\right)$ 的折现率 r_1 和 r_2 （$r_2 - r_1 \leqslant 5\%$），其对应的普通年金现值系数分别为 T_1、T_2 （$T_2 \leqslant T_0 \leqslant T_1$），则有：$\dfrac{IRR - r_1}{r_2 - r_1} = \dfrac{T_1 - T_0}{T_1 - T_2}$。此时，内部报酬率的计算公式为：

$$IRR = \frac{T_1 - T_0}{T_1 - T_2} \times (r_2 - r_1) + r_1 \tag{7.39}$$

【例7-22】回顾【例7-13】中X公司考虑投资的A固定资产项目。该项目的使用期限是6年，每年的等额净现金流量为6万元，投资成本是24万元。

要求：计算A固定资产项目的内部报酬率。

分析：根据题意，将内部报酬率IRR作为折现率求项目净现值时将有下式成立：

$6 \times (P_A/A,\ IRR,\ 6) - 24 = 0$

于是，$(P_A/A,\ IRR,\ 6) = 24 \div 6 = 4$

查普通年金现值系数表，在 $n=6$ 的一列无法直接找到4，但是可以查到 $(P_A/A,\ 12\%,\ 6) = 4.111\,4$，以及 $(P_A/A,\ 14\%,\ 6) = 3.888\,7$。

由此，根据插值法，$\dfrac{IRR - 12\%}{14\% - 12\%} = \dfrac{4.111\,4 - 4}{4.111\,4 - 3.888\,7}$

因此，$IRR = 13\%$。

由于X公司要求的投资报酬率是14%，高于13%，因此，A固定资产项目不适合投资。

第二种情况：项目经营期各年的净现金流量不相等

当项目投产后各年的净现金流量不相等时，需要使用不同的利率作为折现率进行试算，看能否直接找到一个能够使 NPV 恰好为零的折现率。如果可以，则此试算使用的折现率就是内部报酬率。如果不能恰好找到一个使净现值恰好为零的折现率，则需要在多次试算后，再次使用插值法计算内部报酬率。

假定经过多次试算，找到两个折现率 R_1 和 R_2，分别按其对项目计算期各年的净现金流量 NCF 折现后得到的 NPV 为 NPV_1 和 NPV_2，且 $R_2 - R_1 \leq 5\%$、$NPV_1 > 0$、$NPV_2 < 0$。此时运用插值法，式 $\dfrac{IRR - R_1}{R_2 - R_1} = \dfrac{NPV_1 - 0}{NPV_1 - NPV_2}$ 成立。内部报酬率的计算公式为：

$$IRR = \frac{NPV_1}{NPV_1 - NPV_2} \times (R_2 - R_1) + R_1 \qquad\qquad (7.40)$$

【例7-23】以【例7-18】中的B生产线为例。X公司预计的各年净现金流量如表7-13所示。

表7-13　　　　　　　　　　　B生产线的净现金流量表　　　　　　　　　　单位：元

年度	0	1	2	3	4	5
NCF	−1 000 000	500 000	350 000	300 000	250 000	40 000

由于各年的净现金流量不相等，需首先进行逐次试算。由于X公司可接受的投资报酬率是14%，所以可先用14%作为折现率，计算该项目的净现值。由于之前已计算出当折现率为14%时，B生产线的净现值为正数，所以内部报酬率一定大于14%。在此基础上，可以用更大的折现率进行测试，最终的测试结果如表7-14所示。

表7-14　　　　　　　　　　B生产线的内部报酬率试算表　　　　　　　　　单位：元

年度	0	1	2	3	4	5	∑净现值
NCF	−1 000 000	500 000	350 000	300 000	250 000	40 000	—
折现后 NCF（$i=18\%$）	−1 000 000	423 750	251 370	182 040	128 950	17 484	3 594
折现后 NCF（$i=19\%$）	−1 000 000	420 150	247 170	178 020	124 676	16 760	−13 224

相应地，$\dfrac{IRR - 18\%}{19\% - 18\%} = \dfrac{3\,594 - 0}{3\,594 - (-13\,224)}$

因此，$IRR = 18.21\%$

B生产线的内部报酬率高于X公司要求的投资报酬率14%，所以具有财务可行性。

（2）内部报酬率的决策规则

运用内部报酬率进行单一方案的投资决策时，一般认为，如果该方案的内部报酬率大于或等于预期的投资报酬率或资本成本，则该项目具备财务可行性，企业可以考虑投资该方案。

采用内部报酬率指标在多个已经具备财务可行性的投资方案中选择最优的方案进行投资时，内部报酬率最高的方案能够为企业带来更高的投资报酬率，更具有投资价值。

（3）内部报酬率的特点

内部报酬率主要包括以下优点：内部报酬率的计算考虑了货币时间价值和整个资产使用期间的所有的净现金流量；反映了项目内在的收益率，从而满足了投资者的信息需求；可以在一定程度上反映项目投资效率的高低。

内部报酬率也存在以下几个方面的局限性：不能明确反映投资项目对企业价值影响的大小；其

计算过程较为复杂。

5. 动态评价指标之间的关系

PP''、NPV、PI 和 IRR 都属于动态评价指标,它们之间存在一定的联系。

在按照列表法计算 NPV 时,可以同时计算出 PP'',PI 的计算可以在已知 NPV 的基础上进行简化计算;IRR 在计算时也需要利用 NPV 的计算技巧或形式。同时,这些动态评价指标都会受到项目投资方式以及各年净现金流量数量特征的影响。

这些指标也存在显著差异。其中,PP' 和 NPV 为绝对量指标,其余均为相对量指标,计算 PP''、NPV 和 PI 时所依据的折现率都是事先已知的投资报酬率或资本成本,而 IRR 的计算与资本成本无关。

7.4.3 决策评价指标的应用

正确计算决策评价指标的目的在于使它们在长期投资决策中发挥应有的作用。为进行投资项目的比较和选优,我们把长期投资决策方案分为独立方案、互斥方案和排队方案三大类。

企业在资金总量不受限制的情况下进行独立方案决策时,主要通过对动态评价指标的计算和考核,来评判方案是否具有财务可行性。凡是具备财务可行性的项目都可以投资。对互斥方案,需要在备选方案已具备财务可行性的前提下,利用评价指标评判和分析各个方案的优劣,并从中选出一个最优方案。在进行排队方案决策时,则需要根据关键评价指标的优劣对已具备财务可行性的独立方案进行一个投资顺序的先后排列与选择,然后决定到底应该选择哪些项目进行投资,以及投资的先后顺序如何。

1. 独立方案的评价

独立方案的选择,主要是根据动态评价指标的评价结果来确定的。凡是能够满足动态评价指标评判要求的方案都是可行的。最常用的指标有:净现值、获利指数、动态投资回收期和内部报酬率。此外,静态投资回收期等静态评价指标的评价结论可以作为参考。

独立方案的评价原则如表 7-15 所示。

表7-15 独立方案的评价原则

	NPV	PI	IRR	PP''
方案可行	≥ 0	≥ 1	$\geq i_c$	$< n$
方案不可行	< 0	< 1	$< i_c$	不存在

其中,i_c 为资本成本率或企业要求的投资报酬率,n 为项目计算期。

在同一个独立方案中,采用净现值、获利指数和内部报酬率指标得出的结论是一致的。如表 7-15 所示,当净现值大于 0 时,获利指数大于 1,内部报酬率高于要求的投资报酬率,动态投资回收期小于 n;当净现值小于 0 时,获利指数小于 1,内部报酬率低于要求的投资报酬率,动态投资回收期不存在;而当净现值等于零时,内部报酬率等于要求的投资报酬率。

【例7-24】X公司的投资项目B的各年净现金流量如表7-16所示,假定X公司对该项目所要求的投资报酬率为20%,行业基准投资回收期为5年。要求:确定该项目是否可行。

表7-16 投资项目B的净现金流量表 单位:万元

	第 0 年	第 1 年	第 2 年	第 3 年	第 4 年	第 5 年
NCF	$-1\,700$	700	500	600	800	400

分析:以投资项目B各年的 NCF 为基础,计算各动态评价指标。有关基础数据的计算如表7-17所示。

表7-17			投资项目B的净现金流量表			单位：万元
	第0年	第1年	第2年	第3年	第4年	第5年
NCF	-1 700	700	500	600	800	400
累计净现金流量	-1 700	-1 000	-500	100	900	1 300
复利现值系数（20%）	1	0.833 3	0.694 4	0.578 7	0.482 3	0.401 9
折现净现金流量	-1 700	583.31	347.20	347.22	385.84	160.76
累计折现净现金流量	-1 700	-1 116.69	-769.49	-422.27	-36.43	124.33

① 动态投资回收期 $=4+\dfrac{|-36.43|}{160.76}=4.23$（年）$<5$（年），满足动态投资回收期的评判标准。

② 净现值 $=583.31+347.20+347.22+385.84+160.76-1\,700=1\,824.33-1\,700=124.33$（万元）$>0$，满足净现值的评判标准。

③ 获利指数 $=（583.31+347.20+347.22+385.84+160.76）\div1\,700\times100\%=1.07>1$，满足获利指数的评判标准。

④ 内部报酬率的计算如下：

当折现率为25%时

净现值 $=700\times0.8+500\times0.64+600\times0.512+800\times0.409\,6+400\times0.327\,7-1\,700$

$\qquad\quad=-54.05$（万元）

当折现率为20%时，净现值 $=124.33$（万元）

根据插值法，有：$\dfrac{IRR-20\%}{25\%-20\%}=\dfrac{124.33-0}{124.33-（-54.05）}$

因此，$IRR=23.48\%$，大于企业要求的投资报酬率20%，该项目可行。

从以上计算中可以看出，对于独立方案，无论采用净现值、获利指数、动态投资回收期，还是采用内部报酬率进行评价，得出的结论是相同的，即根据净现值、获利指数、动态投资回收期或是内部报酬率等的评价结论，投资项目B均可行。

2. 互斥方案的评价

互斥方案的评价主要以固定资产更新决策为例。固定资产更新是指针对技术上或经济上不宜继续使用的旧资产，用新的资产来更换旧设备，或用先进的技术对原有设备进行局部改造。

固定资产更新决策主要研究两个问题：一是决定是否更新；二是决定选择什么样的资产来更新。在实际应用中，这两个问题是紧密结合的。如果市场上没有比现有设备更适用的设备，那么就继续使用旧设备。由于旧设备总可以通过修理继续使用，所以固定资产更新决策是对继续使用旧设备还是购置新设备的选择。在进行决策时，常用的方法有：差额净现金流量法、差额内部报酬率法等。

（1）差额净现金流量法

两个互斥方案之间的净现金流量之差构成新的净现金流量，称为差额净现金流量。差额净现金流量法是通过计算差额净现金流量的净现值，据以判断方案优劣的方法。

利用差额净现金流量法进行评价时，如果折现后差额净现金流量的净现值大于或等于0，则该投资方案具有财务可行性。

【例7-25】Y企业准备购买一台新设备替换目前正在使用的旧设备。新旧设备的有关资料如下。新设备购入价格为56 000元，运费和安装费为4 000元。该设备可以使用5年，5年后的残值为6 000元，年折旧额为10 800元。新旧设备的年产量和设备维修费用相同，使用新设备不影响原来的销售收入，但可使每年的付现成本由原来的100 000元降低至80 000元。旧设备原值为45 000元，已提折旧20 000元，可继续使用5年，年折旧额为4 500元，5年后的残值为2 500元。如果现在出售，该设备可得价款15 000元。企业所得税税率为25%，资本成本为16%。要求：计算该方案的差额净现金流量，并做出是否进行设备更新的决策。

分析：运用差额净现金流量法进行决策的具体步骤如下。

第一步，计算初始投资额的差额、折旧额的差额和残值的差额。

购买新设备的成本为60 000元（56 000＋4 000）。旧设备现在出售可得价款15 000元；因提前出售旧设备而发生净损失10 000元[（45 000－20 000）－15 000]，这10 000元虽然与原始投资额无关，但可使当年的企业所得税节约2 500元（10 000×25%）。

因此，Δ初始投资为：

Δ初始投资＝－（56 000＋4 000－15 000－2 500）＝－42 500（元）

Δ折旧额，即新设备的折旧额（10 800元）与旧设备假如继续使用应提取的折旧额2 500元[（15 000－2 500）/5]，即：

Δ折旧额＝10 800－2 500＝8 300（元）

Δ残值＝6 000－2 500＝3 500（元）

第二步，计算新旧设备经营期各年的差额净现金流量。

$\Delta NCF_{1\sim4}$＝[（100 000－80 000）－8 300]×（1－25%）＋8 300＝17 075（元）

ΔNCF_5＝17 075＋3 500＝20 575（元）

第三步，计算新设备比旧设备增加的净现值

ΔNPV＝17 075×（P_A/A，16%，4）＋20 575×（P/F，16%，5）－42 500

＝17 075×2.798 2＋20 575×0.476 1－42 500

＝15 075（元）＞0

因此，应用新设备替代旧设备。

（2）差额内部报酬率法

差额内部报酬率法是指在两个投资额不同方案的差额净现金流量（ΔNCF）的基础上，计算出差额内部报酬率（ΔIRR），并据以判断方案优劣的方法。差额内部报酬率，是两个方案的净现金流量差额的现值之和等于零时的折现率，可用计算内部报酬率相同的方法进行计算。利用差额内部报酬率法进行评价，当差额内部报酬率指标大于要求的折现率时，该投资方案可以接受。

【例7-26】Z公司于3年前购置一台价值525 000元的设备，目前尚可使用5年。该设备采用直线法折旧，预计期满有残值25 000元。现有更先进的同类设备，售价450 000元，使用期限为5年，采用直线法折旧，预计期满有残值50 000元。使用新设备可使公司每年销售收入增加300 000元，付现变动成本每年增加230 000元，除折旧以外的固定成本不变。目前如旧设备变现，可收入200 000元。假设基准折现率为12%，所得税税率为25%。

要求：计算以新代旧方案的差额内部报酬率，并做出决策。

依据要求，计算如下。

计算新、旧设备的年净现金流量的差额：

新设备年折旧额＝（450 000－50 000）÷5＝80 000（元）

旧设备原年折旧额＝（525 000－25 000）÷（5＋3）＝62 500（元）

继续使用旧设备的年折旧额＝（200 000－25 000）÷5＝35 000（元）

新旧设备年折旧的差额＝80 000－35 000＝45 000（元）

旧设备账面净值＝525 000－62 500×3＝337 500（元）

旧设备变现损失抵税额＝（337 500－200 000）×25%＝34 375（元）

ΔNCF_0＝－（450 000－200 000－34 375）＝－215 625（元）

$\Delta NCF_{1\sim4}$＝（300 000－230 000－45 000）×（1－25%）＋45 000＝63 750（元）

ΔNCF_5＝63 750＋（50 000－25 000）＝88 750（元）

计算差额内部报酬率：

按折现率为18%对ΔNCF折现，其净现值为：

$$\Delta NPV = -215\,625 + 63\,750 \times (P_A/A,\ 18\%,\ 4) + 88\,750 \times (P/F,\ 18\%,\ 5)$$
$$= -215\,625 + 63\,750 \times 2.690\,1 + 88\,750 \times 0.437\,1$$
$$= -5\,338.5\ (\text{元})$$

按折现率为16%对ΔNCF折现，其净现值为：

$$\Delta NPV = -215\,625 + 63\,750 \times (P_A/A,\ 16\%,\ 4) + 88\,750 \times (P/F,\ 16\%,\ 5)$$
$$= -215\,625 + 63\,750 \times 2.798\,2 + 88\,750 \times 0.476\,1$$
$$= 5\,014.125\ (\text{元})$$

用插值法计算差额内部报酬率：

$$\frac{\Delta IRR - 16\%}{18\% - 16\%} = \frac{5\,014.125 - 0}{5\,014.125 - (-5\,338.5)}$$

$$\Delta IRR = 16.97\%$$

由于差额内部报酬率16.97%大于基准贴现率12%，所以以新代旧方案可行。

（3）互斥方案评价需要注意的问题

对互斥方案分别运用净现值或内部报酬率进行评价及选优时，可能得出相互矛盾的结论。

【例7-27】 假设Z企业存在两个互斥项目，其有关资料如表7-18所示。

表7-18 　　　　　　　　　　　　　　互斥项目净现金流量表 　　　　　　　　　　　　单位：万元

年度	净现金流量	
	A项目	B项目
第0年	-1 700	-1 700
第1年	500	1 100
第2年	700	900
第3年	1 000	700
第4年	1 100	500

可以看出A项目和B项目的初始净现金流量一致，项目寿命期也相同，不同的是两个项目各年净现金流量的流入模式。随着时间的推移，A项目的NCF逐渐增加，B项目的NCF则逐年减少。

由计算可知，当折现率小于5%的时候，A项目的净现值大于B项目的净现值，A项目比B项目更好。然而，当折现率大于5%的时候，B项目的净现值则大于A项目的净现值。这是因为当项目的现金流量主要来自早期时，净现值并不因为折现率的增长而大幅度下降，但是当项目的现金流量主要来自计算期的后期时，项目净现值受折现率变化的影响更为显著。

我们可以进一步计算得出A项目、B项目的内部报酬率。前者为28.13%，后者为36.85%。因此，在折现率为1%的时候，利用内部报酬率指标进行评价，我们应该选择B项目，但运用净现值指标进行评价，我们却应该选择A项目。也就是说，利用不同的指标评价同一项目，却产生了相互矛盾的结果。这是为什么呢？

产生矛盾的原因在于净现值和内部报酬率对较早时期从项目收回的NCF的再投资利率的假设存在差异。采用净现值法时，收回的NCF假设以折现率为再投资利率。而内部报酬率法则以内部报酬率为再投资利率。于是，在内部报酬率指标中，再投资利率随着项目NCF模式的不同而不同。内部报酬率高的项目，其再投资利率就高，而内部报酬率低的项目，其再投资利率就低。而净现值隐含的再投资利率对每个项目都是一样的，即投资者要求的最低收益率。

因此，需指出的是，当互斥方案因为 *NCF* 模式的不同而出现决策结论的差异时，应以净现值指标的评价结论为准。

3. 排队方案的评价

对独立投资方案的评价可以将所有具有财务可行性的方案挑选出来。此时如果资金总量不存在限制，所有具有财务可行性的方案都可以实施。但如果资金总量存在限制，就需要将有限的资金总量在这些已具备财务可行性的方案之间进行合理分配，以在资金总量的限制范围内，获得最大的经济效益。具体分配的办法为：根据各项目盈利能力的高低，从高到低选取投资方案，直到资金总量达到上限。

【例7-28】X公司的计划长期投资总额为90万元，目前有7个方案可供选择。原始资料如表7-19所示。有关资料按照净现值、获利指数和内部报酬率进行排序后的结果分别如表7-20至表7-22所示。

表7-19　　　　　　　　　　各投资项目原始资料表　　　　　　　　　金额单位：万元

投资方案	原始投资总额	净现值	获利指数	内部报酬率
A	50	18.30	1.37	24.76%
B	30	3.74	1.13	15.24%
C	25	1.40	1.06	12.38%
D	15	13.93	1.93	45.02%
E	13	1.97	1.15	17.32%
F	22	14.46	1.66	35.51%
G	34	11.81	1.35	25.10%

表7-20　　　　　　　　　　按照净现值的排序结果　　　　　　　　　金额单位：万元

投资方案	原始投资总额	净现值	获利指数	内部报酬率
A	50	18.30	1.37	24.76%
F	22	14.46	1.66	35.51%
D	15	13.93	1.93	45.02%
G	34	11.81	1.35	25.10%
B	30	3.74	1.13	15.24%
E	13	1.97	1.15	17.32%
C	25	1.40	1.06	12.38%

按照净现值大小进行排序，可以看出投资组合所选择的项目依次为A、F和D，此时投资总额为87万元，净现值合计为46.69万元。

表7-21　　　　　　　　　　按照获利指数的排序结果　　　　　　　　　金额单位：万元

投资方案	原始投资总额	获利指数	净现值	内部报酬率
D	15	1.93	13.93	45.02%
F	22	1.66	14.46	35.51%
A	50	1.37	18.30	24.76%
G	34	1.35	11.81	25.10%
E	13	1.15	1.97	17.32%
B	30	1.13	3.74	15.24%
C	25	1.06	1.40	12.38%

按照获利指数大小进行排序，可以看出投资组合所选择的项目依次为D、F和A，投资总额为87万元，净现值合计为46.69万元。

表7-22　　　　　　　　　　　按照内部报酬率的排序结果　　　　　　　　　金额单位：万元

投资方案	原始投资总额	内部报酬率	净现值	获利指数
D	15	45.02%	13.93	1.93
F	22	35.51%	14.46	1.66
G	34	25.10%	11.81	1.35
A	50	24.76%	18.30	1.37
E	13	17.32%	1.97	1.15
B	30	15.24%	3.74	1.13
C	25	12.38%	1.40	1.06

按照内部报酬率大小进行排序，应选择的投资组合为D、F和G，投资总额为71万元，实现的净现值合计为40.20万元，小于之前的46.69万元。

从表7-20、表7-21和表7-22中可以看出，本例中的最优投资组合为A、D和F。只有这样，才能最大限度地发挥每一元钱的投资效益。

本章小结

资本支出决策具有时间长、资金占用量大、发生的频率低、不可逆转、风险大的特点。现金流量、货币时间价值是分析资本支出决策的关键理论。

现金流量是指长期投资项目在从筹建、设计、施工、正式投产使用直至报废为止的投资项目的有效持续期间内（项目计算期）形成的现金流出量与现金流入量的统称。

货币时间价值是长期投资决策中必须考虑的客观经济范畴，它所揭示的是在一定时空下当作资本来使用的货币具有增值性的规律。货币时间价值的含义可以概括为：由于放弃现在使用一定数量货币的机会而得到的按照所放弃时间长短计算的投资报酬。

投资决策评价指标是评价投资项目优劣的标准和量度，也是做出是否投资某项目决策的依据。按照是否考虑货币时间价值，投资决策评价指标可细分为静态评价指标和动态评价指标两大类。静态评价指标包括静态投资回收期和投资利润率等；动态评价指标主要包括净现值、获利指数、内部报酬率和动态投资回收期等。

为了正确运用评价指标，我们首先要从不同的投资方案之间的关系着眼，将投资方案区分为独立方案、互斥方案和排队方案三类，然后根据不同的评价目的，采用不同的评价指标。

对于排队方案，需要综合运用各项评价指标，将有限的资金总量在这些已具备财务可行性的方案之间进行合理分配，以在资金总量的限制范围内，获得最大的经济效益。

自测题

（一）单选题

1. 在进行长期投资决策时，需要计算的是（　　）。

　　A. 原始投资额　　　B. 现金流入量　　　C. 现金流出量　　　D. 净现金流量

2. XYZ企业在年初存入一笔资金（　　）元，则5年后可以取出的本利和共100 000元，年利率为6%。

　　A. 74 726　　　　B. 133 820　　　　C. 23 739　　　　D. 17 740

3. 下列说法错误的是（　　）。

　　A. 某一个投资方案的净现值大于0，则说明方案具备可行性

　　B. 对于两个原始投资总额相同的方案，应该选择净现值大的方案

　　C. 对于两个原始投资总额不同的方案，应该选择净现值小的方案

　　D. 对于两个项目寿命期不同的方案，不能直接依据净现值做出选择

4. 下列指标中，数值越小越好的指标是（   ）。

  A. 净现值   B. 内部报酬率   C. 静态投资回收期 D. 获利指数

5. 下列项目指标中，不具备项目可行性的（   ）。

  A. 获利指数＞1   B. 净现值＜0

  C. 内部报酬率＞企业所要求的收益率 D. 回收期＜期望回收期

6. 下列关于项目投资决策的表述中，正确的是（   ）。

  A. 若两个互斥项目的初始投资额不一样，在权衡时应选择内含报酬率高的项目

  B. 使用净现值评价项目的可行性与使用内含报酬率的结果是一致的

  C. 使用获利指数进行投资决策可能会计算出多个获利指数

  D. 投资回收期主要测定投资方案的流动性而非盈利性

7. 当折现率为7%时，某项目的净现值为－299元，则说明该项目的内部报酬率（   ）。

  A. 高于7%   B. 低于7%   C. 等于7%   D. 无法确定

8. 关于内部报酬率的说法不正确的是（   ）。

  A. 投资者要求的最低报酬率

  B. 使未来现金流入量现值等于未来现金流出量现值的折现率

  C. 使投资方案净现值为0的折现率

  D. 方案本身的投资报酬率

9. 某企业计划投资10万元建设一条生产线，该生产线购入后即可投入使用，预计使用10年，期末无残值。投资后每年可获净利润1.5万元，该设备不包括建设期的静态投资回收期为（   ）年。

  A. 4.5   B. 5   C. 4   D. 6

10. 某投资方案折现率为16%时，净现值为7.12万元，折现率为18%时，净现值为－3.17万元，则该方案的内部报酬率为（   ）。

  A. 14.68%   B. 17.32%   C. 18.32%   D. 16.68%

（二）多选题

1. 年金有多种形式，包括（   ）。

  A. 普通年金   B. 预付年金   C. 递延年金

  D. 永续年金   E. 以上都正确

2. 现金流出量包括（   ）。

  A. 付现成本   B. 所得税费用

  C. 建设投资   D. 垫支的流动资金

  E. 固定资产提前报废抵税

3. 下列指标中，没有考虑货币时间价值的有（   ）。

  A. 净现值   B. 静态投资回收期 C. 内部报酬率

  D. 获利指数   E. 投资报酬率

4. 某投资项目终结点年度的税后利润为100万元，折旧为10万元，回收流动资金20万元、固定资产残值5万元。下列表述正确的有（   ）。

  A. 回收额为25万元   B. 回收额为5万元

  C. 经营净现金流量为110万元 D. 终结点净现金流量为135万元

  E. 终结点净现金流量为130万元

5. 静态投资回收期的特点有（   ）。

  A. 没有考虑货币时间价值 B. 可以衡量投资风险

  C. 没有考虑回收期满后的现金流量 D. 不能用于衡量投资回收期不同的投资项目

  E. 计算简单

6. 对于同一投资方案，下列表述正确的是（　　　）。

    A. 资本成本越高，净现值越大

    B. 资本成本越低，净现值越小

    C. 资本成本等于内部报酬率时，净现值等于0

    D. 资本成本高于内部报酬率时，净现值为负数

    E. 资本成本低于内部报酬率时，净现值为正数

7. 当一项长期投资的净现值大于0时，说明（　　　）。

    A. 该方案在财务上可行

    B. 该方案内部报酬率大于其资本成本

    C. 该方案获利指数大于1

    D. 该方案内部报酬率小于其资本成本

    E. 该方案静态回收期小于项目计算期

8. 对于完整工业投资项目，在全投资假设下，以某年总成本为基础计算该年经营成本时，应予以扣减的项目包括（　　　）。

    A. 该年的折旧　　　　　　　　　　B. 该年的财务费用中的利息费用

    C. 该年的设备买价　　　　　　　　D. 该年的无形资产摊销

    E. 该年的待摊费用摊销

9. 采用净现值法评价投资项目可行性时，所采用的折现率通常有（　　　）。

    A. 投资项目的资金成本率　　　　　B. 投资的机会成本率

    C. 行业平均资金利润率　　　　　　D. 投资项目的内部收益率

    E. 银行借款利息率

10. 构成投资项目现金流入量的有（　　　）。

    A. 项目投产后每年实现的营业收入　　B. 固定资产投资

    C. 原有固定资产的出售收入　　　　　D. 固定资产报废时的残值收入

    E. 无形资产投资

（三）判断题

1. 考虑货币时间价值的长期投资决策分析方法称为非折现的决策分析方法。（　　　）

2. 静态评价指标有净现值和静态投资回收期。（　　　）

3. 内部报酬率是指项目投资实际可达到的报酬率，也就是使投资项目的净现值等于0时的折现率。（　　　）

4. 静态投资回收期没有考虑货币时间价值，而动态投资回收期考虑了货币时间价值，并且考虑了回收期满后的净现金流量。（　　　）

5. 复利现值系数和复利终值系数互为倒数，因此普通年金现值系数和普通年金终值系数也互为倒数。（　　　）

6. 在用内部报酬率法进行投资方案评价时，只有内部报酬率大于零的方案才可行。（　　　）

7. 净现值大于0，则获利指数大于1。（　　　）

8. 某方案内部报酬率大于0，则获利指数大于1。（　　　）

9. 对互斥方案分别运用净现值或内部报酬率进行评价及选优时，不会得出相互矛盾的结论。（　　　）

10. 获利指数可以反映每1元投资额在未来获得净现金流量的现值有多少，从而使原始投资额不同的方案也可以在考虑货币时间价值的基础上进行比较。（　　　）

（四）计算题

1. XYZ企业准备更新一项生产设备，所需原始投资为200万元，在项目起点一次投入，固定资产直接投入使用，不存在建设期。该生产设备预计使用期为5年，期满不计残值，采用直线法计提折旧。该设备

投产后每年可增加净利润50万元，该企业的所得税税率为25%。

要求：（1）计算该项目计算期内各年的净现金流量。

（2）计算该项目的静态投资回收期。

（3）计算该项目的投资利润率。

（4）假定适用的行业基准折现率为10%，计算该项目的净现值、获利指数。

（5）计算该项目的内部报酬率。

（6）评价其财务可行性。

2. XYZ企业计划用新设备替换原有的旧设备。旧设备预计还可以使用5年，目前折余价值95 000元，变价收入60 000元。新设备投资额为150 000元，预计使用5年。至第5年年末，新旧设备预计残值均为0。

若使用新设备，企业在未来第一年的营业收入和经营成本不变，在未来第二年到第五年每年增加营业收入20 000元，降低经营成本18 000元。该企业按直线法计提折旧，所得税税率为25%。

要求：采用差额内部报酬率法确定预期资本成本为15%时，是否应用新设备替换旧设备。

（五）实验操作题

XYZ公司的投资项目B的各年净现金流量如表7-23所示，假定XYZ公司对该项目所要求的投资报酬率为12%，项目的投资年限为5年。

表7-23   投资项目B的净现金流量表   单位：元

	第0年	第1年	第2年	第3年	第4年	第5年
NCF	−1 500 000	400 000	400 000	350 000	600 000	800 000

要求：使用Excel计算该投资项目的净现值、内部报酬率和获利指数，见图7-12。

（提示：NPV函数基于一系列现金流和固定的各期贴现率，返回一项投资的净现值，需要注意的是，NPV函数规定第一笔现金流必须产生于第一年年末；IRR函数返回由数值代表的一组现金流的内部报酬率，注意IRR函数要求这些现金流必须按固定的间隔期发生；获利指数可以利用NPV的值直接计算。）

	A	B	C	D	E	F	G
1	项目B的已知条件						
2	贴现率	12%					
3	年	0	1	2	3	4	5
4	净现金流量/元	−1 500 000	400 000	400 000	350 000	600 000	800 000
5	计算结果:						
6	净现值/元	NPV(B2,C4:G4)+B4					
7	内部报酬率	IRR(B4:G4)					
8	获利指数	(B6+ABS(B4))/ABS(B4)					

图 7-12 Excel 计算示例

（六）案例分析题

某工业投资项目方案
的决策

第8章

全面预算

学习目标

通过对本章的学习，读者应了解全面预算的内容、作用及编制流程，了解预算的组织管理，掌握经营预算的编制方法和财务预算的编制方法。

基本概念

全面预算　固定预算　经营预算　财务预算　弹性预算　作业基础预算

引导案例

管理者在组织中往往肩负三种主要任务：一是明确战略目标；二是编制长期计划、对所需要的战略目标进行具体化处理，并制订相应的实施方案；三是通过实际与预算的对比，评价组织实现战略目标的业绩优劣。其中，战略是企业用来实现长期目标和使命的方略，是企业编制计划和预算的起点。一个企业如果没有高瞻远瞩、高屋建瓴的战略，就无法充分利用和发挥其优势，从而保证其在国内外激烈的竞争环境中立于不败之地。

战略通过长期计划和全面预算来实施。长期计划一般确定了企业为实现战略目标，在未来5～10年的计划期内应采取的行动。管理者根据企业长期计划，总结过去期间的经营成果，考察企业内外环境条件，预计未来的经营状况，确定企业的短期经营目标，编制全面预算。

8.1 全面预算概述

8.1.1 全面预算的概念和作用

全面预算（budget）是以实现企业既定的战略目标为目的，在预测分析和做出决策的基础上，有效地组织、协调和控制企业未来的销售、生产、成本、现金收支等各项经济活动，合理配置决策目标所涉及的各项经济资源，最终以货币为主要计量单位，通过预计地反映企业某个时期的经营状况和财务成果的一整套详细的财务计划，对有关企业总体计划的资源配置情况的数量进行说明。简而言之，预算就是决策目标的书面化和具体化。

全面预算为企业确定了明确的目标和任务，同时也是评价企业生产经营各方面工作成果的基本尺度。全面预算的作用主要表现在以下四个方面。

1. 明确各职能部门的目标

全面预算将企业一定时期内的总目标按其内部各职能部门的职责范围层层落实，把短期总目标分解为各职能部门的具体目标，从而帮助各职能部门明确本部门在实现企业整体目标过程中的职责和努力方向，并向着共同的总体战略目标前进，推动企业总体目标的实现。

2. 协调各职能部门的工作

全面预算将企业方方面面的工作纳入一个统一的预算体系，使各部门的预算相互衔接、环环相扣，在保证企业总目标最优的前提下，有效地组织企业各职能部门的生产经营活动，使各个部门的生产经营活动密切配合、相互协调、综合平衡。例如，销售预算要根据企业的总体战略目标来编制，同时，在以销定产的经营方针下，生产预算的编制又要以销售预算为依据，材料采购预算则必须与生产预算相衔接。

3. 控制各职能部门的日常经济活动

全面预算是企业控制日常经济活动的依据，也是衡量各项经济活动合理性的尺度。在预算的执行过程中，各职能部门应当对其经济活动进行计量并与预算进行对比，从而及时提供实际偏离预算的差异额并分析其原因，并且采取有效的措施消除偏差，挖掘潜力，最大限度保证预算目标的实现。

4. 考核各职能部门的工作业绩

全面预算确定的各项指标，是考核和评价各职能部门工作业绩的标准。在考核各职能部门的工作业绩时，要以全面预算的标准作为依据，通过对比和分析实际执行结果与预算的差异及其原因，划清经济责任，实施奖惩，促使各部门为完成预算目标而努力工作。

总之，全面预算是企业管理沟通和协调各职能部门工作的理想工具，同时也是管理控制和业绩考核的标准和依据。

8.1.2 全面预算的组织管理

全面预算的管理组织，是指负责企业集团预算编制、审定、监督、协调、控制与信息反馈、业绩考核的组织机构。全面预算管理的组织，一般包括以下几个层次：董事会、预算管理委员会、全面预算管理部，其中居于主导地位的是公司董事会及预算管理委员会。

1. 董事会

预算事关企业资源配置的有效整合、战略规划的实施、控制机制的有效运行等重大管理事宜。因此，作为企业决策机构的董事会理所当然地处于整个预算组织体系的核心，其不仅掌握着企业预算的终审权以及涉及资本性支出等重大资本预算的最后审批权，同时对企业预算的日常执行情况与执行结果拥有监督权。

2. 预算管理委员会

预算管理委员会是实施全面预算管理的最高决策和管理机构，以预算会议的形式审议出资者各所属单位的预算草案。该委员会是董事会的一个专门委员会，主任由董事长兼任，委员应由企业的总经理和分管各职能部门的副总经理，供应、生产、销售、财务等部门主管人员以及总会计师等组成。

预算管理委员会是预算管理领导小组，应履行有关预算的职责，主要包括以下几个方面。

① 审议有关预算编制与管理的制度、规定和政策；

② 根据董事会下达的经营战略和规划，预测、制定并审议通过企业及其所属机构的预算控制总体目标及预算编制的方针、程序、方法；

③ 审查企业的整体预算方案、审查所属各单位的预算草案，并就必要的修正提出意见与建议；

④ 协调解决在企业全面预算编制和执行过程中各单位之间的分歧、矛盾等重大问题；

⑤ 根据预算执行结果，提出相应的考核和奖惩意见。

3. 全面预算管理部

全面预算管理部是预算管理的运营组织，负责组织全面预算的具体编制、报告、执行和日常监控工作，它直接对预算管理委员会负责并报告工作，其职责主要包括以下几个方面。

① 制定预算管理的有关制度、政策和预算考核方案，并报经预算管理委员会审批；

② 指导并组织各预算责任中心进行预算编制；

③ 对各预算责任单位预算的执行情况进行事中和事后的监督检查；

④ 协助预算管理委员会对预算冲突进行协调、仲裁、评判；

⑤ 对预算执行结果进行考核评价，兑现考核，分析各层次的预算分析报告，写出汇总的预算分析报告，报送预算管理委员会。

8.1.3　全面预算的内容与编制流程

1．全面预算的内容

全面预算主要用于规划计划期间企业的全部经济活动及其成果，是企业整体的综合性计划。一个完整的全面预算一般包括经营预算、专门决策预算和财务预算三个方面。

（1）经营预算

经营预算是反映企业预算期间日常发生的各项基本活动的预算，主要包括销售预算、生产预算、直接材料预算、直接人工预算、制造费用预算、产品成本预算、销售与管理费用预算。企业以明确的经营目标为基础，以对市场需求的研究和预测为前提，以销售预算为起点和主导，进而编制包括生产、成本、现金收支等的经营预算。经营预算通常与企业利润表、资产负债表的编制有关。

（2）专门决策预算

专门决策预算是指企业为那些在预算期内不经常发生的一次性业务活动所编制的预算。专门决策预算可分为两类：资本支出预算和经营决策预算。例如，根据长期投资决策结论编制的与购置、更新、改造、扩建固定资产有关的预算为资本支出预算；与资源开发、产品改造和新产品试制有关的预算为经营决策预算。

（3）财务预算

财务预算主要是指与企业预算期的现金收支、经营成果和财务状况有关的各项预算，包括现金预算、预计利润表、预计资产负债表等。财务预算是根据经营预算和专门决策预算而编制的，是对整个预算体系的概括与反映。

全面预算中的各项预算相互衔接，前后对应，形成一个有机整体。具体来说，按照企业以销定产的思路，企业对于全面预算的编制，应根据经营目标从销售预算开始，然后根据销售预算编制生产预算，再根据生产预算编制直接材料预算、直接人工预算、制造费用预算、产品成本预算等，再根据销售预算编制销售与管理费用预算，进而编制专门决策预算，最后编制财务预算。

2．全面预算的编制流程

全面预算一般一年编制一次，编制流程有"自上而下""自下而上"两种基本方式。

"自上而下"流程是指在编制全面预算时，首先由上级部门向下级部门下达预算期内的预算目标或预算草案；然后，由下级部门对上级部门下达的预算目标或预算草案进行分解、落实，并将预算草案完善、修改后反馈给上级部门；最后，上级部门根据下级部门的反馈意见，经过综合平衡后最终确定预算方案。

"自下而上"流程是指在编制全面预算时，首先由下级部门向上级部门提报预算期内的预算目标或预算草案；然后，由上级部门对下级部门提报的预算目标或预算草案进行综合平衡，最终确定预算方案。由于编制全面预算的类型不同，全面预算编制的流程也会有所差异。一般而言，编制年度预算时，采取自上而下的流程；编制季度、月度预算时，采取自下而上的流程，分级编制、逐级汇总。

需要说明的是，不管流程是自上而下，还是自下而上，企业编制全面预算都要经过一个上下沟通、反复协调、几上几下的复杂过程，这样才能最终形成正式预算的方案，切不可一蹴而就，简单了事。

全面预算编制的一般流程如下。

① 企业应具备明确的战略规划，即企业发展战略和年度战略行动计划；

② 由预算管理委员会拟定预算总目标和分目标，如利润目标、销售目标、成本目标等，并以书面方式下发到各有关部门；

③ 各职能部门按照具体目标编制本部门预算草案；

④ 预算管理委员会审查、平衡各部门编制的预算，分析汇总后编制销售、生产、财务等综合预算；

⑤ 预算管理委员会将综合预算上报董事会或上级主管单位，董事会及股东大会最后通过企业的

全面预算；

　　⑥ 最后批准后的预算下达给各职能部门具体执行；

　　⑦ 定期对预算执行情况进行分析，取得反馈信息用于监控及决策。

　　应注意的是，全面预算工作是企业的一项系统工程，不仅与企业战略相联结，而且必须与企业的其他各项管理制度相互衔接，这些管理制度包括岗位责任制、采购与付款管理、存货管理、销售与收款管理、应收账款管理、成本管理、安全生产管理、财务管理相关制度等。在进行预算编制前，企业还应进行人文环境分析、作业流程分析及优化，编制预算时还应与全面预算管理实施方案相配套。

8.2　基于固定预算的预算编制

　　固定预算又称静态预算法，是指在编制预算时，只以预算期内正常的、可实现的某一固定业务量（如生产量、销售量）水平作为唯一基础来编制预算的一种方法。固定预算多用于编制相对稳定的预算，一般适用于计划和实际不会有较大出入的企业，如业务量较为稳定的企业或非营利组织等。

　　固定的全面预算一般一年编制一次。为了便于说明固定预算，本节以一个案例贯穿始终来进行具体分析。以下是 XYZ 公司编制全面预算的基本信息。

　　【例8-1】假设XYZ公司是一家小型的生产和销售甲产品的制造加工企业，请利用其预算相关数据（表8-1、表8-2），编制该公司2023年的全面预算。

表 8-1　　　　　　　　　　　　　XYZ 公司的预算基本数据

预算期间	2023 年
销售政策：	
季度销售收入——现金销售	60%
季度销售收入——赊账销售	40%
其中，坏账比例	1%
预计销售单价	13 元/件
2023 年第一季度预算销量	300 000 件
2023 年第二季度预算销量	310 000 件
2023 年第三季度预算销量	270 000 件
2023 年第四季度预算销量	320 000 件
存货政策：	
季度材料采购——现金采购	10%
季度材料采购——赊账采购	90%
原材料期末存货余额	下季度销售量的 25%
完工产品期末存货余额	下季度销售量的 30%
预计期初原材料（至 2022.12.31）	75 000 千克
预计期初完工产品（至 2022.12.31）	84 000 件
资本支出预算：	
2023 年第一季度购买设备	230 000 元
2023 年第二季度购买设备	—
2023 年第三季度购买设备	—
2023 年第四季度购买设备	—
标准成本数据：	
直接材料	2.4 元/千克，每件甲产品消耗 1 千克

续表

预算期间	2023 年
直接人工（当期付清）	10 元/小时，每件甲产品耗时 0.4 小时
变动制造费用	1.5 元/小时，每件甲产品耗时 0.4 小时
固定制造费用	150 000 元/月
变动销售费用	每件甲产品 2 元
固定的销售与管理费用：	
保险费用	260 000 元/季度
销售人员薪酬	315 000 元/季度
折旧费用——制造	175 000 元/季度
折旧费用——销售	25 000 元/季度
现金政策：	
要求的季末最低现金期末余额	10 000 元
贷款利率	2%
所得税由公司总部支付，可忽略不计	

表 8-2

XYZ 公司资产负债表
2022 年 12 月 31 日　　　　　　　　　　　　　　　　　单位：元

资产	金额	负债和所有者权益	金额
流动资产：		流动负债：	
货币资金	110 000	应付账款	620 000
应收账款	1 400 000	应交税费	100 000
存货		流动负债合计	720 000
原材料	180 000	非流动负债：	
完工产品	714 000	长期借款	50 000
流动资产合计	2 404 000	负债合计	770 000
非流动资产：		所有者权益：	
固定资产（净值）	5 000 000	实收资本	6 000 000
非流动资产合计	5 000 000	未分配利润	634 000
		所有者权益合计	6 634 000
资产总计	7 404 000	负债与所有者权益总计	7 404 000

8.2.1　经营预算的编制

正如前文所示，经营预算包括七个部分：销售预算（包括销售现金收回预算）；生产预算；直接材料预算（以及材料采购现金支出预算）；直接人工预算；制造费用预算；产品成本预算；销售与管理费用预算。这七个预算的结果将汇集到预计利润表中，以反映企业预期的经营成果。下面，我们以 XYZ 公司为例，讨论如何收集数据、编制预算。

1. 销售预算

销售预算是企业全面预算的起点和关键，生产预算等都要以销售预算为基础，所以销售预算在企业全面预算中占有举足轻重的地位。销售预算通常还包括销售现金收入预算表，这一预算表也是未来编制现金预算的依据。

销售预算以营销经理们所做出的销售预测为基础，销售预测不仅要考虑各种产品的历史销售量，还要结合市场预测中各种产品的发展前景等资料。销售预测一般在分管销售的副总经理的指导下、采用自下而上的方法编制，先按产品、地区、顾客和其他项目分别编制，然后加以归并汇总，形成总的销售预测。

销售预测虽然是销售预算的基础，但最终的销售预算还必须以企业的长期战略目标和短期经营目标为依据。如果预算管理委员会认为销售预测的结果与企业发展目标不符，可以考虑采取行动改变预计销售量。

企业在进行销售预测确定未来期间的预计销售量和销售单价后，就可以求出预计的销售收入，计算公式为：

$$预计销售收入 = 预计销售量 \times 预计销售单价 \qquad (8.1)$$

根据【例8-1】提供的资料编制销售预算（见表8-3），同时编制销售现金收回预算（见表8-4）。

表8-3 XYZ公司销售预算

2023年

项目	第一季度	第二季度	第三季度	第四季度	年度总和
预计销售量/件	300 000	310 000	270 000	320 000	1 200 000
销售单价/（元/件）	13	13	13	13	13
预计销售总额/元	3 900 000	4 030 000	3 510 000	4 160 000	15 600 000

表8-4 XYZ公司销售现金收回预算

2023年

单位：元

项目	第一季度	第二季度	第三季度	第四季度	年度总和
上年应收账款收回	1 400 000[①]				1 400 000
收回第一季度销售收入	2 316 600	1 544 400			3 861 000
收回第二季度销售收入		2 393 820	1 595 880		3 989 700
收回第三季度销售收入			2 084 940	1 389 960	3 474 900
收回第四季度销售收入				2 471 040	2 471 040
现金收入总额	3 716 600	3 938 220	3 680 820	3 861 000	15 196 640

注：① 1 400 000为2022年资产负债表应收账款期末数。

由于本例中的销售收入分先后两期收到现金，并且根据销售政策，应收账款需要计提1%的坏账准备，因此每季度预计现金流入可按下列公式计算：

每季度预计现金收入 = 上季度销售收入 × （1 - 坏账比例）× 40% + 本季度销售收入 × （1 - 坏账比例）× 60%

此外，根据本年第四季度的销售收入，可以求出XYZ公司2023年年末的应收账款余额为1 647 360元（4 160 000 × 99% × 40%），列示在年末预计资产负债表中。

2. 生产预算

生产预算是生产部门根据销售预算编制的，计划为满足预算期的销售量以及期末存货需要所必须生产出的产品数量。企业在计划期间除必须有足够的产品以满足销售之外，还必须考虑计划期期初和期末存货的预计水平，以避免存货太多形成积压，或存货太少影响下期销售。预算生产量的计算公式如下：

$$预计生产量 = 预计销售量 + 预计期末存货量 - 预计期初存货量 \qquad (8.2)$$

依据【例8-1】提供的有关销售与存货的资料，编制XYZ公司2023年以数量表示的生产预算，如表8-5所示。

表8-5 XYZ公司生产预算

2023年

单位：件

项目	第一季度	第二季度	第三季度	第四季度	年度总和
预计产品销售数量	300 000	310 000	270 000	320 000	1 200 000
加：期末完工产品	93 000	81 000	96 000	84 000[①]	84 000
产品预计需要数量	393 000	391 000	366 000	404 000	1 284 000

续表

项目	第一季度	第二季度	第三季度	第四季度	年度总和
减：期初完工产品	84 000[②]	93 000	81 000	96 000	84 000[③]
预计生产量	309 000	298 000	285 000	308 000	1 200 000

注：① 根据存货政策，完工产品期末数量预计为下一季度销售量的30%。第四季度期末完工产品 = 280 000（2024年第一季度预期销售量）×30% = 8 400（件）。

② 第一季度期初完工产品为表8-1中所给的预计期初数。

③ 年度期初完工产品数量即为第一季度期初完工产品数量。

需要说明的是，如果企业提供的产品或服务不止一种，那么生产预算就要根据预计的销售量分产品编制。此外，为了了解现有生产能力能否完成预计的生产量，生产设备管理部门有必要对生产预算进行再次审核。若无法完成预计目标，预算管理委员会则可以修订销售预算或考虑增加生产能力；若生产能力超过需要量，则可以考虑把剩余生产力用于其他方面。

此外，企业在生产和销售业务管理过程中，编制生产预算不仅要以销售预算为基础，还要考虑企业的生产能力、仓库容量等条件，同时还应考虑某些与企业生产销售有关的周期性和季节性因素，所以，在编制完年度生产预算后，还应根据实际情况合理安排生产进度。

3. 直接材料预算

企业在确定了生产预算之后，就可以对生产中耗用的资源进行预算。直接材料预算、直接人工预算和制造费用预算都是根据生产预算编制的。直接材料预算是用来确定预算期直接材料的采购数量和采购成本的一项采购预算。预计直接材料采购量取决于生产材料的耗用量和原材料存货的需要量，一般由采购部门和生产部门共同决定。

预计直接材料采购量和预计直接材料采购金额的计算公式如下：

$$预计直接材料采购量=预计生产需用量+预计期末直接材料存货量-预计期初直接材料存货量 \quad (8.3)$$

$$预计直接材料采购金额=预计直接材料采购量×预计直接材料采购单价 \quad (8.4)$$

在编制直接材料预算的同时，一般还应编制一份直接材料采购现金支出预算，用于未来编制现金预算，该预算通常可根据采购部门预期从供应商那里取得的信用条件来确定。本期直接材料采购现金支出的计算，包括上期采购的直接材料款将于本期支付的现金和本期采购的直接材料款应由本期支付的现金。

根据生产预算（见表8-5）以及【例8-1】中关于存货采购政策和标准成本数据的资料，编制直接材料预算，如表8-6所示，同时编制直接材料采购现金支出预算，如表8-7所示。

表8-6 　　　　　　　　　　　　XYZ公司直接材料预算

2023年

项目	第一季度	第二季度	第三季度	第四季度	年度总和
预计生产量/件	309 000	298 000	285 000	308 000	1 200 000
单位产品直接材料用量/（千克/件）	1	1	1	1	1
生产需要量/千克	309 000	298 000	285 000	308 000	1 200 000
加：预计期末直接材料存量/千克	77 500	67 500	80 000	70 000[①]	70 000
预计所需原材料总计/千克	386 500	365 500	365 000	378 000	1 270 000
减：预计期初直接材料存量/千克	75 000[②]	77 500	67 500	80 000	75 000[③]
预计直接材料采购量/千克	311 500	288 000	297 500	298 000	1 195 000
预计直接材料采购单价/（元/千克）	2.4	2.4	2.4	2.4	2.4
预计直接材料采购金额/元	747 600	691 200	714 000	715 200	2 868 000

注：① 根据存货政策，直接材料期末存货余额是下一季度销售量所耗用材料数量的25%，第四季度期末的预计材料存量为70 000千克（2024年第一季度预期销售量280 000×25%×1）。

② 第一季度期初材料存量为表8-1中所给的预计期初数。

③ 年度期初材料存量即为第一季度期初材料存量。

表8-7   XYZ公司直接材料采购现金支出预算

2023年   单位：元

项目	第一季度	第二季度	第三季度	第四季度	年度总和
支付上年应付账款	620 000①				620 000
支付第一季度货款	74 760	672 840			747 600
支付第二季度货款		69 120	622 080		691 200
支付第三季度货款			71 400	642 600	714 000
支付第四季度货款				71 520	715 200
现金支出总额	694 760	741 960	693 480	714 120	2 844 320

注：① 620 000为2022年资产负债表应付账款期末数。

由于本例中的采购款分两期支付，根据存货政策，每季度预计采购现金支出按下列公式计算：

每季度预计采购现金支出＝上季度直接材料采购金额×90%＋本季度直接材料采购金额×10%

此外，根据2023年第四季度的采购金额，可以求出XYZ公司2023年年末的应付账款余额为643 680元（715 200×90%），列示在年末预计资产负债表中。

4. 直接人工预算

直接人工预算用于确定预算期直接人工工时消耗水平和直接人工成本水平，以帮助企业合理安排人员，满足生产需要。如果事先不做好准备，企业可能会出现人员短缺或因临时招聘人员而提高成本、降低生产效率等问题。

直接人工成本通常从生产管理部门和工程技术部门获得。企业根据生产预算确定的每单位产出所需直接人工以及生产量，就可编制直接人工预算。

预计直接人工成本的计算公式如下：

$$预计直接人工成本＝预计生产量×单位产品直接人工工时×单位工时工资率\qquad(8.5)$$

通常情况下，企业生产产品要耗费不同工种的人员，工种的不同必然导致小时工资率不同，各项人工成本可能会有很大差异，因此直接人工预算必须按照工种类别分别计算，再求出直接人工的总成本。在实务中，为简化计算，往往采用平均工资率来计算直接人工总成本。

根据生产预算（来自表8-5）以及【例8-1】中关于标准成本数据的资料，编制直接人工预算，如表8-8所示。

表8-8   XYZ公司直接人工预算

2023年

项目	第一季度	第二季度	第三季度	第四季度	年度总和
预计生产量/件	309 000	298 000	285 000	308 000	1 200 000
单位产品直接人工工时/（小时/件）	0.4	0.4	0.4	0.4	0.4
预计人工总工时/小时	123 600	119 200	114 000	123 200	480 000
单位工时工资率/（元/小时）	10	10	10	10	10
预计直接人工成本/元	1 236 000	1 192 000	1 140 000	1 232 000	4 800 000

5. 制造费用预算

编制制造费用预算时，为简化预算编制，通常按成本性态将制造费用分为变动制造费用和固定制造费用两部分。变动制造费用通常包括动力、维修费、间接材料、间接人工等。固定制造费用通常包括厂房和机器设备的折旧、租金、财产税等，它们是支撑企业总体的生产经营能力，一旦形成，短期内不会改变。

变动制造费用预算主要根据预计生产量或直接人工工时来确定，固定制造费预算一般按基期资料编制。

预计制造费用的计算公式如下：

预计制造费用＝预计变动制造费用＋预计固定制造费用

＝预计业务量×预计变动制造费用分配率＋预计固定制造费用　　（8.6）

从预计制造费用总额中减去非现金制造费用（如折旧费用），就可得到预计制造费用现金支出，以便为编制现金预算提供必要的数据。

根据预计直接人工总工时（见表8-8）以及【例8-1】中关于标准成本数据的资料，编制制造费用预算，如表8-9所示。

表8-9　　　　　　　　　　　XYZ公司制造费用预算

2023年

项目	第一季度	第二季度	第三季度	第四季度	年度总和
预计直接人工总工时/小时	123 600	119 200	114 000	123 200	480 000
变动制造费用分配率/（元/小时）	1.5	1.5	1.5	1.5	1.5
预计变动制费用/元	185 400	178 800	171 000	184 800	720 000
预计固定制造费用/元	450 000	450 000	450 000	450 000	1 800 000
预计制造费用合计/元	635 400	628 800	621 000	634 800	2 520 000
减：折旧费用/元	175 000	175 000	175 000	175 000	700 000
预计制造费用现金支出/元	460 400	453 800	446 000	459 800	1 820 000

根据制造费用预算，可进一步计算预计制造费用分配率，以便于计算完工产品的成本。预计制造费用分配率的计算公式如下：

预计制造费用分配率＝年度制造费用总额÷年度预计工时总计

＝2 520 000÷480 000＝5.25（元/小时）

6. 产品成本预算

加强对存货的计划与控制，有助于合理减少企业的存货量，确保企业生产和销售的顺利进行。产品成本预算不仅能够提供有助于编制预计资产负债表的信息，同时也能够提供编制预计利润表所需的销售成本数据。

依据生产预算（见表8-5）、直接材料预算（表8-6）、直接人工预算（表8-8）、制造费用预算（表8-9）的数据，可以编制XYZ公司2023年产品成本预算，如表8-10所示。

表8-10　　　　　　　　　　　XYZ公司产品成本预算

2023年

项目	单位成本			生产成本/元	期末存货成本/元	销货成本/元
	单价	单位耗用量	成本/元	1 200 000件	84 000件	1 200 000件
直接材料	2.4元/千克	1千克	2.4	2 880 000	201 600	2 880 000
直接人工	10元/小时	0.4小时	4	4 800 000	336 000	4 800 000
制造费用	5.25元/小时	0.4小时	2.1	2 520 000	176 400	2 520 000
成本总额	—	—	8.5	10 200 000	714 000	10 200 000

7. 销售与管理费用预算

销售与管理费用预算是对预算期内与产品销售和日常行政管理活动开支有关的预算。销售及管理费用预算以销售预算为基础，在制定时应对过去发生的销售费用进行仔细分析，并以企业过去发生的实际支出及费用控制目标等为参考，结合企业的预算期内可能的业务状况，编制销售与管理费用预算。

销售与管理费用预算的编制方法与制造费用预算的编制方法类似，也是将费用按成本性态划分为固定费用和变动费用两部分。销售与管理费用预算中如果包括非付现项目（如折旧、无形资产摊销），则应零星计算并扣除，以确定销售与管理费用预算中需要实际支付的现金支出。

依据【例8-1】关于销售和标准成本数据的资料，编制销售与管理费预算，如表8-11所示。

表8-11 XYZ公司销售与管理费用预算

2023 年

项目	第一季度	第二季度	第三季度	第四季度	年度总和
预计销售量/件	300 000	310 000	270 000	320 000	1 200 000
单位变动销售费用/（元/件）	2	2	2	2	2
预计变动销售与管理费用合计/元	600 000	620 000	540 000	640 000	2 400 000
预计固定销售与管理费用					
销售人员薪酬/元	315 000	315 000	315 000	315 000	1 260 000
保险费用/元	260 000	260 000	260 000	260 000	1 040 000
折旧费用/元	25 000	25 000	25 000	25 000	100 000
预计固定销售与管理费用合计/元	600 000	600 000	600 000	600 000	2 400 000
预计销售与管理费用总计/元	1 200 000	1 220 000	1 140 000	1 240 000	4 800 000
减：折旧费用/元	25 000	25 000	25 000	25 000	100 000
预计销售与管理费用现金支出/元	1 175 000	1 195 000	1 115 000	1 215 000	4 700 000

8.2.2 专门决策预算的编制

专门决策预算往往在经营预算编制完毕后编制，分为资本支出预算和经营决策预算。其中，由于资本支出决策的时间跨度大，资本支出预算仅仅列示本预算期内发生的现金支出，而对于资本支出决策对其他年份的影响，在影响发生年度的预算中反映。

依据【例8-1】的资本支出预算资料，编制资本支出预算，如表8-12所示。

表8-12 XYZ公司资本支出预算

2023 年 单位：元

项目	第一季度	第二季度	第三季度	第四季度	年度总和
购置设备	230 000	—	—	—	230 000
预计现金支出总计	230 000	—	—	—	230 000

8.2.3 财务预算的编制

1. 现金预算的编制

现金预算是用来反映预算期内由于经营活动和资本支出而引起的一切现金收支及其结果的预算。现金预算一般包括以下四个方面的内容。

① 现金收入。现金收入包括期初现金余额和预算期现金收入。预算期现金收入主要来自销售现金收回，投资利息等收入也列入该部分。

② 现金支出。现金支出包括预算期内的各项现金支出，如购买直接材料，支付直接人工工资，支付制造费用、销售与管理费用、财务费用等其他费用以及资本支出等。

③ 现金溢余或短缺。现金溢余或短缺是现金收入合计与现金支出合计的差额。差额为正，说明收入大于支出，现金有溢余；差额为负，说明支出大于收入，现金不足，此时企业需要采用适当的融资方式来调剂。

④ 资金的筹集与运用。资金的筹集与运用是指根据现金的余缺情况和企业有关资金管理的各项

政策，确定筹集和运用资金的时间和数额。如果现金短缺，可向银行取得借款或通过其他方式筹措资金，并预计还本付息的期限和数额；如果现金溢余，则除了可用于偿还借款和利息外，还可用于购买作为短期投资的有价证券，以增加企业收益。

通过现金预算，管理者可以确保企业将有足够的现金开展计划的各项活动，提前安排适当的融资渠道，以避免负担过高的融资成本。因此，现金预算可视为全面预算中的一个重要环节。

依据【例8-1】的资料，以及经营预算和专门决策预算的结果，编制XYZ公司的现金预算，如表8-13所示。

表8-13 　　　　　　　　　　　XYZ公司现金预算

2023年　　　　　　　　　　　　　　　　　　　　　单位：元

项目	第一季度	第二季度	第三季度	第四季度	年度总和
期初现金余额	110 000[①]	10 190	335 500	621 840	110 000
加：现金收入（表8-4）	3 716 600	3 938 220	3 680 820	3 861 000	15 196 640
可供使用现金	3 826 600	3 948 410	4 016 320	4 482 840	15 306 640
减：预算现金支出					
直接材料（表8-7）	694 760	741 960	693 480	714 120	2 844 320
直接人工（表8-8）	1 236 000	1 192 000	1 140 000	1 232 000	4 800 000
制造费用（表8-9）	460 400	453 800	446 000	459 800	1 820 000
销售与管理费用（表8-11）	1 175 000	1 195 000	1 115 000	1 215 000	4 700 000
资本支出（表8-12）	230 000	—	—	—	230 000
现金支出总额	3 796 160	3 582 760	3 394 480	3 620 920	14 394 320
现金溢余或短缺	30 440	365 650	621 840	861 920	912 320
加：银行借款					
减：偿还借款	20 000	30 000			50 000
支付利息[②]	250	150			400
期末现金余额	10 190	335 500	621 840	861 920	861 920

注：① 来源于期初资产负债表中的货币资金数据。

② 利息费用 = 长期借款期初余额 × 2% × 3/12。

给出的背景资料中提到XYZ公司必须保持现金余额不少于10 000元，并且以10 000元为单位借入或偿还贷款，年利率为2%。因此，当第一季度末现金剩余30 440元时，XYZ公司最多只能够偿还20 000元的长期借款以及250元的利息费用，只有这样才能保证期末现金余额不少于最低现金持有量。

2. 预计利润表的编制

预计利润表是指以货币形式综合反映预算期内企业经营成果的一种财务预算，需要在经营预算和专门决策预算的基础上编制。预计利润表通常按年编制，为满足管理需要，也可以按季度编制。预计利润表的编制是全面预算编制过程中的一个关键步骤，它显示了企业的预计利润，提供了对企业预算期内的盈利能力估计，有助于企业管理者根据发展目标及时调整经营策略。

依据【例8-1】的资料，以及经营预算和专门决策预算的结果，编制XYZ公司的预计利润表，如表8-14所示。

表8-14 　　　　　　　　　　　XYZ公司预计利润表

2023年　　　　　　　　　　　　　　　　　　　　　单位：元

项目	第一季度	第二季度	第三季度	第四季度	年度总和
销售收入（表8-3）	3 900 000	4 030 000	3 510 000	4 160 000	15 600 000
减：销售成本[①]	2 550 000	2 635 000	2 295 000	2 720 000	10 200 000
销售毛利	1 350 000	1 395 000	1 215 000	1 440 000	5 400 000

续表

项目	第一季度	第二季度	第三季度	第四季度	年度总和
减：销售与管理费用（表8-11）	1 200 000	1 220 000	1 140 000	1 240 000	4 800 000
资产减值损失（坏账损失）	39 000	40 300	35 100	41 600	156 000
财务费用	250	150			400
利润总额	110 750	134 550	39 900	158 400	443 600
减：所得税费用	—	—	—	—	—
税后净利润	110 750	134 550	39 900	158 400	443 600

注：① 销售成本 = 预计产品销量（来自表8-3）× 8.5 元的预计单位产品成本（来自表8-10）。

3. 预计资产负债表的编制

预计资产负债表是依据当期的实际资产负债表和预算期的其他预算所提供的资料编制而成的，用于反映企业预算期期末财务状况的总括性预算。

预计资产负债表可以为企业提供企业在预算期期末的财务状况信息，有助于企业判断未来财务状况的稳定性和流动性，预测未来期间的经营状况。如果通过预计资产负债表的分析，发现某些财务指标不佳，企业还可以采取适当的改进措施，改善财务状况。

依据【例8-1】中的期初资产负债表数据以及各项预算的结果，编制XYZ公司2023年的预计资产负债表，如表8-15所示。

表8-15　　　　　　　　　　　　XYZ公司2023年预计资产负债表　　　　　　　单位：元

资产	期初数	预计期末数	负债和所有者权益	期初数	预计期末数
流动资产：			流动负债：		
货币资金（表8-13）	110 000	861 920	应付账款（表8-7）	620 000	643 680
应收账款（表8-4）	1 400 000	1 647 360	应交税费（没有变化）	100 000	100 000
存货			流动负债合计	720 000	743 680
原材料（表8-6）①	180 000	168 000	非流动负债：		
完工产品（表8-10）	714 000	714 000	长期借款（表8-13）	50 000	0
流动资产合计	2 404 000	3 391 280	负债合计	770 000	743 680
非流动资产：			所有者权益：		
固定资产（净值）②	5 000 000	4 430 000	实收资本	6 000 000	6 000 000
非流动资产合计	5 000 000	4 430 000	未分配利润③	634 000	1 077 600
			所有者权益合计	6 634 000	7 077 600
资产总计	7 404 000	7 821 280	负债与所有者权益总计	7 404 000	7 821 280

注：① 原材料期末账面价值 = 原材料期末存量 × 单位标准成本 = 70 000 × 2.4 = 168 000（元）

② 固定资产（净值）= 期初余额（5 000 000）+ 新购买设备成本（230 000）（表8-12）

　　　　　　　　　　　－ 折旧费用（700 000）（表8-9）－ 折旧费用（100 000）（表8-11）

　　　　　　　　　　　= 4 430 000（元）

③ 未分配利润 = 期初余额（634 000）+ 预计税后净利润（443 600）（表8-14）= 1 077 600（元）

8.3　基于弹性预算的预算编制

8.3.1　弹性预算概述

1. 概念引入

在了解弹性预算的含义之前，我们首先来看一个例子。

【**例8-2**】ABC公司编制了2023年第一季度的预算，此预算是一项固定预算，该预算保持在一个固定的销售量水平上，且在制定后不再调整。ABC公司计算并列示了实际执行结果与预算的比较结果，如表8-16所示。

表8-16　　　　ABC公司2023年第一季度实际执行结果与固定预算比较表　　　金额单位：元

项目	实际结果	固定预算	差异①
销售量/件	10 000	8 000	2 000（F）
销售收入	121 000	96 000	25 000（F）
减：成本	105 000	84 000	21 000（U）
经营利润	16 000	12 000	4 000（F）

注：① 差异是指实际值与预算值的差额。如果差异使经营利润增加，则差异是有利差异（F）；如果差异使经营利润减少，则差异是不利差异（U）。

根据表8-16，ABC公司第一季度的实际经营利润为16 000元，超出固定预算4 000元，也就是存在4 000元的有利差异。然而，这个有利差异来源于哪些方面？是单纯由于销售量上升引起的吗？还是因单价和成本等因素变动所引起的？表8-16中的比较结果不能回答此问题，因为固定预算仅是基于销售量8 000件编制的，而实际销售量却是10 000件。

从例8-2中不难看出，由于企业生产经营状况经常发生变动，如果坚持使用固定预算进行编制就会过于机械呆板，并会使各项与业务量紧密相关项目的实际数与预算数之间缺乏可比性，也会使预算的控制和考核功能受到限制。因此，有必要引入弹性预算，在增强预算适用性的同时，促进预算的评价和考核功能的发挥。

2. 弹性预算的概念

弹性预算又称变动预算、滑动预算，是固定预算的对称。它是指以预算期间可能发生的多种业务量水平为基础，分别确定与之相对应的成本数额而编制的、能适应多种业务量水平的成本预算。弹性预算适用于业务量水平经常变动的企业。

用弹性预算的方法来编制成本预算时，关键是将各项成本按其性态区分为变动成本和固定成本。为了编制弹性预算，需要知道以下几点。

一是相关范围内不同的预计销售量水平；

二是预计单价；

三是预计单位变动成本；

四是预计固定成本总额。

变动成本主要根据业务量进行控制，固定成本则按总额进行控制，这为管理者在事前严格控制费用开支提供方便，也有利于在事后细致分析各项成本节约或超支的原因，并及时解决问题。

3. 弹性预算的特征

固定预算的重点在于前期严格的预算控制，使各项经营活动能够按照企业设定的目标有条不紊地开展，而弹性预算则更注重对企业预算执行情况的评价与考核，从而使预算更加有效地实现控制和考核评价的作用。弹性预算的基本特征主要有以下两点。

第一，它按照预算期某一相关范围内的可预见的多种业务活动水平确定不同的预算额，也可按照实际业务活动水平调整其预算额；

第二，待实际业务量发生时，将实际指标和与实际业务量相应的弹性预算进行对比，使预算执行情况的评价与考核建立在更加客观可比的基础上。

8.3.2　弹性预算的编制程序

弹性预算一般按照以下的程序进行编制。

① 选择业务量水平的计量标准，如产量、直接人工小时、机器小时等；

② 确定某一相关范围，预期在未来期间内业务量水平将在这一相关范围内变动；

③ 根据成本与产量之间的依存关系，将企业的成本划分或分解为固定成本和变动成本两大类；

④ 确定预期内各业务活动水平；

⑤ 利用多栏式的表格分别编制对应于不同业务量水平的预算成本与经营成果。

【例8-3】ABC公司为了更好地将实际结果与预算进行比较分析，编制了2023年第一季度的收入和成本的弹性预算，包括产品销售量分别为5 000件、8 000件和10 000件时的预算情况，如表8-17所示。该公司产品的预计销售单价是12元/件，分析汇总后的预计变动成本（包括直接材料、直接人工、变动制造费用、变动销售与管理费用）是8元/件，预计固定成本（包括固定制造费用，固定销售与管理费用）为20 000元。

表8-17 　　　　　　　　ABC 公司 2023 年第一季度弹性预算　　　　　　　　金额单位：元

项目	单位预算	销售数量（件）		
		5 000	8 000	10 000
销售收入	12元/件	60 000	96 000	120 000
变动成本	8 元/件	40 000	64 000	80 000
固定成本	—	20 000	20 000	20 000
总成本①	—	60 000	84 000	100 000
经营利润		0	12 000	20 000

注：① 总成本＝（销售数量×单位变动成本）＋固定成本。

需要说明的是，在表8-17中，在ABC公司的产品销售量介于5 000～10 000件的相关范围内时，销售收入和变动成本随着产品销售量的增加而增加，而固定成本保持不变。总成本则为固定成本与变动成本的和。当超出相关范围时，此关系将会发生变化。例如，ABC公司的相关范围是5 000～10 000件产品，如果公司销售12 000件产品，则需要租赁额外的机器设备，此时固定成本会超过20 000元；公司还可能因此而需要为员工加班支付额外的费用，相应地，单位变动成本也会超过8元/件。

8.3.3　弹性预算分析

只知道实际结果与预算存在差异是不够的，为了准确定位问题所在并采取纠正措施，管理者必须了解差异产生的原因，因此我们首先应通过弹性预算与实际执行的比较结果具体分析实际结果与固定预算之间产生差异的原因。

如表 8-16 所示，固定预算同时低估了销售收入和总成本，表 8-16 中所示的差异被称为固定预算差异，这是由于实际业务量与固定预算的预期业务量不同所造成的。为了更详细地分析差异产生的原因，我们将固定预算差异分为以下两个部分（如图 8-1 所示）。

① 销量差异——因实际销售量和固定预算的销售量不同而引起；

② 弹性预算差异——因在实际产量水平下，实际经营活动比预算有更多或更少的收入，或者产生更多或更少的成本而引起。

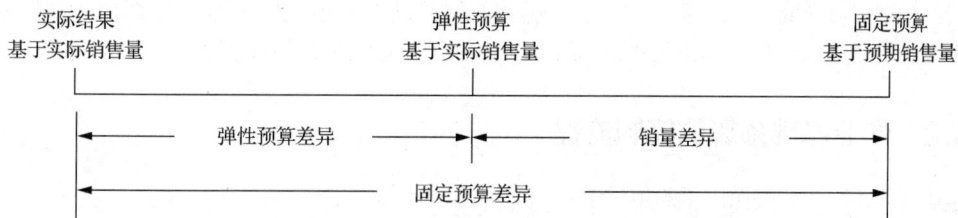

图 8-1　固定预算差异：销售数量差异和弹性预算差异

以下是有关差异的计算公式：

$$销量差异 = 弹性预算（基于实际销售量）- 固定预算（基于预期销售量） \qquad (8.7)$$

$$弹性预算差异 = 实际结果（基于实际销售量）- 弹性预算（基于实际销售量） \qquad (8.8)$$

$$固定预算差异 = 销量差异 + 弹性预算差异$$

$$= 实际结果（基于实际销售量）- 固定预算（基于预期销售量） \qquad (8.9)$$

【例8-4】续用ABC公司的例子。由于ABC公司固定预算中预计2023年第一季度的销售量为8 000件，但实际销售量为10 000件，于是需要为ABC公司计算销量差异和弹性预算差异。表8-18所示是ABC公司2023年第一季度的业绩报告。

表8-18　　　　　　　　　　　　ABC公司2023年第一季度业绩报告　　　　　　　　　金额单位：元

项目	（1）实际结果	（2）弹性预算差异（1）-（3）	（3）实际销售量下的弹性预算	（4）销量差异（3）-（5）	（5）固定预算
销售量/件	10 000	0	10 000	2 000（F）	8 000
销售收入	121 000	1 000（F）	120 000	24 000（F）	96 000
变动成本	83 000	3 000（U）	80 000	16 000（U）	64 000
固定成本	22 000	2 000（U）	20 000	0	20 000
总成本	105 000	5 000（U）	100 000	16 000（U）	84 000
经营利润	16 000	-4 000（U）	20 000	8 000（F）	12 000
固定预算差异①	4 000（16 000 - 12 000）				

注：① 固定预算差异 = 实际经营利润 - 固定预算下的经营利润。

从表8-18可以看出，总的固定预算差异（4 000元的经营利润有利差异）是由8 000元的销量差异（经营利润有利差异）和4 000元的弹性预算差异（经营利润不利差异）共同组成的。进一步分析可以看出，销量差异是由实际销售量10 000件比固定预算销售量8 000件多2 000件引起的；弹性预算差异是由于在相同的销售水平10 000件下，销售收入仅增加了1 000元（121 000 - 120 000），而实际成本比弹性预算增加了5 000元的不利差异（实际变动成本83 000元，比弹性预算80 000元增加了3 000元；实际固定成本22 000元比弹性预算20 000元增加了2 000元）。下一步，管理者需要分析导致实际经营活动中变动成本和固定成本超出预算的原因（由于原材料价格上涨、工人工资上涨、机器设备故障检修等原因还是其他），以及销售收入超出预算的原因，以发现企业在执行预算中的成绩及不足之处，更好地发挥预算的控制和考核评价作用。

8.4　作业基础预算的编制

8.4.1　作业基础预算概述

作业基础预算是对企业预期的作业进行计划和控制，以编制出满足预计的作业量和战略目标的预算。作业基础预算的目的在于向责任单位授权，为其提供完成预算产量或销售量必须执行的作业所需要的资源。与产量基础预算刚好相反，作业基础预算以成本对象为出发点，根据预计的产量（销售量）预计必须执行的作业和作业量，然后再预计各个作业所必须消耗的资源。

8.4.2　作业基础预算的编制流程

作业基础预算一般按照以下的步骤编制。

① 估计提供最终产品所需要的各类作业；

② 确定各类作业的成本动因；

③ 分析成本与作业量之间的关系，建立成本性态函数；

④ 预计各类作业量的发生水平（成本动因量）；

⑤ 依次为每项作业编制预算。

作业基础预算如果只按某一特定的作业量水平编制，则称为固定作业基础预算，如果按照特定的作业量变动范围来编制，则称为弹性作业基础预算。作业基础预算必须分别为不同的成本库编制弹性预算。

【例8-5】甲公司预计的产品销售量范围为8 000~15 000件，在作业基础预算基础上经过成本性态分析，该企业的单位变动成本资料如下：直接材料单位变动成本13元/件，直接人工单位变动成本6元/件，单位变动制造费用4元/件。另外，固定制造费用150 000元。现对该公司两个预计产量10 000件和12 500件的产品成本编制作业基础预算。

首先，根据成本动因的不同，将该公司的产品成本分成四个成本库：产量、机器小时、设备调整次数和订货次数。接着，以成本动因为基础进行成本性态分析，确定不同成本动因的成本公式。最后，编制作业基础预算，如表8-19所示。

如果按照传统的弹性预算，甲公司在销售量为10 000件时，其产品成本总额为380 000元（直接材料130 000 + 直接人工60 000 + 变动制造费用40 000 + 固定制造费用150 000），当销售量为125 000件时，其产品成本总额为437 500元（直接材料162 500 + 直接人工75 000 + 变动制造费用50 000 + 固定制造费用150 000）；而按作业成本法，需要将成本动因重新进行性态分析从而形成四个成本库，其成本的计算过程与传统方法有很大的不同。

表8-19　　　　　　　　　　甲公司产品成本作业基础预算　　　　　　　　金额单位：元

成本库1	成本动因：产量			
项目	成本		作业量水平	
	固定成本	单位变动成本	10 000（件）	12 500（件）
直接材料	—	13	130 000	162 500
直接人工	—	6	60 000	75 000
小计	—	—	190 000	237 500

成本库2	成本动因：机器小时			
项目	成本		作业量水平	
	固定成本	单位变动成本	8 000（机器小时）	16 000（机器小时）
动力费	72 000	1	80 000	88 000
维修人工	19 200	0.1	20 000	20 800
小计	—	—	100 000	108 800

成本库3	成本动因：设备调整次数			
项目	成本		作业量水平	
	固定成本	单位变动成本	18（次）	22（次）
机器调整	36 400	200	40 000	40 800
材料搬运	9 100	50	10 000	10 200
小计	—	—	50 000	51 000

成本库4	成本动因：订货次数			
项目	成本		作业量水平	
	固定成本	单位变动成本	12（次）	14（次）
仓储费用	10 000	—	10 000	10 000
订货费用	28 800	100	30 000	30 200
小计	—	—	40 000	40 200
总计	—	—	380 000	437 500

作业基础预算强调作业之间的协调，强调内外部之间的联系，了解顾客和供应商的需求，找出问题的根源。其目的在于揭示成本发生的原因，通过作业基础预算，找出与作业无关或非增值作业的支出，减少或消除企业存在的浪费和无效，并促使管理者去考虑完成作业的最有效和最经济的方法，从而帮助企业实现持续改进和流程管理。作业基础预算比较适用于加工过程复杂、质量要求高的高新技术企业，也适用于生产过程的支持性职能工作，如产品设计、订单处理、质量控制、顾客服务等，还适用于管理职能工作，如人力资源管理和设备管理等。

知识延展

📓 精选案例

神华集团16年预算管理实施过程中的意义建构模式

预算管理作为企业建立科学管理体系的核心，逐渐成为我国企业应用面最广，应用量最大的管理会计方法，但在应用的深度上，许多企业距离实现全面预算管理尚有不小的差距。随着管理会计应用日益广泛，越来越多企业的预算管理已经或正在迈入全面预算阶段。

神华集团在16年预算管理的实施过程中，在经济危机、国企改革、企业兼并扩张和企业信息化等剧烈多变的内外部环境下，先后经历了预算管理植入、预算管理与管理控制系统融合、预算管理向业务纵深层次扎根和预算管理成为企业战略支持工具等四个阶段，建立了四个不同的意义建构模式：最低程度的意义建构、受限的意义建构、分散的意义建构和导向明确的意义建构。

◎ 本章小结

全面预算是以实现企业既定的战略目标为目的，在预测分析和做出决策的基础上，有效地组织、协调和控制企业未来的各项经济活动，合理配置决策目标所涉及的各项经济资源，最终以货币为主要计量单位，通过预计地反映企业某个时期的经营状况和财务成果的一整套财务计划，对有关企业总体计划的资源配置情况的数量说明。

全面预算的主要作用：明确各职能部门的目标；协调各职能部门的工作；控制各职能部门的日常经济活动；考核各职能部门的工作业绩。

一个完整的全面预算一般包括经营预算、专门决策预算和财务预算三个部分。全面预算是一个各项预算相互衔接、前后对应的有机整体。

经营预算是反映企业预算期间日常发生的各项基本活动的预算，主要包括销售预算、生产预算、直接材料预算、直接人工预算、制造费用预算、产品成本预算、销售与管理费用预算等。

专门决策预算是指企业为那些在预算期内不经常发生的一次性业务活动所编制的预算。专门决策预算可分为两类：资本支出预算和经营决策预算。

财务预算主要是指与企业预算期的现金收支、经营成果和财务状况有关的各项预算，包括现金预算、预计利润表、预计资产负债表。

自测题

（一）单选题

1. 专门反映企业未来一定预算期内财务状况、经营成果和现金收支的一系列计划，如预计资产负债表、预计利润表等，是指（　　）。

    A. 全面预算   B. 经营预算   C. 资本预算   D. 财务预算

2. 下列各项预算中，构成全面预算体系最后环节的是（　　）。

    A. 专门决策预算   B. 日常业务预算   C. 财务预算   D. 现金预算

3. 若企业处于初创期，则全面预算的编制起点一般是（　　）。

    A. 销售预算   B. 资本预算   C. 成本预算   D. 现金预算

4. 编制生产预算的基础是（　　）。

    A. 销售预算   B. 直接人工预算   C. 管理费用预算   D. 现金预算

5. 下列预算中，不涉及现金收支内容的项目为（　　）。

    A. 销售预算   B. 生产预算   C. 制造费用预算   D. 销售与管理费用预算

6. 预算的决策机构是（　　）。

    A. 经理   B. 董事会   C. 股东大会   D. 财务部门

7. 根据预算编制所依据的业务量的数量特征，预算编制方法可分为（　　）。

    A. 固定预算和弹性预算   B. 增量预算和零基预算

    C. 资本预算和财务预算   D. 定期预算和滚动预算

8. 编制生产预算的关键是正确估算（　　）。

    A. 销售量   B. 生产量   C. 期末存货量   D. 期初存货量

9. 从内容上看，下列不属于财务预算的是（　　）。

    A. 预计利润表   B. 现金收支预算

    C. 预计资产负债表   D. 投资预算

10. 下列各项中，不能直接在现金预算中得到反映的有（　　）。

    A. 期初现金余额   B. 产销量情况   C. 现金收支情况   D. 现金筹措情况

11. 星海公司预计20×8年三、四季度销售产品220件、350件，单价分别为2元/件、2.5元/件，各季度销售收现率为60%，其余部分下个季度收回，则星海公司第四季度现金收入为（　　）元。

    A. 437.5   B. 440   C. 875   D. 701

12. 某企业编制直接材料预算，预计第四季度期初存量为456千克，季度生产需用量为2 120千克，预计期末存量为350千克，材料单价为10元，若材料采购货款有50%在本季度内付清，另外50%在下季度付清，则该企业预计资产负债表年末"应付账款"项目为（　　）元。

    A. 11 130   B. 14 630   C. 10 070   D. 13 560

13. 某公司预计20×4年度增值税销项税额为500万元，进项税额为400万元，对于应交增值税采用常规法估算，估计全年应缴纳的销售税金及附加为10万元，则20×8年预计发生的应交税金及附加为（　　）万元。

    A. 500   B. 85   C. 110   D. 27

14. 下列关于财务预算的表述不正确的是（　　）。

    A. 财务预算是财务预测的依据

    B. 财务预算能使决策目标具体化、系统化、定量化

    C. 财务预算反映企业未来一定预算期内预计财务状况和经营成果

    D. 财务预算是企业全面预算体系中的最后环节，也称总预算

15. 下列各种预算的说法中，正确的是（　　　）。

A. 投资决策预算一般不纳入日常业务预算和现金预算

B. 财务费用预算就本质而言属于专门决策预算

C. 在编制管理费用总额预算的同时，还需要分季度编制管理费用现金支出预算

D. 销售费用预算不需要编制相应的现金支出预算

（二）多选题

1. 下列属于预算审批机构的职能的有（　　　）。

A. 决定企业的经营计划和投资方案

B. 审议批准企业年度全面预算重大调整方案

C. 审议批准企业年度全面预算决算方案

D. 审议批准企业全面预算奖惩方案

E. 经常检查预算的执行情况

2. 与生产预算有直接联系的预算有（　　　）。

A. 直接材料预算　　　　　　　　B. 变动制造费用预算

C. 销售与管理费用预算　　　　　D. 投资决策预算

E. 直接人工预算

3. 完整的全面预算通常包括（　　　）。

A. 营业预算　　B. 财务预算　　C. 销售预算

D. 资本支出预算　　E. 成本预算

4. 下列属于现金支出预算中现金支出的有（　　　）。

A. 购买材料支出　　B. 缴纳税金支出　　C. 股利分配支出

D. 购买设备支出　　E. 销售费用支出

5. 产品成本预算的编制基础包括（　　　）。

A. 生产预算　　B. 销售预算　　C. 直接材料预算

D. 制造费用预算　　E. 财务预算

6. 下列各项中，能够在现金支出预算中直接反映的有（　　　）。

A. 现金余缺　　B. 现金支出　　C. 预算期销售量

D. 资金筹措及运用　　E. 产品成本预算

7. 某公司20×4年1～4月预计销售收入分别为100万元、200万元、300万元和400万元，对于当月的销售收入，当月先收现60%，下月收现30%，再下月收现10%。则20×4年3月31日资产负债表"应收账款"项目金额和20×4年3月的销售现金流入分别为（　　　）万元。

A. 140　　B. 250　　C. 160

D. 240　　E. 180

8. 某公司20×4年1～4月预计销售收入分别为100万元、200万元、300万元和400万元，每月按照下月销售收入的80%采购材料，采购当月付现60%，下月付现40%。假设没有其他购买业务，则20×4年3月31日资产负债表"应收账款"项目金额和20×4年3月的材料采购现金流出分别为（　　　）万元。

A. 148　　B. 218　　C. 128

D. 288　　E. 234

（三）判断题

1. 企业实行预算的目的是限制花钱。（　　　）

2. 预算编制涉及企业每一个部门、每一个岗位，它需要企业每一个部门和每一位员工的参与和支持。

（　　　）

3. 编制生产预算的目的是保证有充足的现金可以满足企业的需要，而且对多余现金可以有效利用。

（　　　）

4. 预计利润表是财务预算中的一个重要环节，也是编制预计资产负债表的基础。（   ）

5. 预算编制是预算管理循环的一个重要环节，预算编制质量的高低直接影响预算执行结果，也影响对预算执行者的业绩评价。（   ）

6. 全面预算是根据企业目标所编制的经营、资本、财务等年度收支总体计划，亦称为总预算。（   ）

7. 定期预算方法使预算期间与会计年度不相匹配，不便于考核和评价预算的执行结果。（   ）

8. 所有的日常业务预算中都包括实物量指标和价值量指标。（   ）

9. 编制弹性预算时，运用公式法不能直接查出特定业务量下的总成本预算额，而且按细目分解成本比较麻烦，同时又有一定误差。（   ）

10. 作业成本法将资源成本分配给作业，再根据成本对象消耗的成本动因数量，将作业成本分配到成本对象上。（   ）

（四）计算题

1. A公司预算期间20×4年销售预测表如表8-20所示，若销售当季度收回货款60%，次季度收款30%，第三季度收款10%，不存在坏账。预算年度期初应收账款余额为22 000元，其中包括上年度第三季度销售的应收款4 000元，及第四季度销售的应收账款18 000元。

表8-20 公司20×4年销售预测表

季度	1	2	3	4	合计
预计销售量/件	2 700	3 200	4 000	3 250	13 150
销售单价/元	80	80	80	80	—

要求：根据上述资料，编制A公司20×4年销售预算表及现金收入预算表。

2. 承题1，假设A公司各季度的期末存货量为下一季度预计销售量的8%，且计划年度期末存货量为240件，期初存货量为232件。

要求：按季度编制A公司的生产预算。

3. 承题2，假设生产每件产品需要2千克X材料，计划单价为10元/千克，每一季度末的材料存量等于下一季度生产需要量的20%，每季度的购料款当季支付50%，其余在下季支付。预算期期初应付账款为28 000元，期初存料为1 120千克，期末存料量为1 200千克。

要求：按季度编制A公司的直接材料预算及现金支出预算。

4. 星海公司预计下月初现金余额为10 000元，下月期初应收账款为5 000元，预计下月可收回80%；下月销货62 500元，当期收到货款的50%；采购材料10 000元，当期付款70%，当月应付账款余额为6 250元，应在月内付清；下月支付工资现金为10 500元，间接费用62 500元，其中折旧费5 000元；预交所得税1 125元；购买设备支付现金25 000元；现金不足时，向银行借款金额为1 000元的倍数，现金余额最低为3 750元。

要求：编制星海公司下月的现金预算。

5. 利达公司20×4年度甲产品的销售量在5 000～7 000件变动，销售单价为每件60元，单位变动成本为28元/件，固定成本总额为50 000元。

要求：以1 000件为销售量间隔单位编制该产品的弹性预算。

（五）案例分析题

杭州钢铁集团公司的
全面预算实施办法

第9章
标准成本与成本差异分析

学习目标

通过对本章的学习，读者应理解标准成本的含义，理解标准成本的分类，掌握标准成本的制定方法，并且重点掌握标准成本差异的分析方法。

基本概念

标准成本　直接人工标准成本　直接材料标准成本　制造费用标准成本　成本差异分析

引导案例

9.1 标准成本的概述

9.1.1 标准成本系统

标准成本系统（standard cost system），又称标准成本制度或标准成本会计，是围绕标准成本的相关指标而设计的一套成本控制系统。标准成本系统在泰勒的生产过程标准化思想的影响下，于20世纪20年代首创于美国，主要包括三个方面的内容：第一，事前，明确成本标准，制定标准成本；第二，事中，比较实际成本与标准成本，计算成本差异，分析差异形成的原因，并对其采取相应措施；第三，事后，对成本差异进行账务处理，并将标准成本与成本差异进行重新组合以最终确定产品的实际成本。

9.1.2 标准成本

与实际发生的成本即实际成本不同，标准成本是一种经过实际调查、全面分析与技术测定而制定的，用来评价实际成本、衡量工作效率的预计目标成本。

在实际工作时，"标准成本"一词有两层含义：一种是指单位产品的标准成本，即可以根据产品的标准消耗量和标准单价制定出"标准成本"，准确地说应该称为"成本标准"；另一种是指实际产量的标准成本，即可以根据单位产品的标准成本与本期产品实际完成的约当产量计算出"标准成本"，从而进行标准成本的差异分析。标准成本不是实际发生的成本，而是根据客观事实科学制定的应当发生的成本，用于成本管理的过程。

9.2 标准成本的制定

标准成本由会计部门会同采购部门、劳资部门、行政管理部门、技术部门及具体生产经营部门等监管责任部门，在对企业生产经营具体条件进行全面的技术经济分析的基础上共同制定。产品生产成本由直接材料、直接人工和制造费用三大项目构成，而每个项目的成本可由数量和价格两个要素确认。所以在制定标准成本时，首先根据每个成本项目的用量标准和价格标准计算得到有关项目的标准成本，然后将所有项目的标准成本相加，得到单位产品的标准成本。而管理费用、财务费用和销售费用作为当期费用直接计入当期损益，不计入产品成本，所以制定标准成本时并不涉及。

9.2.1　直接材料标准成本的制定

直接材料标准成本由直接材料价格标准和直接材料用量标准共同决定。首先按材料种类分别制定用量标准和价格标准，然后汇总计算单位产品的直接材料标准成本。计算公式如下：

$$直接材料标准成本 = \sum（直接材料价格标准 \times 直接材料用量标准）\qquad（9.1）$$

其中，直接材料价格标准为事先预计的实际需要支付的进料单位成本，包括买价、运杂费、检验费、正常损耗等。价格标准由会计部门、采购部门和质量管理部门协商确定，需要综合考虑供应商的报价、最佳采购批量、材料质量要求、未来市场行情变动等各种因素。如果某种原材料存货数量很大，就可以以实际成本作为该材料的价格标准；如果材料在使用前已订立合同，则可以将订货合同中的签订价格作为价格标准的依据。

直接材料用量标准是指在现有生产技术条件下生产单位产品所需要的各种直接材料的消耗量，由工艺部门技术人员在生产人员的帮助下，通过分析测算甚至现场测试的方式制定。直接材料用量标准的制定需要结合企业产品的设计、生产、工艺以及企业经营管理水平的现状，考虑成本优化（尤其是成本降低）的要求以及材料在使用过程中必不可少的消耗（如切削、边角余料等）和难以避免的损失。

【例9-1】某公司预计在2023年生产甲产品耗用的直接材料资料如表9-1所示，计算甲产品的直接材料标准成本。

表9-1　　　　　　　　　　甲产品预计消耗的直接材料资料

标准	品种	
	A 材料	B 材料
发票单价/元	16	25
运杂费/元	2	3
装卸检验费/元	3	5
每千克标准价格/元	21	33
材料设计用量/千克	40	50
允许损耗量/千克	2	5
单位产品标准用量/千克	42	55

解：消耗的A材料标准成本 $= 21 \times 42 = 882$（元/件）

消耗的B材料标准成本 $= 33 \times 55 = 1\ 815$（元/件）

甲产品直接材料标准成本 $= 882 + 1\ 815 = 2\ 697$（元/件）

9.2.2　直接人工标准成本的制定

直接人工标准成本由直接人工价格标准和直接人工用量标准共同决定。

直接人工价格标准就是标准工资率，是指每工时应分配的工资，由劳资部门根据工种、操作工人技术等级以及所在车间等情况分别制定。如果同一项操作在不同情况下需要不同的技能才能完成，那么也应制定不同的标准工资率。

直接人工用量标准就是工时用量标准，是指在现有生产技术条件下，生产单位产品所需要的直接人工工时，包括对产品直接加工所耗用的时间、必要的间歇和停工时间、不可避免的废品耗用时间等。在制定工时标准时，考虑提高劳动生产率的要求，将工人的操作分解为最基本的动作要素，对动作和工艺进行技术测定，并在历史数据和操作人员意见的基础上调整低效因素、消除不必要的动作因素、加上必不可少的追加时间。

制定直接人工标准成本时，首先按零件、加工工序、车间分别确定标准工资率和工时用量标准，然后按产品加以汇总。计算公式如下：

$$直接人工标准成本 = \sum（标准工资率 \times 工时用量标准）\qquad（9.2）$$

【例9-2】 某公司预计2023年生产甲产品消耗的直接人工资料如表9-2所示。要求：计算甲产品的直接人工标准成本。

表9-2 甲产品预计消耗的直接人工资料

标准	工序	
	第一工序	第二工序
每人每月工时（8小时/天×22天）/小时	176	176
生产工人人数/人	120	90
出勤率	95%	95%
每月总工时/小时	20 064	15 048
每月工资总额/元	401 280	376 200
每小时标准工资率/元	20	25
加工时间/（小时/件）	20	15
调整设备时间/（小时/件）	2	1
工间休息时间/（小时/件）	1.5	1
其他时间/（小时/件）	1	2
单位产品工时用量标准/小时	24.5	19

解：第一工序直接人工标准成本 = 20 × 24.5 = 490（元/件）

第二工序直接人工标准成本 = 25 × 19 = 475（元/件）

甲产品直接人工标准成本 = 490 + 475 = 965（元/件）

9.2.3 制造费用标准成本的制定

制造费用标准成本需要按部门分别制定，若某一产品的生产过程涉及多个部门，应将各部门相关的制造费用汇总，计算出单位产品的制造费用标准成本。制造费用按成本性态可分为变动性制造费用和固定性制造费用，因此要分别制定变动性制造费用和固定性制造费用的价格标准和工时用量标准。

变动性制造费用的价格标准，即变动性制造费用标准分配率，是指每一工时应分摊的变动性制造费用，可由变动性制造费用预算除以生产能量确定。将变动性制造费用的价格标准和工时用量标准相乘，可得变动性制造费用标准成本。将相关车间的变动性制造费用标准成本相加，可得单位产品的变动性制造费用标准成本。相关公式如下：

$$变动性制造费用标准分配率 = \frac{变动性制造费用预算}{生产能量}\qquad（9.3）$$

$$单位产品变动性制造费用标准成本 = \sum（变动性制造费用标准分配率 \times 工时用量标准）\qquad（9.4）$$

固定性制造费用标准成本的制定和变动性制造费用标准成本的制定基本相同。固定性制造费用价格标准，即固定性制造费用标准分配率，可由固定性制造费用预算除以生产能量确定。而固定性制造费用用量标准和变动性制造费用用量标准保持一致，以便进行差异分析。将各车间固定性制造费用的价格标准和工时用量标准的乘积求和可得单位产品的固定性制造费用标准成本。相关公式如下：

$$固定性制造费用标准分配率 = \frac{固定性制造费用预算}{生产能量}\qquad（9.5）$$

$$单位产品固定性制造费用标准成本 = \sum（固定性制造费用标准分配率 \times 工时用量标准）\qquad（9.6）$$

【例9-3】某公司预计2023年生产甲产品消耗的制造费用资料如表9-3所示，计算甲产品的制造费用标准成本。

表9-3　　　　　　　　　　　　　甲产品消耗的制造费用资料

标准	部门	
	第一车间	第二车间
单位产品工时用量标准/人工工时	24.5	19
生产能量/人工工时	20 064	15 048
变动性制造费用预算:		
间接材料费用/元	200 720	150 000
间接人工费用/元	70 240	30 424
水电费用/元	30 000	15 200
固定性制造费用预算:		
管理人员工资/元	60 000	75 000
折旧费/元	55 460	53 000
其他费用/元	145 372	112 768

解：变动性制造费用标准成本：

第一车间变动性制造费用分配率＝（200 720＋70 240＋30 000）÷20 064＝15（元/小时）

第一车间变动性制造费用标准成本＝15×24.5＝367.5（元/件）

第二车间变动性制造费用分配率＝（150 000＋30 424＋15 200）÷15 048＝13（元/小时）

第二车间变动性制造费用标准成本＝13×19＝247（元/件）

变动性制造费用标准成本＝367.5＋247＝614.5（元/件）

固定性制造费用标准成本：

第一车间固定性制造费用分配率＝（60 000＋55 460＋145 372）÷20 064＝13（元/小时）

第一车间固定性制造费用标准成本＝13×24.5＝318.5（元/件）

第二车间固定性制造费用分配率＝（75 000＋53 000＋112 768）÷15 048＝16（元/小时）

第二车间固定性制造费用标准成本＝16×19＝304（元/件）

固定性制造费用标准成本＝318.5＋304＝622.5（元/件）

甲产品制造费用标准成本＝614.5＋622.5＝1 237（元/件）

9.2.4　单位产品标准成本的制定

产品的标准成本由直接材料、直接人工、制造费用三大项目的标准成本汇总而成。通常，企业会为每种产品编制一张标准成本单，其中包含具体每个项目的价格标准和用量标准。

在变动成本法下，固定性制造费用不计入产品成本，和单位产品标准成本的制定无关，所以我们无须制定固定性制造费用标准成本。单位产品标准成本的公式为：

单位产品标准成本＝直接材料标准成本＋直接人工标准成本＋变动性制造费用标准成本　（9.7）

在完全成本法下，产品成本包括固定性制造费用，所以企业需要制定固定性制造费用标准成本。单位产品标准成本的公式为：

单位产品标准成本＝直接材料标准成本＋直接人工标准成本＋变动性制造费用标准成本＋固定性制造费用标准成本

（9.8）

【例9-4】根据【例9-1】、【例9-2】和【例9-3】中有关某公司甲产品各项成本项目的标准成本资料，编制该公司2023年甲产品的标准成本单。

解：依题意编制的某公司2023年甲产品标准成本单如表9-4所示。

表9-4　　　　　　　　　2023年甲产品标准成本单

项目	价格标准	用量标准	标准成本
直接材料：			
A 材料	21 元/千克	42 千克/件	882 元/件
B 材料	33 元/千克	55 千克/件	1 815 元/件
小计	—	—	2 697 元/件
直接人工：			
第一工序	20 元/小时	24.5 小时/件	490 元/件
第二工序	25 元/小时	19 小时/件	475 元/件
小计	—	—	965 元/件
变动性制造费用：			
第一车间	15 元/小时	24.5 小时/件	367.5 元/件
第二车间	13 元/小时	19 小时/件	247 元/件
小计	—	—	614.5 元/件
固定性制造费用：			
第一车间	13 元/小时	24.5 小时/件	318.5 元/件
第二车间	16 元/小时	19 小时/件	304 元/件
小计	—	—	622.5 元/件
制造费用合计	—	—	1 237 元/件
单位甲产品标准成本			4 899 元/件

9.3　标准成本的差异分析

9.3.1　标准成本差异的含义与分类

1. 标准成本差异的含义

标准成本是一种目标成本。实际成本可能会因为各种原因而与标准成本不相符合。企业在一定时期生产某种产品所发生的实际成本与标准成本之间的差额，称为标准成本差异或成本差异，这也是一类非常重要的管理信息。

2. 标准成本差异的分类

按照不同的标准进行划分，标准成本差异分为不同的类别。

根据成本差异性质的不同，成本差异分为有利差异和不利差异。有利差异（favorable variance）是指因实际成本低于标准成本而形成的节约差，通常用 F 表示；不利差异（unfavorable variance），是指因实际成本高于标准成本而形成的超支差，通常用 U 表示。

根据成本差异是否可以控制，成本差异分为可控差异和不可控差异。

从成本差异构成内容的角度，成本差异分为直接材料成本差异、直接人工成本差异和制造费用成本差异。进一步地，制造费用成本差异按其性态又可分为变动性制造费用成本差异和固定性制造费用成本差异。其中，直接材料成本差异、直接人工成本差异和变动性制造费用成本差异统称为变动成本差异，而固定性制造费用成本差异属于固定成本差异。变动成本差异按其形成原因可以分为价格差异和用量差异。本章中，固定成本差异即为固定性制造费用成本差异。由于固定成本不随业务量的变动而变动，固定性制造费用成本差异不能简单地分为价格差异和用量差异，而是应划分为耗费差异（预算差异）、闲置能量差异和效率差异。

9.3.2 变动生产成本的成本差异分析

1. 变动成本差异分析的一般模型

直接材料、直接人工、变动性制造费用都属于变动成本，其成本差异分析的方法基本相同。变动生产成本的成本差异取决于实际价格偏离标准价格的程度以及实际用量消耗偏离标准用量消耗的程度。

变动成本差异的构成如图 9-1 所示。

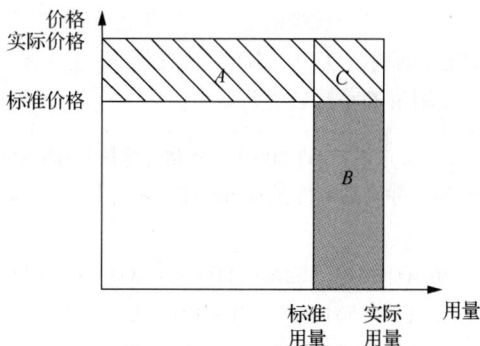

图 9-1 变动成本差异的构成

由图 9-1 可知，成本差异由纯价格差异（区域 A）、纯用量差异（区域 B）和混合差异（区域 C）三者构成。纯价格差异为价格差与标准用量之积，纯用量差异为用量差与标准价格之积，混合差异为价格差与用量差之积。在标准成本系统中，习惯将混合差异并入纯价格差异，让数量差异保持为纯差异，即价格差异为区域 A + 区域 C，用量差异为区域 B。主要是因为混合差异数量较小，可以简化计算，而相比于价格差异，用量差异分析在成本控制中更为重要，纯价格差异受到诸多不可控因素影响，如企业对原材料市场价格和人工工资的控制都是有限的。

公式推导过程如下：

成本差异 = 实际成本 − 标准成本

= 实际价格 × 实际用量 − 标准价格 × 标准用量

= 实际价格 × 实际用量 − 标准价格 × 实际用量 + 标准价格 × 实际用量

− 标准价格 × 标准用量

= （实际价格 − 标准价格）× 实际用量 + 标准价格 × （实际用量 − 标准用量）

= 价格差 × 实际用量 + 用量差 × 标准价格

= 价格差异 + 用量差异 (9.9)

其中，核心公式为：

价格差异 = （实际价格 − 标准价格）× 实际用量 (9.10)

用量差异 = （实际用量 − 标准用量）× 标准价格 (9.11)

具体到变动成本各项目，成本差异分析公式如表 9-5 所示。

表 9-5 变动成本的标准成本差异分析公式

	价格差异	用量差异
直接材料	直接材料价格差异 = （实际价格 − 标准价格）× 实际用量	直接材料用量差异 = （实际用量 − 标准用量）× 标准价格
直接人工	直接人工工资率差异 = （实际工资率 − 标准工资率）× 实际工时	直接人工效率差异 = （实际工时 − 标准工时）× 标准工资率
变动性制造费用	变动性制造费用耗费差异 = （实际分配率 − 标准分配率）× 实际工时	变动性制造费用效率差异 = （实际工时 − 标准工时）× 标准分配率

2. 直接材料成本差异分析

直接材料成本差异是指直接材料实际成本与其标准成本之间的差额，包括直接材料价格差异和直接材料用量差异两个方面。

相关计算公式如下：

直接材料价格差异 =（实际价格 - 标准价格）× 实际用量　　　　　　　　　　　　　（9.12）

直接材料用量差异 =（实际用量 - 标准用量）× 标准价格　　　　　　　　　　　　　（9.13）

由于价格差异通常发生在采购环节、用量差异通常发生在生产环节，价格差异公式中的实际用量是指实际的材料采购数量、用量差异公式中的实际用量是指生产部门实际领用或者生产实际耗用的材料数量。在现代企业追求准时制生产方式（JIT）的情况下，企业按销定产、按产定供，尽可能减少存货，材料采购量和生产耗用量的差异会逐渐缩小。

> **【例9-5】** 某公司2023年1月生产甲产品1 000件，耗用A材料56 000千克，材料单价为18元/千克；直接材料的标准成本为882元/件，即产品标准用量为42千克/件，标准价格为21元/千克。分析直接材料成本差异。
>
> 解：直接材料成本差异 = 56 000 × 18 - 882 × 1 000 = 126 000（元）（U）
>
> 直接材料价格差异 =（18 - 21）× 56 000 = - 168 000（元）（F）
>
> 直接材料用量差异 =（56 000 - 42 × 1 000）× 21 = 294 000（元）（U）
>
> 本例中，直接材料成本差异是不利差异，是直接材料用量不利差异大于直接材料价格有利差异的结果。

直接材料价格差异通常发生在采购环节，所以直接材料价格差异主要由采购部门负责。采购部门需要根据差异的具体原因来应对差异。但也不是所有的直接材料价格差异都由采购部门负责。直接材料价格差异也有可能是客观原因或不可控因素导致的，如宏观经济环境或市场供给变化导致的材料价格变动、运输延误造成的合同违约或运输工具的改变等，都属于采购部门的不可控因素。虽然无法避免，但是企业可以进行差异分析、考虑应对措施、降低类似事情再次发生的影响程度。直接材料价格差异也有可能归责于生产部门，如生产部门临时急需一批材料，此时其采购价格和运费很可能会比正常情况下高。

直接材料实际用量偏离标准用量的原因有很多。用量差异通常产生于生产环节，由生产部门负责，如工人操作失误、机器出现故障、质检更为严格等原因造成的废工废料，工人操作不熟练、干活不细致、机器效率低下、机器不适用于产品等原因导致的材料浪费。也有可能是其他部门的责任，如在生产技术改进或工艺流程变更后，标准制定部门未对标准用量作调整；采购部门片面追求较低价格或仓储管理部门管理材料不善，导致生产部门领用的材料质量不合格、耗用大量材料。

3. 直接人工成本差异分析

直接人工成本差异是指直接人工实际成本与直接人工标准成本之间的差额，包括直接人工工资率差异（价格差异）和直接人工效率差异（用量差异）两部分内容。

相关计算公式如下：

直接人工工资率差异 =（实际工资率 - 标准工资率）× 实际工时　　　　　　　　　（9.14）

直接人工效率差异 =（实际工时 - 标准工时）× 标准工资率　　　　　　　　　　　（9.15）

> **【例9-6】** 某公司2023年1月生产甲产品1 000件，实际使用工时22 000小时，支付工资484 000元；直接人工的标准成本为490元/件，即产品标准工时为24.5小时/件，标准工资率为20元/小时。分析直接人工成本差异。
>
> 解：直接人工成本差异 = 484 000 - 490 × 1 000 = - 6 000（元）（F）
>
> 直接人工工资率差异 =（484 000 ÷ 22 000 - 20）× 22 000 = 44 000（元）（U）
>
> 直接人工效率差异 =（22 000 - 1 000 × 24.5）× 20 = - 50 000（元）（F）

> 本例中的直接人工成本差异为有利差异，是直接人工工资率不利差异小于直接人工效率有利差异的结果。

工资率会受国家宏观工资政策、通货膨胀、劳动力供求关系等因素的影响，由此带来的直接人工工资率差异，属于企业不可控的差异。一般来说，企业和员工之间存在劳动协议，工资标准、计算方法不会随意变动。但是员工之间存在不同的工资级别，不同的岗位安排和工作调动使不同工资级别员工的实际工时占总工时的比例发生变化，从而导致了工资率差异。通常情况下，劳动人事部门或者生产部门有权决定具体用工情况，是直接人工工资率差异的责任部门。

直接人工效率差异的产生原因有多种。生产技术的提高或生产技艺的改进，可以提高劳动生产率，减少人工工时消耗。直接人工效率差异基本上由生产部门负责，但也可能涉及人力资源、材料供应、设备管理等部门，企业应视具体情况、采取相应措施进行控制。

4. 变动性制造费用的差异分析

变动性制造费用成本差异是指实际变动性制造费用发生额与标准变动性制造费用之间的差额，包括耗费差异（价格差异）和效率差异（用量差异）两部分。相关计算公式如下：

$$变动制造费用耗费差异 =（实际分配率 - 标准分配率）×实际工时 \tag{9.16}$$

$$变动制造费用效率差异 =（实际工时 - 标准工时）×标准分配率 \tag{9.17}$$

> **【例9-7】**某公司2023年1月生产甲产品1 000件，实际耗用22 000工时，实际发生的变动性制造费用为352 000元；变动性制造费用的标准成本为367.5元/件，即产品标准工时为24.5小时/件，变动性制造费用标准分配率为15元/小时。分析变动性制造费用成本差异。
>
> 解：变动性制造费用成本差异 = 352 000 - 367.5×1 000 = -15 500（元）（F）
>
> 变动性制造费用耗费差异 =（352 000 ÷ 22 000 - 15）× 22 000 = 22 000（元）（U）
>
> 变动性制造费用效率差异 =（22 000 - 1 000×24.5）× 15 = -37 500（元）（F）
>
> 本例中，变动性制造费用成本差异是有利差异，是变动性制造费用效率有利差异大于变动性制造费用耗费不利差异的结果。

变动性制造费用耗费差异是指变动性制造费用实际支出与按实际工时和标准费率计算的弹性预算之间的差额，反映耗费水平，即每小时业务量支出的变动性制造费用脱离了标准变动性制造费用的程度。将变动性制造费用控制在弹性预算限额内是部门经理的责任。变动性制造费用包含多种费用项目，变动性制造费用标准成本差异可能是个别项目实际价格偏离预算价格导致的，如水电等间接材料价格波动或者间接人工工资率调整；变动性制造费用与工时之间存在线性关系，但是也许并不十分严格甚至会发生变化，变动性制造费用标准成本差异也有可能是由于个别项目实际使用量的增长率偏离工时增长率而导致的，如某些间接材料被多次利用。实践中，通常根据变动性制造费用各明细项目的实际支出与弹性预算的对比情况，提出相关控制措施。

如果直接人工和变动性制造费用的数量都用直接人工工时表示，则在进行直接人工效率差异和变动性制造费用效率差异分析时，实际工时和标准工时之差是一致的。变动性制造费用效率差异和直接人工效率差异的产生原因相同，不再赘述。

9.3.3 固定性制造费用的成本差异分析

固定性制造费用的成本差异是指一定期间内实际固定性制造费用与标准固定性制造费用之间的差额。在进行差异分析时，固定性制造费用的标准成本差异的分析方法与各项变动生产成本的标准成本差异的分析方法有所不同。

固定性制造费用和变动性制造费用最大的区别在于固定性制造费用属于固定成本，在一定业务量范围内总额不随业务量变动而变动，所以固定性制造费用预算数是固定预算数，和实际工时无关，用标准分配率与预算工时（生产能量）的乘积表示，其中生产能量表示预算产量的标准总工时。而变动性制造费用属于变动成本，预算数是弹性预算数，随着实际工时的变化而变化，用标准分配率与实际工时的乘积表示。所以固定性制造费用成本差异不能简单分为耗费差异（价格差异）和效率差异（用量差异）两种类型，而还应包括由于实际工时偏离预算工时而产生的成本差异，即闲置能量差异。实践中，可用二因素分析法或三因素分析法对固定性制造费用的标准成本差异进行分析。

1. 二因素分析法

二因素分析法将固定性制造费用的成本差异分为耗费差异和能量差异两个部分。

其中，固定性制造费用耗费差异又称为固定性制造费用预算差异，是指固定性制造费用的实际数与预算数之间的差额。预算数是固定的，不随业务量变动，实际金额超过预算金额即视为耗费过多。计算公式为：

$$固定性制造费用耗费差异 = 固定性制造费用实际数 - 固定性制造费用预算数 \quad (9.18)$$

固定性制造费用能量差异是指固定性制造费用预算数与固定性制造费用标准成本之间的差额，或者说是生产能量与实际业务量标准工时的差额用标准分配率计算的金额，它反映了实际产量偏离预计产量而导致的成本差异。计算公式为：

$$
\begin{aligned}
固定性制造费用能量差异 &= 固定性制造费用预算数 - 固定性制造费用标准成本 \\
&= 标准分配率 \times 生产能量 - 标准分配率 \times 实际产量标准工时 \\
&= （生产能量 - 实际产量标准工时）\times 标准分配率 \\
&= （预计产量 - 实际产量）\times 单位产品标准工时 \times 标准分配率
\end{aligned}
$$

$$(9.19)$$

> **【例9-8】** 某公司2023年1月生产甲产品1 000件，发生固定性制造费用312 000元，实际工时为26 000小时；企业的生产能量为1 200件，即29 400小时；固定性制造费用的标准成本为318.5元，即产品标准工时为24.5小时/件，标准分配率为13元／小时。用二因素分析法分析固定性制造费用成本差异。
>
> 解：固定性制造费用成本差异 = 312 000 - 1 000 × 318.5 = -6 500（元）（F）
>
> 固定性制造费用耗费差异 = 312 000 - 29 400 × 13 = -70 200（元）（F）
>
> 固定性制造费用能量差异 = 29 400 × 13 - 1 000 × 318.5 = 63 700（元）（U）

2. 三因素分析法

三因素分析法是对二因素分析法的延伸，它在保留耗费差异的基础上，进一步分析了能量差异。耗费差异分析方法见"二因素分析法"。能量差异进一步分为两部分：一部分是实际工时偏离生产能量而形成的闲置能量差异，反映生产能量是否被充分利用；另一部分是因实际工时偏离标准工时，更确切地说，是因单位产品实际工时偏离其标准工时而形成的效率差异，反映已利用生产能量的工作效率。计算公式如下：

$$固定性制造费用/耗费差异 = 固定性制造费用实际数 - 固定性制造费用预算数$$

$$
\begin{aligned}
固定性制造费用闲置能量差异 &= 固定性制造费用预算数 - 固定性制造费用标准分配率 \times 实际工时 \\
&= （生产能量 - 实际工时）\times 固定性制造费用标准分配率 \quad (9.20)
\end{aligned}
$$

$$
\begin{aligned}
固定性制造费用效率差异 &= 固定性制造费用标准分配率 \times 实际工时 - 固定性制造费用标准分配 \\
&\quad 率 \times 实际产量标准工时 \\
&= （实际工时 - 实际产量标准工时）\times 固定性制造费用标准分配率
\end{aligned}
$$

$$(9.21)$$

> **【例9-9】** 根据【例9-8】中的资料，用三因素分析法分析固定性制造费用差异。
>
> 解：固定性制造费用成本差异 = 312 000 - 1 000 × 318.5 = -6 500（元）（F）
>
> 固定性制造费用耗费差异 = 312 000 - 29 400 × 13 = -70 200（元）（F）
>
> 固定性制造费用闲置能量差异 = （29 400 - 26 000）× 13 = 44 200（元）（U）

固定性制造费用效率差异＝（26 000－24.5×1 000）×13＝19 500（元）（U）

本例中，固定性制造费用发生的有利差异6 500元被分解为有利的耗费差异70 200元和不利的能量差异63 700元，不利的能量差异63 700元是不利的闲置能量差异44 200元和不利的效率差异19 500元共同导致的结果。分析各不利差异形成的原因：本月预计产量1 200件，实际产量1 000件，实际产量低于预计产量导致了不利的能量差异。本月生产能量29 400小时，实际耗用工时26 000小时，实际产量标准工时24 500小时；实际耗用工时低于生产能量，说明生产能量没有得到充分利用，由此形成了不利的闲置能量差异；实际耗用工时大于实际产量标准工时，说明已利用生产能量的工作效率没有达到标准，由此形成了不利的效率差异。

固定性制造费用由一些与生产能力形成以及正常维护相联系的费用项目组成，如固定资产的折旧、修理、租赁、保险等相关费用，管理人员工资，职工培训费，新产品的研发，公共事业费等。所以固定性制造费用耗费差异，即实际数脱离预算数的原因也是来自各个方面的，企业应根据原因，将责任落实到相关部门。分析具体原因是预算制定时考虑不全，还是某些酌量性、固定性制造费用未按预计发生的时间严格执行，若是前者则由预算制定部门负责，若是后者，则分析其合理性；固定资产折旧费的变化应由财务部门负责；修理费开支变化应由设备维修部门负责；有些费用如资源价格变动、公共事业费变动、税率的变化等不可控，不能直接归咎于某个部门。

知识延展

本章小结

标准成本是一种经过实际调查、全面分析与技术测定而制定的，用来评价实际成本、衡量工作效率的预计目标成本。产品的标准成本按直接材料、直接人工和制造费用三个项目分别制定，每个标准成本项目都由用量标准和价格标准构成。实际成本与标准成本之间的差额，就是成本差异。直接材料、直接人工和变动性制造费用的成本差异均可以分解为价格差异和用量差异；固定性制造费用的成本差异可以分解为耗费差异和能量差异，而能量差异又可进一步分解为闲置能量差异和效率差异。为了实现成本管理的目的，企业需要分析这些差异产生的具体原因和责任归属，并且及时采取措施予以纠正。

自测题

（一）单选题

1. 下列情况中，需要对基本标准成本进行修订的是（　　）。
   A. 市场供求关系导致的售价变化　　B. 重要原材料的价格发生重大变化
   C. 生产经营能力利用程度的变化　　D. 工作方法改变引起的效率变化
2. 在实际工作中，应用最为广泛的标准成本为（　　）。
   A. 基本标准成本　　B. 正常标准成本　　C. 理想标准成本　　D. 定额成本
3. 理想标准成本是在（　　）可达到的成本水平，它根据理论上的耗用量、价格以及最高生产经营能力利用程度制定，假定材料无浪费、工时全有效、工人无失误且全力以赴地工作、设备无障碍且最大程度地被利用。
   A. 正常生产经营条件下　　　　　　B. 现有的生产经营条件下
   C. 最佳生产经营条件下　　　　　　D. 平均先进的生产经营条件下
4. 无论是哪个成本项目，在制定标准成本时，都需要分别确定两个标准，两者相乘即为每一成本项目的标准成本，这两个标准是（　　　）。

    A. 价格标准和质量标准　　　　　　　　B. 历史标准和用量标准

    C. 历史标准和质量标准　　　　　　　　D. 价格标准和用量标准

5. 某公司正在为甲产品制定标准成本，加工一件甲产品需要的必不可少的加工操作时间为27小时，设备调整时间为1小时，必要的工间休息为3.5小时，正常的废品率为10%，则甲产品直接人工标准工时是（　　　）小时。

    A. 28.35　　　　　　B. 30　　　　　　C. 35　　　　　　D. 24.3

6. 在进行直接人工成本差异分析时，若已知直接人工成本差异总额为不利差异3 000元，工资率差异为有利差异200元，则人工效率差异是（　　　）元。

    A. 不利差异3 200　　　　　　　　　　B. 不利差异2 800

    C. 有利差异3 200　　　　　　　　　　D. 有利差异2 800

7. 若人工效率差异为6 400元，标准工资率为20元/小时，变动性制造费用的标准分配率为12元／小时，则变动性制造费用的效率差异为（　　　）。

    A. 10 666.67元　　　B. 3 840元　　　C. 3 500元　　　D. 3 260元

8. 直接材料价格差异的计算公式为（　　　）。

    A. 价格差异＝（实际价格－标准价格）×标准数量

    B. 价格差异＝（实际价格－标准价格）×实际数量

    C. 价格差异＝（实际数量－标准数量）×标准价格

    D. 价格差异＝（实际数量－标准数量）×实际价格

9. 固定性制造费用的能量差异进一步分解为（　　　）。

    A. 闲置能量差异和耗费差异　　　　　　B. 能量差异和效率差异

    C. 闲置能量差异和效率差异　　　　　　D. 以上任何两种差异

10. 固定性制造费用的实际金额与预算金额的差异/称为（　　　）。

    A. 能量差异　　　B. 耗费差异　　　C. 闲置能量差异　　　D. 效率差异

（二）多选题

1. 正常标准成本是在正常生产经营条件下应该达到的成本水平，它是根据（　　　）制定的标准成本。

    A. 现实的耗用水平　　　　　　　　　　B. 正常的价格

    C. 正常的生产经营能力利用程度　　　　D. 现实的价格

    E. 正常消耗

2. 标准成本按其制定所依据的生产技术和经营管理水平分类包括（　　　）。

    A. 理想标准成本　　B. 正常标准成本　　C. 现行标准成本

    D. 基本标准成本　　E. 现实标准成本

3. 正常标准成本是在正常生产条件下应该达到的成本水平。这种标准成本通常反映了过去一段时期的（　　　）。

    A. 实际成本水平的平均值　　　　　　　B. 该行业价格的平均水平

    C. 平均生产能力　　　　　　　　　　　D. 最高生产能力

    E. 平均技术水平

4. 构成直接材料成本差异的基本因素有（　　　）。

    A. 效率差异　　　B. 耗用差异　　　C. 用量差异

    D. 价格差异　　　E. 能量差异

5. 制造费用的工时标准，通常可采用（　　　）。

    A. 直接人工工时　　B. 定额工时　　C. 标准工时

    D. 机器工时　　　　E. 计划工时

6. 成本差异按成本的构成内容可以分为（　　　）。

    A. 直接材料成本差异　　　　　　　　B. 直接人工成本差异

    C. 价格差异　　　　　　　　　　　　D. 数量差异

    E. 制造费用差异

7. 下列成本差异中，通常由生产部门负责的有（　　　）。

    A. 材料用量差异　　B. 材料价格差异　　C. 人工效率差异

    D. 固定性制造费用效率差异　　　　　E. 变动性制造费用效率差异

8. 产生材料价格差异的原因，可能会有（　　　）。

    A. 进料数量未按经济订货量办理　　　B. 购入低价材料

    C. 折扣期内延期付款，未获优惠　　　D. 增加运输途中耗费

    E. 发生退货

9. 影响人工效率的因素包括（　　　）。

    A. 材料质量　　　　B. 材料价格　　　C. 生产设备状况

    D. 供应商选择　　　E. 生产工艺

10. 下列关于固定性制造费用成本差异分析的公式中，不正确的有（　　　）。

    A. 固定性制造费用能量差异＝（生产能量－实际工时）×固定性制造费用标准分配率

    B. 固定性制造费用耗费差异＝固定性制造费用实际数－固定性制造费用标准成本

    C. 固定性制造费用闲置能量差异＝（生产能量－实际产量标准工时）×固定性制造费用标准分配率

    D. 固定性制造费用闲置能量差异＝固定性制造费用预算数－固定性制造费用标准分配率×实际工时

    E. 固定性制造费用效率差异＝（实际工时－标准产量标准工时）×固定性制造费用标准分配率

（三）判断题

1. 正常标准成本可以揭示实际成本下降的潜力。（　　　）

2. 正常标准成本与现实标准成本不同的是，它需要根据现实情况的变化不断进行修改，而现实标准成本则可以保持较长一段时间固定不变。（　　　）

3. 理想标准成本是以现有生产经营条件处于最佳状态为基础确定的最低水平的成本，在实际工作中被广为采用。（　　　）

4. 直接人工的标准工时包括设备意外故障产生的停工时间。（　　　）

5. 无论是变动成本差异还是固定性制造费用差异，都可分为有利差异和不利差异。（　　　）

6. 在直接材料成本差异分析中，价格差异总金额是根据价格差乘以实际用量计算的，而用量差异总金额根据用量差乘以标准价格计算。（　　　）

7. 在进行直接人工成本差异分析时，如果完成一定的生产工作，用的人工工时多，则说明生产效率高。（　　　）

8. 制造费用耗用差异受到变动性制造费用的节约和浪费的影响，但与生产工时无关。（　　　）

9. 固定性制造费用成本差异也可分为"价差"和"量差"两部分，"价差"表现为耗费差异，"量差"表现为能量差异。（　　　）

10. 对固定性制造费用的分析和控制通常是通过编制固定性制造费用预算与实际发生数对比表来进行的。（　　　）

（四）计算题

1. 某公司生产甲产品，有关资料如下。

（1）单位甲产品耗用8千克A材料和20千克B材料。每千克A材料标准价格为30元，每千克B材料标准

价格为25元。

（2）单位甲产品标准工时为10小时，直接人工标准工资率为20元/小时。

（3）变动性制造费用预算数为14 000元，固定性制造费用预算数为15 500元。标准总工时为2 000小时。

要求：计算甲产品的标准成本。

2. 某公司甲产品的标准成本资料如表9-6所示。

表9-6   甲产品标准成本单

项目	价格标准	数量标准	金额
直接材料	45元/千克	10千克/件	450元/件
直接人工	15元/小时	20小时/件	300元/件
变动性制造费用	6元/小时	20小时/件	120元/件
固定性制造费用	5元/小时	20小时/件	100元/件
合计	—	—	970元/件

预算产量200件，本月实际产量180件，实际耗用材料1 700千克，实际人工工时3 500小时。实际成本总额179 600元，其中，直接材料81 600元、直接人工56 000元、变动性制造费用26 250元、固定性制造费用15 750元。制造费用均按人工工时分配。

要求：

（1）计算甲产品本月成本差异总额。

（2）计算直接材料的价格差异和用量差异。

（3）计算直接人工的工资率差异和效率差异。

（4）计算变动性制造费用的耗费差异和效率差异。

（5）采用二因素分析法计算固定性制造费用成本差异。

（6）采用三因素分析法计算固定性制造费用成本差异。

（五）案例分析题

Mark Wriht 公司
的决策

第10章
责任会计

学习目标

通过对本章的学习，读者应了解分权管理的含义、益处，熟悉责任会计的含义、内容以及核算模式，掌握责任中心的含义、特征、分类与责任中心的考核指标，了解责任报告的含义、形式与内容，理解内部转移价格的含义与内部转移定价的基本原则与方法。

基本概念

分权管理　责任会计　责任中心　责任考核　责任报告　内部转移定价

引导案例

10.1　分权管理与责任会计

10.1.1　分权管理

1. 分权管理的含义

传统企业采用金字塔结构，经营管理权集中于企业的最高层及附近位置，由高层管理者做出所有决策，而中低层管理者只需要负责执行。随着全球经济的迅猛发展和网络信息时代的到来，企业经营日益复杂化和多元化，企业的规模越来越大、分布越来越分散。在这种情况下，高层管理者不可能再悉数了解企业中的各种活动，也不可能再亲自对所有事情做出决策。而且企业需要由最接近问题的那些个体来做出决策，以及时应对企业所处环境的快速变化。这些因素促使企业改变组织管理模式，实施一定程度的分权管理。所谓分权管理（decentralized management），是指决策权分布于企业各管理层级，各层级管理者负责做出其职责范围内的主要经营决策的一种组织管理模式。

2. 分权管理的益处

分权管理能带来很多益处，主要体现在以下几个方面。

（1）有利于及时、有效地做出市场反应

当企业成长到一定规模，在不同市场和地区经营时，高层管理者不一定能了解当时当地的经营管理状况。而中低层管理者在这方面具有得天独厚的信息优势，他们直接面对企业的经营情况，对外部市场、竞争者的最新情况，顾客、供货商和职工的最新需求，以及经营管理的每一个环节、每一项活动都有更为直接和深入的了解。信息质量会影响决策质量。通过分权，授予企业的中低层管理者一定的决策权，企业就能够充分发挥中低层管理者的信息优势，减少日常管理决策中不必要的请示汇报程序，及时有效地对环境变化做出反应。

（2）让高层管理者集中于战略决策

通过分权，高层管理者就能够从繁杂的日常事务中解脱出来，转而将有限的时间和精力集中于长远规划和战略决策。事实上，对一个企业而言，制定战略决策远比处理日常事务更为重要。因为战略是事先计划和突发应变的组合，是一整套的决策或行动方案，可以解决企业全局性、长远性、重大性的决策问题，关系到企业的生存与发展。正确的战略决策能够使企业沿着正确的方向前进，提高企业的核心竞争力和环境适应能力，进而提高企业的经济效益。而不正确的战略决策，则会给企业带来巨大损失，甚至灭顶之灾，导致企业破产。

（3）激励和培养中低层管理者

企业将日常性事务的决策权下放至中低层管理者，可以为中低层管理者提供表现、锻炼和提升自身决策管理能力的平台以及晋升的机会。一方面，这有助于激励中低层管理者，增强他们对自身工作的满足感和热情，进而提高他们对企业的忠诚度、对企业目标的认同感，以及为实现这些目标而努力工作的积极性和主动性；另一方面，这也有助于企业发掘、培养和提升可以胜任更高职位的管理人才。只有具有出色决策表现、能够适应市场竞争的中低层管理者才有可能成为新一代的高层管理者。

当然，分权管理也不是十全十美的。在分权组织中，各部门可能会重复设置一些服务性的职能，如会计、市场营销、研发、人力资源等，成本较大。企业还需要通过基础设施建设、内部控制制度建设等，为分权管理的有效实施提供有利环境。分权管理模式下，管理者可能会做出不符合组织最高利益的决策，这可能是因为管理者为了提高自己部门业绩不惜以牺牲企业整体的利益为代价，也可能是因为中低层管理者并不了解企业的整体利益，没有很好地理解企业战略。中低层管理者之间可能会缺乏了解、缺乏合作；某个部门所提出的创新性的行为，如果没有强有力的集中指导，可能会不被其他部门所接纳；中低层管理者之间也可能会在相互提供产品和劳务的磋商上浪费时间。所以，企业需要形成鼓励创新、民主、团结的企业文化，通过计算机网络系统和无线通信技术等基础建设，加强组织控制，实现更好的沟通协作和信息共享。企业实施分权管理，还必须建立和健全有效的业绩评价和考核制度，把企业总的战略目标，落实到内部各部门，成为内部单位业绩评价的依据，以克服目标不一致的问题。

10.1.2 责任会计

1. 责任会计的概念

作为现代管理会计的重要内容，责任会计（responsibility accounting）是指通过在企业内部设立多个责任中心，并对其分工负责的经济业务进行计划与控制，以实现业绩考核与评价的一种内部会计控制制度。责任会计的核心在于，把核算业绩的会计与管理上的责任结合起来；其实质是利用会计信息对各责任单位及其负责人的业绩进行计量、控制与考核。

2. 责任会计的内容

责任会计主要包括以下四个方面的内容。

（1）设置责任中心，明确权责范围

实行责任会计的首要任务是根据企业内部管理要求和经营活动特点等，合理设置责任中心。所谓责任中心，就是指企业内部负有一定责任的部门和单位。企业需要明确各责任中心及其负责人的职责范围，赋予相应的权限，并为各责任中心在其权力范围内独立履行职责提供必要条件。责任中心是责任会计的主体，事前的计划、事中的核算和事后的分析都是以责任中心为基础进行的。

（2）编制责任预算，明确考核标准和奖惩制度

责任预算以全面预算为基础，全面预算确定企业生产经营总体目标和任务，而责任预算是为每个责任中心编制预算，将总目标层层分解落实到具体的每个责任中心，作为其开展经营活动、考核其业绩表现的基本标准和主要依据。责任预算强调各责任中心为实现企业总体目标应负的责任，并且将责任具体化和数量化。设置与考核标准相配套的奖惩制度，可以保证责任会计的良好运行。让员工事先知道将得到什么奖励和惩罚，可以起到激励和预警的作用。

（3）建立信息跟踪系统，加强日常控制

对责任中心的信息跟踪和日常控制是责任会计的主要环节。责任预算一旦开始实施，企业就需

要为每个责任中心建立一套有关预算执行情况的信息跟踪系统，定期编制责任报告，将实际数与预算数对比，分析差异产生的原因，并向各责任中心的负责人和企业高层管理者进行信息反馈，从而实现对各责任中心日常经营活动的及时调整和有效控制，以督促责任者履行责任，保证企业总体目标顺利完成。值得注意的是，实际数和预算数的计算口径是一致的，为了防止责任的转嫁，需要区分责任中心的可控成本和不可控成本，责任中心之间互相提供的产品和劳务也应按照企业合理制定的内部转移价格进行结算。

（4）分析考核业绩，进行反馈控制

在预算期末，各责任中心应编制更为详细的责任报告，计算差异并分析差异产生的原因，对预算中未规定或者超过预算数的经济事项实行例外报告制度，并提出纠正偏差的方案。企业根据责任报告对各责任中心的实际工作成果进行全面的分析和考核，判明责任，进而根据考核评价结果和奖惩制度对各责任单位进行奖惩，做到功过分明、奖惩有据，以最大限度地调动各责任中心的积极性，保证企业各项经营活动按照预定的目标进行。

3. 责任会计制度的建立原则

不同的企业所制定的责任会计制度会存在差异，但是建立责任会计制度的原则基本上是一致的，大致包括以下几个。

（1）责任主体原则

责任会计的核算主体是各责任中心，会计主体必须和责任主体相一致。责任会计资料的搜集、记录、整理、计算、分析、考核与奖惩等工作，都必须按责任中心进行，以保证责任预算、责任控制和责任考核的正确进行。

（2）目标一致性原则

责任中心是企业的组成部分，其目标应该符合企业的总体目标。建立责任会计制度的目的就是通过各责任中心的共同努力实现企业的总体目标。企业应积极引导和推动各责任中心协调一致地为实现企业的总体目标而努力工作，避免因片面追求局部利益而影响整体利益。首先，企业划分责任中心时要考虑企业整体的管理要求；其次，责任预算是将企业的全面预算具体落实到各责任中心，一定是和企业整体目标相一致的，以责任预算作为考核的依据有利于实现目标一致性，目标一致性原则还需要通过选择恰当的考核指标来实现，单一性的指标往往会导致目标不一致的问题，而综合性、完整性的考核指标可能更好；最后，企业可通过对责任中心的控制和反馈，促使责任中心自觉实现企业的总体目标。

（3）可控性原则

可控性原则是指各责任中心仅对其可以控制的经济活动所产生的结果负责，对无法控制的经济活动所产生的后果不承担经济责任。在对各责任中心赋予责任和进行考核时，只有以其自身能够控制或施加影响为前提，才能真正调动其积极性，达到提高整个企业经济效益的目的。如果一个责任中心不能对其职责范围内的收入、费用、利润、资金的发生与否、发生的多少以及计量实施有效控制或施加影响，就很难合理地反映其实际工作业绩，也就无法做出相应的评价与奖惩。所以企业要做到责、权、利相统一，就要赋予责任中心承担责任所需要的权力和条件，在编制责任预算、责任报告以及进行日常控制和业绩考核时，都尽可能排除责任中心不能控制的项目，从而保证责任的可控性。

（4）激励原则

责任会计的目的之一在于最大限度地激励各责任单位及其管理者为企业的利益最大化而努力工作。如果企业能积极地使用预算、差异这些考核工具，鼓励员工提高业绩，而不是把它们作为发现过失、惩罚、责备等的消极武器，会更能达到管理控制的目的。而惩罚的作用只是在于维持企业运转所要求的最低标准。责任预算的确定应相对合理，它是通过努力可以达到的目标。目标太高会挫伤责任中心管理者的积极性，目标太低不利于企业总体目标的实现。公平协调各责任中心之间的经济关系，确保其完成目标后所得到的奖励和报酬与所付出的努力是相适应的。

（5）反馈原则

各责任中心必须通过健全的信息跟踪系统和良好的报告制度，及时、可靠地反馈预算执行情况，以便及时发现问题，并迅速采取有效措施加以调整和控制，达到强化监督与管理的目的。这种反馈主要包括两个方面：一是向各责任中心反馈，使其能够及时了解预算的执行情况，以便采取有效措施，调整预算偏差，实现预定目标；二是向其上一级责任中心反馈，以便上一级责任中心能及时了解其责任范围内的情况，以做出适当的安排与调整。

（6）重要性原则

重要性原则是指对责任预算执行过程中的重点差异进行分析和控制。因为预算实际执行结果与预算目标之间会存在差异，但责任中心管理者不可能对所有的差异都进行分析和评价，所以应该选择差异金额较大的，或者差异对责任预算、企业总体目标或社会效益有实质性影响的项目，分析差异产生的原因，从而采取措施纠正偏差，保证责任预算的贯彻实施。重要性原则有助于将管理者从日常事务中解放出来，使其可以集中精力解决重点问题，达到事半功倍的效果。

4. 责任会计的核算模式

责任会计不同于传统的财务会计，具体可通过"双轨制"和"单轨制"两种模式实现以责任中心为核算主体的责任会计核算工作。

（1）双轨制

双轨制是指在财务会计核算体系之外，构建一套独立的责任会计核算体系，为各责任中心设立专门的责任会计账户和账户编号，进行责任收入、责任成本、责任利润等方面的核算模式。双轨制模式下，责任会计核算不影响和改变企业原有的财务会计核算，两大核算体系独立运行、各自发挥作用，财务会计体系专门反映企业的财务状况和经营成果，责任会计体系专门反映各责任中心责任预算的完成情况，一般适用于实行责任会计的初期采用。

（2）单轨制

这一核算模式是将责任会计纳入财务会计体系，设置一套账簿，同时进行责任会计核算和财务会计核算的模式。具体来说，是在传统财务会计的各明细账户内，为各责任中心分别设立单独的账户和编号进行日常核算，而不再另设专门的责任会计账户。企业可以根据管理需要，随时核算和考察各责任中心的经营业绩，或者与财务会计报告系统保持一致，在期末时计算盈亏，考察责任中心对责任预算的完成情况。单轨制核算可以避免设置双重核算体系的重复劳动以及会计核算内容上的相互脱节，有利于企业管理者将企业的整个财务状况、经营成果和各责任中心的责任考核相结合，进行综合分析。

10.1.3 责任中心

责任中心（responsibility center），是指拥有一定的管理权限、承担相应经济责任、享有相应利益的企业内部单位。

作为责任会计核算主体，责任中心是责、权、利相结合的统一体。企业将总体目标落实到各责任中心，形成一定的经济责任，同时赋予相应的权力、设置相应的业绩考核和利益分配机制。各责任中心的目标和企业整体目标是协调一致的，并且责任中心只对其权责范围内可控的成本、收入、利润、投资负责。责任中心存在相对独立的经济业务，拥有独立的决策权，能够承担和决策相关的经济责任，有能力独立完成目标任务，能够单独核算和考核。凡是管理上可以分离、责任可以辨认、工作成果可以单独考核的企业内部组织或个人，无论其规模大小如何，都可以划分为相对独立的责任中心。

根据控制范围和责任大小，责任中心可分为成本中心、利润中心和投资中心三大类。

1. 成本中心

成本中心（cost center）是指不对收入负责、只对成本或费用负责的责任中心。成本中心往往没有收入或者有少量收入但不作为其考核内容，其职责是用一定的成本去完成规定的具体任务。在组织形式上，成本中心往往不具备独立的法人资格。

在企业中，成本中心的运用最为广泛。任何对成本负责的单位都可以确定为成本中心。一个成本中心可以由若干更小的成本中心组成。例如，一个生产车间可能包括多条生产线，每条生产线又可能包含多台机器，则生产车间、生产线、机器都可以作为独立的成本中心。成本中心数目的确定取决于成本效益原则，即权衡对一个更小的成本中心进行预算、控制和考核的收益是否超过由此导致的较高成本。

根据成本控制对象性质的不同，成本中心可进一步分为标准成本中心和费用中心。

标准成本中心，又称技术性成本中心，是指采用标准成本方法对技术性成本进行控制的成本中心。标准成本中心为企业提供具有一定形态的物质成果，如产品。只要产品产量稳定、投入产出关系明确，就可以制定原材料、人工、制造费用的数量标准和价格标准，从而通过标准成本制度或弹性预算等手段控制成本。标准成本中心的典型代表有制造业工厂、车间、工段、班组等，规模较大的成本中心会涉及料、工、费等各项开支，规模较小的成本中心可能只涉及某个或某几个成本项目，甚至某个成本项目下面的明细项目。事实上，任何重复性的活动都可以建立标准成本中心，只要这种活动的实际产出数量可计量并且投入产出之间存在一定的函数关系，所以不仅是制造业，各行业都可建立标准成本中心。

费用中心，又称酌量性成本中心，是指对酌量性成本或经营费用进行控制的成本中心。该类中心为企业提供的可能是无形的、具有某项职能的服务，所以产出物不可计量或者投入产出之间没有必然联系。费用中心包括一般行政管理部门，如会计、人事、劳资、计划等部门；研究开发部门，如设备改造、新产品研制等部门；销售相关部门，如广告、宣传、仓储等部门。费用中心可以计量实际费用总数，可以通过将实际数严格控制在预算总额内来控制酌量性成本和经营费用开支。

2. 利润中心

利润中心（profit center）是指既对成本负责，又对收入负责，但不对资产投资水平负责的责任中心。

利润中心主要通过利润指标进行考核，但并不意味着所有计量利润的内部单位都是利润中心。设定利润中心的真正目的是激励下级做出有利于企业整体目标的经营决策并为之而努力。如果一个内部组织只是价格和成本归集的被动接受单位，就不能自主开展经营活动，就无法控制利润、对利润负责，即使采用利润指标计算经营成果，也不是利润中心。所以利润中心本质上是指能同时控制生产和销售，管理者有权对其供货来源和目标市场进行决策的单位。利润中心具有几乎全部的经营决策权，但没有投资决策权，权责范围包括从材料采购、产品生产到销售定价的这一整个经营过程。

利润中心一般会出现在大型分散式经营组织中，因为小企业很难也不必采用分散式的组织结构，大型集权式经营组织的下级不会有如此广泛的决策权。利润中心可以具备也可以不具备独立的法人资格。

3. 投资中心

投资中心（investment center）是指既对成本、收入负责，又对投资负责的责任中心。其管理者不仅拥有确定产品价格、种类和生产方式之类的短期经营决策权，而且还拥有确定投资规模和投资类型之类的投资决策权。

投资中心和一般的利润中心相比，也对利润负责，也以获得利润为目的，但投资中心被赋予更大的权责。第一，二者的权力不同。利润中心没有投资决策权，它只是运用企业已形成的生产能力开展生产经营；投资中心不仅具有独立的生产经营权，而且有权决定企业资金的投放，能够独立做出购建或处理固定资产、提高或降低现有生产能力的决策。第二，二者业绩考核的内容不同。考核利润中心业绩时，重点考核其利润实现情况；考核投资中心业绩时，需要把利润与其占用的资产联系起来，综合考察资金利用效率和资产报酬情况。

投资中心是处于企业最高层次的责任中心，它具有最大的决策权，也承担最大的责任。其管理特征是较高程度的分权管理，企业主要通过股东大会或董事会的运作对投资中心进行干涉。从组织形式上，成本中心一般不是独立法人，利润中心可以是也可以不是独立法人，但投资中心一般都是独立法人。从具体表现形式上看，整个企业是最为典型的投资中心，大型企业集团下属的子公司、分公司、事业部等也往往是投资中心。

图 10-1 是 WK 集团的责任组织结构图，各类责任中心形成了一个连锁责任网络，为保证企业总体利益而协调运转。

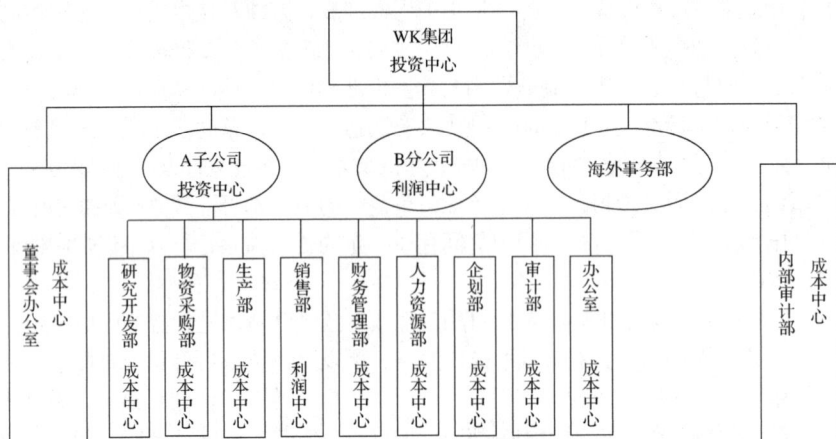

图 10-1　WK 集团的责任组织结构图

10.2　责任考核

10.2.1　责任考核的含义

责任考核又称绩效考核、业绩考核、绩效评估，是以责任报告为依据，分析、评价各责任中心经济责任的实际履行情况，找出差距，查明原因，借以考核各责任中心的工作成果，实施奖惩，促使各责任中心积极纠正行为偏差，完成责任预算的过程。

责任考核有广义和狭义之分。狭义的责任考核内容只包括各责任中心的价值指标，如成本、收入、利润以及投资报酬率等。广义的责任考核内容除了包括这些价值指标外，还包括非价值指标，如市场份额、客户满意度、产品质量、员工满意度等。本章重点讨论的是狭义的责任考核。

10.2.2　责任成本

责任成本（responsibility cost），是指特定责任单位以其承担的责任为范围所归集的成本，即特定责任中心的全部可控成本。要界定和计算责任成本，就必须先了解什么是可控成本。

1. 可控成本

可控成本（controllable cost）是指一定时期内，特定责任中心能够控制或施加影响的成本。这里的可控并不是指完全控制，因为没有成本可以受某位管理者完全控制，所有受管理者决策与行为影响的成本都是可控成本。可控成本的对称概念是不可控成本，是指在给定范围内不受管理者影响的任何成本。

一般来说，可控成本必须同时具备三个条件：一是可以预计，即责任中心能够事先知道这项成本将发生以及何时发生；二是可以计量，即责任中心能够计算和测量这项成本；三是可以施加影响，即责任中心能够通过自身的行为调节和控制这项成本的发生及其水平。不能同时满足这三个条件的成本就是不可控成本，在进行业绩考评时不予考虑。

2. 责任成本与产品成本

责任成本与产品成本（product cost）存在紧密的联系。

二者在本质上是相同的，都是由企业生产经营过程中一定量的资金耗费构成。在某一会计期内，企业发生的全部产品成本之和应当等于全部责任成本之和。

同时，二者又存在显著的差异。首先，核算目的不同。核算责任成本是为了考核责任中心业绩，核算产品成本则是为了确定存货成本和期间损益。其次，核算范围、核算对象和核算前提不同。责任成本的核算范围是各责任中心的可控成本，核算对象是责任中心，核算前提是按可控性将成本划分为可控成本和不可控成本；产品成本的核算范围是各产品的生产成本，核算对象是产品，核算前提是按经济用途将成本划分为生产成本和期间成本。最后，二者归集和分配成本的原则不同。责任成本按照"谁负责，谁承担"的原则归集和分配，产品成本按照"谁受益，谁承担"的原则进行归集和分配。

10.2.3　责任中心的考核指标

1. 成本中心的考核指标

成本中心只考核成本，业绩考核对象就是责任成本。将实际责任成本与预算责任成本进行比较，分析责任成本差异及其原因，并根据差异分析的结果对各成本中心的工作成果进行奖惩，以促进责任目标的完成。成本中心的考核指标具体包括责任成本的差异额和差异率，相关计算公式是：

$$责任成本差异额 = 实际责任成本 - 预算责任成本 \tag{10.1}$$
$$责任成本差异率 = 责任成本差异额 \div 预算责任成本 \times 100\% \tag{10.2}$$

标准成本中心的预算责任成本可以依据一定质量和数量条件下既定产品的标准成本确定。因为标准成本中心不需要做出价格决策、产量决策或产品结构决策，也不需要做出设备和技术决策，所以不对生产能力的利用程度负责，只对既定产量的投入量承担责任。另外，标准成本中心是否严格按规定的质量、时间标准和计划产量进行生产也是考核的重要内容，因为如果标准成本中心的产品没有达到规定的质量，或没有按计划生产，则会对其他单位产生不利的影响。费用中心的预算责任成本应结合费用中心的工作质量和服务水平，由上下级管理者协商确定。可以参考同行业类似职能的支出水平，或者采用零基预算法，详尽分析支出的必要性及其取得的效果，以确定预算标准。

【**例10-1**】某企业有A、B、C三个生产车间，分别生产三种产品，产品相关的信息如表10-1所示。试依据相关数据，对这三个车间的业绩进行考核评价。

表10-1　　　　　　　　　　　成本中心的有关数据

成本中心	预计产量/件	原材料标准成本/（元/件）	实际产量/件	原材料实际成本/（元/件）
A	4 000	30	4 000	31
B	5 000	40	6 000	35
C	6 000	20	5 500	20

解：各成本中心的责任成本差异额和差异率指标的计算过程如表10-2所示。

表10-2　　　　　　　　　　　责任成本预算完成情况

	A	B	C
预计产量/件①	4 000	5 000	6 000
原材料标准成本/（元/件）②	30	40	20
实际产量/件③	4 000	6 000	5 500

	A	B	C
原材料实际成本/（元/件）④	31	35	20
预算责任成本/元⑤＝③×②	120 000	240 000	110 000
实际责任成本/元⑥＝③×④	124 000	210 000	110 000
责任成本差异额/元⑦＝⑥－⑤	4 000	－ 30 000	0
责任成本差异率/%⑧＝⑦/⑤×100%	3.33	－ 12.50	0

不难看出，在这三个成本中心中，B成本中心的实际责任成本比预算责任成本降低12.5%，是三个成本中心中业绩最好的。而A成本中心的实际责任成本之所以超出预算3.33%，是因为单位产品的实际原材料消耗超出预期的30元/件，达到了31元/件。

2. 利润中心的考核指标

利润中心以利润为考核重点。可以通过比较和分析一定期间的实际利润和责任利润预算，实现对利润中心及其管理者业绩的科学评价。还可应用因素分析法，分析确定销售数量、销售价格、销售品种结构以及销售费用等因素变动，对利润中心利润的具体影响。

在确定一个利润中心的利润时，我们需要解决两个问题：第一，成本如何分配到该利润中心；第二，产品或劳务的转移价格如何确定，包括外部销售的单价和内部销售时的内部结算价格。在这里先讨论第一个问题，第二个问题会在内部转移价格部分具体讨论。根据成本分配情况的不同，利润中心的考核指标具体表现为三种形式：部门边际贡献、部门可控边际贡献、部门营业利润。

（1）部门边际贡献

部门边际贡献是部门销售收入减去部门变动成本后的差额，其计算公式如下：

$$部门边际贡献＝部门销售收入－部门变动成本 \qquad (10.3)$$

当部门的生产能力和固定成本保持不变时，部门边际贡献能够反映利润是如何随产量的变动而变动的。部门边际贡献在部门制定与短期产量变化相关的决策时最有用，可以解决如何有效地使用现有生产能力等问题。

但是，以部门边际贡献来考核利润中心业绩不够全面，部门经理至少可以控制某些固定成本。而且固定成本和变动成本在划分上留有余地，尤其是存在混合成本的时候。因此，将部门边际贡献作为考核指标，可能导致部门经理尽可能多地把成本支出归为固定成本，无法激励利润中心进行成本控制。

（2）部门可控边际贡献

部门可控边际贡献是部门边际贡献减去部门经理可控固定成本后的差额，计算公式为：

$$部门可控边际贡献＝部门边际贡献－部门经理可控固定成本 \qquad (10.4)$$

部门可控边际贡献这一指标的特点在于对可控固定成本和不可控固定成本进行了区分，并将可控固定成本纳入考核范围。部门可控边际贡献可能是最好的业绩考核指标，最符合可控性原则。它反映了部门经理在其权限和控制范围内有效创造利润的能力。部门经理可以在自己的权限范围内控制收入、变动成本和部分固定成本，可以对部门可控边际贡献承担责任，所以部门可控边际贡献来考核部门业绩，有利于实现权、责、利的统一，也有利于激励部门经理控制成本、提高利润。

然而，对不可控成本的忽略可能会使部分利润中心为了自身有好的业绩表现，而造成整个企业的成本费用大幅度增加。例如，企业购买一些机器设备供几个部门共同使用，由于部门经理无权处理这些资产，也无法控制其他部门对这些资产的使用，所以设备相关的折旧费、保险费可以作为共同费用，不分配到各部门，这就可能会造成各部门为了自身效用最大化而无节制地使用设备，导致可能会违背目标一致性原则。因此，此指标主要适用于共同成本难以合理分摊或无须对共同成本进行分摊的企业对利润中心的业绩考核，尤其是对人为利润中心的考核与评价。

（3）部门营业利润

部门营业利润是部门可控边际贡献减去部门经理不可控固定成本后的差额，计算公式为：

$$部门营业利润 ＝ 部门可控边际贡献 － 部门经理不可控固定成本 \qquad （10.5）$$

部门营业利润可以反映利润中心作为一个经济实体对企业税前净利的贡献，是长期盈利能力的最佳衡量指标。因为它考虑了利润中心的全部成本，即各部门的营业利润必须抵补全部成本才能使企业获得整体盈利，所以使用该指标可以克服部门可控边际贡献指标的一些不足，有利于实现利润中心与企业整体目标的一致性。部门营业利润适用于对自然利润中心的业绩进行考核与评价分析。

但是，各利润中心的不可控成本往往是整个企业发生的、为各责任单位的生产和销售提供服务的成本费用，无法直接确认、归属于某一利润中心，往往和最高管理层过去的决策有关，部门经理已很难改变。因此，不可控成本需要根据企业以及各责任单位的具体情况，采用合适的方法分配后确定。实践中，通常由上级责任中心按照各利润中心的收益比例进行分配，或者按照各利润中心签订合约的责任分配。有时，还可能依据各利润中心的销售比例硬性分配。当然，考虑到这些成本费用对各利润中心而言的不可控性，也可以留在整个企业或者上级责任单位，不往下分配。

【例10-2】某企业有X、Y两个利润中心，2022年发生的成本费用和收益如表10-3所示。假设X、Y存在难以合理分摊的共同成本。试基于部门可控边际贡献指标对利润中心X、Y的业绩进行考核。

表10-3　　　　　　　　　　　利润中心的业绩考核表　　　　　　　　　　单位：元

	X	Y	合计
销售收入①	3 500 000	3 100 000	6 600 000
销货成本②	1 000 000	900 000	1 900 000
变动费用③	1 500 000	1 180 000	2 680 000
部门边际贡献 ④＝①－②－③	1 000 000	1 020 000	2 020 000
可控固定成本⑤	50 000	80 000	130 000
部门可控边际贡献 ⑥＝④－⑤	950 000	940 000	1 890 000
不可控固定成本⑦	—	—	90 000
部门营业利润 ⑧＝⑥－⑦	—	—	1 800 000

从表10-3中可以看到，由于利润中心X对部门经理可控范围内固定成本的控制好于利润中心Y，尽管其部门边际贡献低于Y，却创造了比Y更多的部门可控边际贡献。因此，如果用部门可控边际贡献对两个利润中心的业绩进行考核，X的业绩显著好于Y。由于共同成本难以合理分摊，不适合用部门营业利润指标考核利润中心业绩。

【例10-3】假设【例10-2】的企业按照2：1的比例，对共同成本进行分摊，运用部门营业利润指标对利润中心X、Y的业绩进行考核，如表10-4所示。

表10-4　　　　　　　　　　　利润中心的业绩考核表　　　　　　　　　　单位：元

	X	Y	合计
销售收入①	3 500 000	3 100 000	6 600 000
销货成本②	1 000 000	900 000	1 900 000
变动费用③	1 500 000	1 180 000	2 680 000

续表

	X	Y	合计
部门边际贡献 ④=①-②-③	1 000 000	1 020 000	2 020 000
可控固定成本⑤	50 000	80 000	130 000
部门可控边际贡献 ⑥=④-⑤	950 000	940 000	1 890 000
不可控固定成本⑦	60 000	30 000	90 000
部门营业利润 ⑧=⑥-⑦	890 000	910 000	1 800 000

分析：从表10-4中可以看到，在将利润中心X、Y均不可控的固定成本进行分配后，尽管二者的部门可控边际贡献未发生改变，但新计算得到的部门营业利润的大小与部门可控边际贡献的大小的方向相反，X的部门营业利润小于Y的部门营业利润。因此，依据部门营业利润进行考核评价时，Y的业绩优于X。

3. 投资中心的考核

投资中心是最高层次的责任中心，不仅要对成本、收入和利润负责，还要对投资负责，有很大的决策自主权，有权提高和降低现有生产能力、有权决定资金的投放。因此，在对投资中心进行业绩考核时，既要评价其成本和利润的情况，更要结合其投入资金的情况，考核其投资报酬率的高低和投资效果的优劣。实践中，常通过计算、比较和分析投资报酬率、剩余收益、经济增加值等财务指标，以及编制平衡计分卡，实现对投资中心经营业绩的考核与评价。

（1）投资报酬率

投资报酬率（return on investment，ROI）是最常见的考核投资中心业绩的指标，又称投资利润率、投资回报率，是投资中心营业利润与平均总资产之间的比值，能够反映投资中心所能控制的全部资产的盈利能力的高低。其计算公式为：

$$投资报酬率＝营业利润÷平均总资产×100\%$$ （10.6）

其中，营业利润是指扣除利息和所得税之前的利润，即息税前利润。

关于总资产中长期资产的计价，用历史成本还是现行成本、用账面总值还是账面净值，存在一定的分歧。没有一种所谓"正确"的方法，关键是企业要确保计价方法的前后一致性，以比较不同投资中心和同一投资中心不同时期的投资报酬率。

【例10-4】A公司是某集团的下属子公司，拥有独立的投资决策权。2022年该公司总资产的年初规模为110万元，年末规模为130万元。该年的利息费用为2万元，年税后利润为21万元，所得税税率为25%。集团要求旗下公司达到的投资报酬率为20%。试计算和分析2022年A公司的投资报酬率。

解：平均总资产＝（110＋130）÷2＝120（万元）

营业利润＝21÷（1－25%）＋2＝30（万元）

投资报酬率＝30÷120×100%＝25%＞20%

A公司实际的投资报酬率为25%，显著高于预算的投资报酬率标准20%，因此，A公司圆满完成了预算责任目标。

为了进一步说明投资报酬率指标的影响因素，可将投资报酬率分解为总资产周转率和销售利润率。相关计算公式如下：

$$投资报酬率＝（销售收入/平均总资产）×（营业利润/销售收入）×100\%$$

$$＝总资产周转率×销售利润率×100\%$$ （10.7）

将投资报酬率作为投资中心业绩考核指标有很多优点。投资报酬率指标能够反映投资中心在增加销售、控制成本费用、加快资产周转等方面的综合盈利能力，能够激励其管理者关注营业利润和投资的关系，关注成本效率和资产利用效率；投资报酬率可以根据现有的会计资料计算而得，比较客观；作为相对数指标，有利于不同投资中心之间的横向比较和分析；运用投资报酬率进行评价能够促进各投资中心管理者做出正确的投资决策，调整资产存量、盘活闲置资产、减少不合理资产占用，从而提高资产的使用效率、实现资源的优化配置。

但是，投资报酬率指标也存在很明显的不足之处。一方面，由于投资报酬率是财务指标，涉及利润，还是无法避免管理者的一些短期行为。例如，为了提高营业利润，投资中心管理者可能会通过采用低价的原材料、削减广告费、节省机器维修费等方式减少成本费用，这些都不利于企业的长远发展。

另外，以投资报酬率作为考核指标不利于投资中心与企业整体的目标一致性。一些投资中心可能会为了获得较高的投资报酬率而放弃高于企业资本成本而低于目前部门投资报酬率的投资机会，或者减少现有的投资报酬率较低但高于资本成本的某些资产，这会损害企业的整体利益和长远发展。例如，如果业绩仅仅通过投资报酬率来衡量，则当期已经获得 15%投资报酬率的投资中心管理者不会投资，甚至会减少投资报酬率只有 12%的资产。而从企业整体利益来看，投资中心应接受投资报酬率大于资本成本、而不是投资中心目前投资报酬率的项目。假如企业的资本成本率是 10%，企业只要增加或保持一项投资报酬率大于 10%的资产就可以提高整体的获利能力。可见，从引导部门经理采取与公司总体利益一致的决策来看，投资报酬率并不是一个很好的指标。为了克服投资报酬率在这方面的缺陷，一些企业采用了其他业绩考核指标，如剩余收益。

（2）剩余收益

剩余收益（residual income，RI）是指投资中心获得的营业利润扣减其平均总资产应计报酬后的余额。剩余收益的计算公式为：

$$剩余收益 = 营业利润 - 平均总资产应计报酬$$
$$= 营业利润 - 平均总资产 \times 必要投资报酬率 \qquad (10.8)$$

结合投资报酬率的计算公式，上述公式可进一步调整为：

$$剩余收益 = 平均总资产 \times 投资报酬率 - 平均总资产 \times 必要投资报酬率$$
$$= 平均总资产 \times （投资报酬率 - 必要投资报酬率） \qquad (10.9)$$

其中，营业利润是指息税前利润，而必要投资报酬率是指资产的税前利润率，是企业规定或预期投资中心应达到的最低收益率水平。由于不同投资中心的盈利能力和风险水平不同，必要投资报酬率会因投资中心的不同而有所差异，整个企业的必要投资报酬率是各投资中心必要投资报酬率的加权平均数。

【例10-5】已知：UV集团下设U和V两个投资中心。2022年U投资中心的平均总资产为300万元，投资报酬率为12%；V投资中心的平均总资产为200万元，投资报酬率为8%；该集团要求各下属公司应达到的最低投资报酬率为10%。集团正在考虑由U投资中心或者V投资中心承担某一新项目，该项目所需投资额为100万元、投资报酬率为11%。试分析投资中心考核指标是投资报酬率时，U投资中心、V投资中心是否会追加投资。若考核指标是剩余收益，情况会有什么不同？

分析：

根据上述信息，可计算得到投资报酬率、剩余收益等关键指标，具体如表10-5所示。

表 10-5　　　　　　　　　投资中心考核指标的计算与比较　　　　　　　　　单位：万元

项目		营业利润①	平均总资产②	投资报酬率③=①②	剩余收益④=①-②×10%
追加投资前	U	36	300	12%	+6
	V	16	200	8%	-4
	小计	52	500	10.4%	+2

续表

项目		营业利润①	平均总资产②	投资报酬率 ③＝①÷②	剩余收益 ④＝①－②×10%
U 投资中心 选择该项目	U	36＋11＝47	300＋100＝400	11.75%	＋7
	V	16	200	8%	－4
	小计	52＋11＝63	500＋100＝600	10.5%	＋3
V 投资中心 选择该项目	U	36	300	12%	＋6
	V	16＋11＝27	200＋100＝300	9%	－3
	小计	52＋11＝63	500＋100＝600	10.5%	＋3

根据表10-5中的数据，如果以投资报酬率作为考核指标，追加投资后，U投资中心的投资报酬率会由12%下降到11.75%，V投资中心的投资报酬率会由8%提高到9%，站在投资中心角度考虑，则V投资中心接受该投资项目更为合算，也会更加主动，因为这会显著改善其经营业绩。相反，U投资中心可能不会接纳该投资项目，因为接受该项目后其通过投资报酬率反映出来的经营业绩会下滑，不利于其业绩表现。但站在整个集团角度，无论是哪个投资中心接受该投资项目，集团整体的投资报酬率都会从10.4%上升至10.5%，这对集团而言都是有利的。在此种情况下，U投资中心做出的投资决策可能会导致集团错失一个好的投资机会，不利于集团整体利益最大化目标的实现。

若以剩余收益作为考核指标，上述问题将不再存在。从投资中心业绩角度考虑，接受新的投资项目后，U投资中心的剩余收益将由原来的＋6万元增加至＋7万元，V投资中心的剩余收益虽然仍为负数，但会从原来的－4万元变动到－3万元。也就是说，无论是U投资中心还是V投资中心接受该项目，自身的经营业绩都会改善。从集团整体利益角度出发，只要有投资中心接受该项目，就能给整个集团带来＋1万元的剩余收益。所以考核指标是剩余收益时，能够保证投资中心与集团整体目标的一致性。

剩余收益采用绝对数指标来体现利润与投资之间的联系。当剩余收益指标的金额大于 0 时，说明被评价的投资中心有好的业绩表现，业绩达到预期水平。剩余收益越大，说明业绩越好。只要投资中心选择了一个投资收益率高于必要投资报酬率水平的投资方案，就能增加投资中心的剩余收益和企业的利润。所以运用剩余收益可以鼓励管理者去接受任何报酬率在企业资本成本之上的投资方案，保证投资中心利益和企业整体利益的一致性。这也是剩余收益相对于投资报酬率指标的最大的优势。

剩余收益指标和投资报酬率相比的另一个优势是允许根据不同的风险来调整资本成本，更具有灵活性。投资项目的风险不同，投资者所要求的必要报酬率也会不一样。在使用剩余收益指标时，可以对不同的投资中心或者不同的资产规定不同的资本成本百分数，而投资报酬率考核指标并不区别不同资产，所以无法分别处理风险不同的资产。

剩余收益指标的不足表现在：和投资报酬率一样，剩余收益指标也无法避免投资中心管理者的短期行为；而且由于剩余收益的计算要使用营业利润、平均总资产等会计数据，会计信息的质量会影响剩余收益和业绩考核的质量。另外，不同于投资报酬率，剩余收益是一个绝对数指标，无法直接用于比较不同投资规模的投资中心的业绩。投资规模较大的企业即使运行效率较低，也能比投资规模较小的企业获得更大的剩余收益。

（3）经济增加值

剩余收益概念出现之后，陆续衍生出各种不同的版本，其中，发源于剩余收益、由美国思滕思特（Stern Stewart）咨询公司提出的经济增加值（economic value added，EVA）指标在经营业绩计量中的应用越来越广泛，以可口可乐为代表的一些世界著名跨国公司大都使用EVA指标评价企业业绩。作为对剩余收益进行调整后的结果，经济增加值的计算公式为：

$$EVA＝调整后的税后净营业利润－调整后的投入资本总额×加权平均资本成本 \qquad (10.10)$$

EVA 和剩余收益的主要区别在于：一是剩余收益通常使用税前的营业利润和税前报酬率计算，而 EVA 考虑了所得税对企业经济效益的影响，使用税后经营利润和税后加权平均资本成本进行计算。二是计算剩余收益可以直接使用会计数据，计算 EVA 则需要对会计数据进行一系列的调整，税后净营业利润和投入资本总额也都是调整后的数据。三是剩余收益的资本成本根据事先设定的投资必要报酬率计算得出，带有主观性，而计算 EVA 所采用的资本成本是根据资本市场的机会成本计算的资本成本，既包括债务资本的成本，也包括股权资本的成本；剩余收益旨在设定投资最低报酬率，防止投资中心利益损害整体利益，EVA 旨在赚取超过资本成本的报酬，促进股东财富最大化。

在计算 EVA 时，需要经过一系列的调整才能将会计项目调整到真实水平，以消除公认会计准则对投资中心真实获利能力的歪曲。调整的主要原则就是将所有对未来利润有贡献的支出都可看作投资，消除稳健会计政策和非经常性利得和损失的影响。

思滕思特咨询公司给出的调整项多达 160 多项，但是，从国内外企业对 EVA 的应用情况来看，过多地关注调整成本巨大，缺乏实际操作性；即使大规模地调整，也无法保证把歪曲的会计信息纠正过来，而且其中很多调整会用到不对外披露的信息。因此，一般只需要根据重要性原则调整其中的十几项，就可达到一个相当准确的程度。典型的调整事项如表 10-6 所示。

表10-6　　　　　　　　　　　　　典型调整事项

项目	会计政策	调整方法
研发费用	计入当期损益	资本化并在适当的期限内摊销
战略性投资利息	计入当期财务费用	资本化并在开始生产时逐步摊销
收购形成的商誉	一部分计入当期损益，另一部分在规定年限内摊销	保留在资产负债表上，不进行摊销，除非有明显的减值迹象
为建立品牌、扩大市场份额发生的营销费用	计入当期损益	资本化并在适当的期限内摊销
折旧费用	多采用直线折旧法	对某些大量使用长期设备的企业，采用"沉淀资金折旧法"（在前几年折旧较少，而后几年由于技术老化和物理损耗同时发挥作用折旧较多）
重组费用	计入当期损益	作为投资
各种准备金	计入当期损益	只把当期变化额计入当期损益

在按照复式记账原理调整会计项目的过程中，既会涉及利润表项目，也会涉及资产负债表项目；调整投入资本时，需要扣除应付账款等经营负债、增加长期性经营租赁资产等表外融资项目。

用 EVA 指标考核投资中心业绩具有如下优点。

第一，可以直观考核投资中心的股东财富是否增加。传统的会计利润只考虑了债务资本成本，而不考虑权益资本成本，这会让报表使用者误以为只要是盈利的企业都会或多或少地为股东增加财富。而经济增加值是经济利润，它考虑了全部的资本成本，可以消除传统会计核算无偿耗用权益资本的弊端。

第二，考虑了税收因素的影响。由于经济增加值是税后指标，当税收是重要的影响因素时，经济增加值比剩余收益更能反映投资中心业绩。

第三，有利于企业实现可持续发展。经济增加值不仅考察业务的结果，还考察产生结果的动因，鼓励对会计项目进行一系列调整、将所有对未来利润有贡献的支出作为投资对待且扣除非经常性利得和损失的影响，有利于投资中心管理者进行能给企业带来长远利益的投资决策，减少用传统财务指标考核时会产生的短期行为，通过技术创新来保证企业的可持续发展。

EVA 指标的局限性可归纳为以下三点。

第一，EVA 是绝对指标，没有考虑规模差异。规模较大的企业资本总额较大，即使资本报酬率低，也能创造更多的经济增加值。

第二，EVA 是以会计利润为基础调整后的结果，其本质仍然是财务指标。会计信息的质量会影响 EVA 指标的质量，有些会计调整项目无法从企业的公开财务报表中获得，数据的真实性难以确定，无法避免盈余管理；财务指标在反映价值创造时具有滞后性，无法对企业价值创造过程中的商誉、无形资产、人力资本等非财务因素予以充分的确认、计量和报告，投资中心管理者还是会更关心决策的结果而不是驱动决策结果的过程因素，容易导致短视行为。

第三，EVA 计算过程比较复杂，调整项目和股权资本成本的确定尚存在许多争议。尽管调整项目可以结合企业的实际情况减到十几项，但对如何确定调整项目以及如何进行调整尚未形成共识。

（4）平衡计分卡

20 世纪 90 年代初，哈佛商学院的罗伯特·卡普兰（Robert Kaplan）教授和大卫·诺顿（David Norton）率先提出平衡计分卡（balanced score card，BSC）的概念框架。此框架将企业的愿景和战略转化为财务、客户、内部业务流程、学习与成长四个维度的业绩考核目标和指标，如图 10-2 所示。

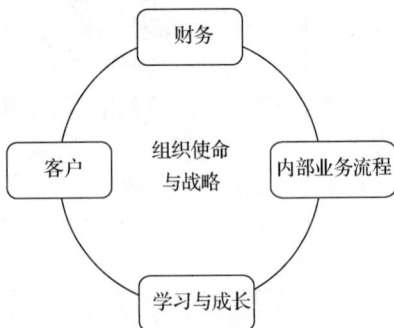

图 10-2　平衡计分卡

平衡计分卡的四个维度分别解决企业"想赚多少钱"（财务）、"赚谁的钱"（客户）、"干什么才能赚钱"（内部业务流程）以及"有没有持续赚钱"（学习与成长）这四个问题。

财务是最终目标。大多数企业存在的目的是创造股东财富，而对股东财富增加值的衡量离不开财务维度的指标。财务指标能直观反映企业的努力是否最终对股东财富产生了积极的作用。企业的整体战略不同，其财务目标与指标的侧重点也会发生变化。收入增加、成本降低与资产利用这三大财务主题分别对应发展战略、稳定战略与收缩战略三大企业整体战略。

客户是关键。客户维度的内容在平衡计分卡中占有重要地位，因为在市场经济条件下，企业的成果取决于客户，即由客户决定企业的努力是转化为成果还是白白地耗费资源。如果无法满足或达到客户的需求，企业的愿景及目标将难以实现。企业需要制定核心指标以了解市场份额、客户需求和客户满意程度等情况，还需要从时间、质量、服务效率以及成本等方面制定具体的指标来计量驱动客户价值。

内部业务流程是基础。企业要想满足现有客户和潜在客户的需求，就必须以优化企业的内部业务流程为前提。对内部业务流程的控制必须与价值链分析密切结合，包括创新过程、经营过程和售后服务过程。企业应当选出那些最具价值、对客户满意度有最大影响的业务流程，明确自身的核心竞争能力，并把它们转化成具体的测评指标。

学习与成长是核心。企业只有不断学习与成长，才能持续改善企业内部流程，以更好地为客户服务，并最终实现企业的财务目标。对企业发展起持续推动作用的学习与成长主要表现为增加员工能力、提高积极性和团队合作、提高信息系统效率等方面。为此，企业不仅应强调购买设备、产品的研究与开发等传统的投资领域，而且应重视对员工系统、业务流程等基础设施的投资，以提高员工的工作能力和积极性，拓展信息系统、完善企业内部流程，从而激励企业持续改进绩效。

表 10-7 列举了企业平衡计分卡中常见的业绩考核指标。

表 10-7　　　　　　　　　　　　　平衡计分卡业绩指标举例

财务维度		客户维度	
目标	指标	目标	指标
收入增加：		核心：	
增加新产品数量	新产品收入百分比	增加市场份额	市场份额
开创新的应用	新应用收入百分比	增加客户保有率	续订货客户百分比
开发新客户和新市场	新来源收入百分比	增加客户获得率	新客户增加比率

财务维度		客户维度	
目标	指标	目标	指标
采用新的定价策略	销售利润率	增加客户满意度	客户调查评价等级
成本降低：		增加客户利润率	客户利润率
降低单位产品成本	单位产品成本	客户价值：	
降低单位客户成本	单位客户成本	降低价格	价格
降低分销渠道成本	分销渠道单位成本	降低购买后成本	购买后成本
资产利用：		提高产品质量	销售退回率
改进资产利用	投资报酬率 经济增加值	提高交货可靠性	按时交货率
		提高产品功能	客户调查评价等级
		提升产品形象和声誉	客户调查评价等级

内部业务流程维度		学习与成长维度	
目标	指标	目标	指标
创新：			员工满意度
增加新产品数	新产品数量 计划产品数量	提高员工工作能力	员工营业额百分比 平均培训时间
增加专利产品	专利产品收入百分比		战略性工作完成数
减少新产品开发时间	上市时间		关键员工流失率
经营：		提高积极性和团队合作	员工提出的建议数
			员工建议的实施数
提高加工质量	质量成本 残次品百分比	提高信息系统有效性	具有实时反馈能力的工序数百分比 能从网上获得客户及产品信息并直接与
提高加工效率	单位成本变动趋势 投入产出比		客户接触的员工比率
减少加工时间	生产周期		
售后服务：			
提高服务质量	首次通过率		
提高服务效率	投入产出比		
减少服务时间	服务周期		

当使用平衡计分卡时，除了制定整个企业的平衡计分卡外，每个责任单位也可以制定本部门的计分卡。平衡计分卡不应该是一种束缚，而应该成为灵活地激励和计量各责任单位业绩的准则。一般由企业规定平衡计分卡所涉及的类别，然后各责任单位自行选择每个类别相关的业绩指标。在此过程中，很少有责任单位会运用所有的业绩指标，而是由各责任单位结合自身特点增加一些其他的业绩指标。此时，选择业绩指标的原则是：与企业战略相一致；相对于被考核者，可理解并且可控；重点突出，指标不宜太多。

与传统的责任考核方法相比，平衡计分卡业绩评价系统在企业目标与业绩指标之间建立了一条"因果关系链"，能够帮助管理者从中分析出企业现在的努力与未来的前景之间的"因果"关系以及影响企业整体目标的各种关键因素，有助于管理者从战略的高度，整体把握企业的业务活动发展过程。

同时，平衡计分卡也发挥了传统责任考核评价方法所不具有的平衡作用：外部评价指标（如股东和客户对企业的评价）和内部评价指标（如内部经营过程、新技术学习等）的平衡；成果评价指标（如市场占有率等）和导致成果出现的驱动因素评价指标（如新产品投资开发等）的平衡；财务评价指标（如利润等）和非财务评价指标（如员工忠诚度、客户满意程度等）的平衡；短期评价指标（如利润等）和长期评价指标（如员工培训成本、研发费用等）的平衡。这有助于企业实现长期与短期、财务与非财务绩效的平衡与可持续发展。

当然，平衡计分卡也并不是十全十美的。一方面，平衡计分卡遵循的是非线性的系统思想，行为与结果之间的关系并不十分明确，因而很难在其各个方面建立起牢固的因果关系。另一方面，平衡计分卡涉及多项评价指标，而且这些指标会因企业的不同而有所差异，需要企业根据自身特点进行专门设计，这提高了该方法用于责任考核的难度，降低了该方法的可操作性。

精选案例

平衡计分卡在青山公司的应用

中国兵器装备集团公司下属的重庆青山工业有限责任公司（以下简称"青山公司"）为贯彻落实集团战略目标，运用平衡计分卡原理来确定公司战略、规划，取得了较好的管理效果，充分发挥了平衡计分卡管理表盘的作用，以促进青山公司加强日常管控。具体做法如下。

第一步：青山公司确定从公司、部门、班组和岗位四个层级，按战略制定、战略地图、计分卡、关键绩效指标、行动计划五个业务线编制平衡计分卡；

第二步：在平衡计分卡的实施上，依次定义战略目标、确定衡量指标、定义衡量指标和目标值、编制行动方案；

第三步：为保障平衡计分卡的顺利运行，青山公司从组织保障、流程保障、制度保障三个方面着手，设立了平衡计分卡领导小组和管理办公室，建立了平衡计分卡体系运行管理流程和定期诊断汇报机制，系统反映战略执行情况。

10.2.4 责任报告

1. 责任报告的含义

责任报告又称业绩报告、绩效报告，是指根据责任会计的有关记录编制的，能够反映责任预算实际执行情况、揭示责任预算与实际执行差异的内部会计报告，也是对各责任中心预算情况的系统概括和总结。

作为责任会计的重要内容之一，责任报告的重点是记录和反映各责任中心的业绩考核结果。企业根据责任报告，可以进一步分析责任预算执行差异的具体原因和责任，以充分发挥反馈作用，有利于各责任中心及其上层管理者实现对有关经营活动及时有效的控制与调节，从而会激励员工最大限度地提高工作绩效。

2. 责任报告的形式与内容

责任报告的具体形式有报表、数据分析和文字说明等。将责任预算、实际履行情况以及两者之间的差异用报表予以列示是责任报告的基本方式。同时，还必须对重大差异予以定量分析和定性分析。定量分析旨在分析重大差异的发生程度，定性分析旨在分析重大差异产生的原因以及根据具体原因提出改进意见。所以，企业往往将责任报告的这几种形式结合起来使用。责任报告按照自下而上的程序，由各个责任中心逐级编制、分析汇总而成。

在不同的管理层次上，责任报告具体内容的侧重点和详略程度有所不同。最低层次责任中心的责任报告只包括自身的预算执行情况，所以应当最详细；随着管理层次的提高，责任报告的内容会包括该层次以及下属所有责任中心的预算执行情况，所以在内容上会更为概括。同时，在将责任预算的执行差异及其原因和影响因素呈现在责任报告中时，需要遵循"重要性原则"，重点对导致差异产生的关键因素进行分析，以便将报告使用者的注意力成功地吸引到少数严重脱离预算目标的关键因素或项目上来，提高责任报告的使用效率。

3. 责任报告举例

各责任中心的责任报告具体可分别如表 10-8、表 10-9、表 10-10 所示。

表 10-8 　　　　　　　　　　　　 A 成本中心责任报告

2023 年 　　　　　　　　　　　　 单位：万元

项目	预算	实际	差异 （实际－预算）
下属单位转来的责任成本			
A1 车间	500	550	50
A2 车间	500	480	−20
A 成本中心可控成本			
直接材料	1 000	1 100	100
直接人工	830	820	−10
水电费	120	105	−15
其他	50	55	5
小计	2 000	2 080	80
A 成本中心责任成本	3 000	3 110	110

表 10-9 　　　　　　　　　　　　 B 利润中心责任报告

2023 年 　　　　　　　　　　　　 单位：万元

项目	预算	实际	差异 （实际－预算）
销售收入			
批发	2 500	2 800	300
零售	1 500	2 000	500
小计	4 000	4 800	800
可控成本			
变动生产成本	1 600	2 100	500
变动销售及管理成本	600	650	50
小计	2 200	2 750	550
部门可控边际贡献	1 800	2 050	250
不可控成本			
固定生产成本	1 000	1 100	100
固定销售及管理成本	500	450	−50
小计	1 500	1 550	50
部门营业利润	300	500	200

表 10-10 　　　　　　　　　　　　 C 投资中心责任报告

2023 年 　　　　　　　　　　　　 金额单位：万元

项目	预算	实际	差异 （实际－预算）
销售收入			
甲产品	4 500	5 040	540
乙产品	2 700	3 600	900
小计	7 200	8 640	1 440
可控成本			
变动生产成本	2 880	3 780	900
变动销售及管理成本	1 080	1 170	90

项目	预算	实际	差异 （实际 - 预算）
小计	3 960	4 950	990
部门可控边际贡献	3 240	3 690	450
不可控成本			
固定生产成本	1 800	1 980	180
固定销售及管理成本	900	810	- 90
小计	2 700	2 790	90
部门营业利润	540	900	360
总资产平均占用额	9 000	9 000	0
总资产周转率	0.8	0.96	0.16
销售利润率	7.5%	10.42%	2.92%
投资报酬率	6%	10%	4%

由表 10-8 可知，A 成本中心责任成本的实际消耗 3 110 万元大于预算金额 3 000 万元，存在不利差异，成本控制业绩不好。这主要是由于其本身的直接材料和下属 A1 车间产生了较大的不利差异，即使直接人工、水电费和下属 A2 车间产生了有利差异，也不能抵消该不利差异。对于不利差异，应进一步查明原因，予以严格控制。

由表 10-9 可知，B 利润中心实际部门可控边际贡献为 2 050 万元，比预算部门可控边际贡献 1 800 万元增加 250 万元，为有利差异，完成了预算目标。实际营业利润为 500 万元，比预算营业利润 300 万元增加 200 万元，为有利差异。因为不可控成本超支差异为 50 万元，而营业利润是部门可控边际贡献减不可控成本后实现的，所以营业利润有利差异为 200 万元（250 - 50）。

由表 10-10 可知，C 投资中心的实际投资报酬率比预算提高 4 个百分点，达到预算目标。主要是由于销售利润率实际比预算增加 2.92 个百分点，总资产周转率实际比预算增加 0.16，两项均为有利差异，而投资报酬率的高低取决于销售利润率和总资产周转率两项因素。采用因素分析法逐个分析：由于销售利润率提高导致投资报酬率上升 2.34 个百分点（2.92%×0.8），由于总资产周转加快导致投资报酬率上升 1.67 个百分点（0.16×10.42%），所以投资报酬率实际比预算提高了 4 个百分点（2.34%＋1.67%）（因四舍五入而产生数据差异）。

10.3 内部转移定价

10.3.1 内部转移价格的含义

企业的责任单位之间常常会互相提供产品或劳务，以满足经营需要。例如，轮胎分厂向汽车分厂提供轮胎，广告分部为其他制造分部设计产品外包装等。一个责任中心向另一个责任中心提供产品或劳务并因此向该责任中心收取转移价格的时候，是对双方影响比较大的时候，确定的内部转移价格会直接影响转移双方的业绩评价指标，从而影响各责任中心利益以及企业整体利益，所以有必要制定合理的内部转移价格。

内部转移价格（interdivisional transfer price）简称内部价格，是指企业内部各责任单位之间因相互提供产品或劳务而发生内部交易结算和责任结转时所使用的计价标准。提供产品或劳务的责任单位以此确定收入，接受产品或劳务的责任单位以此确定成本。因为一方增加的收入正是另一方增加的成本，所以内部转移价格对整个企业的报告利润并无直接影响，就好比把一个口袋里的钱放到了另外一个口袋里。然而，内部转移价格的变化会引起一个责任中心利润的增加，同时导致另一个责任中心的利润减少，从而影响各责任中心的经营业绩。因此，责任中心管理者会非常关心内部转移价格的制定，即内部转移定价。

内部转移价格的合理制定与使用具有很重要的现实意义。

1. 有助于经济责任的落实

如果没有内部转移价格，就只有对外销售产品的部门可以获得收入、实现利润，但是产品的支出发生在生产产品的各个部门。内部转移价格利用价格调节手段，通过内部交易的形式，在各责任中心之间调节"买卖"双方的收入和支出，使各责任中心经济责任的划分趋于合理，有助于经济责任的落实。

2. 有助于客观评价各责任中心的业绩

有了公平合理的内部转移价格，企业就能正确计量各责任中心的业绩，使责任中心工作成果的评价和考核建立在公正客观的基础上，从而充分调动各责任中心的生产积极性，使企业的生产经营进入良性循环状态。

3. 有助于引导各责任中心制定正确的经营决策

企业可以结合内部转移价格、最优化生产计划以及各责任中心提供的相关信息，合理配置资源，保障企业整体经济利益最优化。各责任中心可以利用内部转移价格将经济责任数量化，根据分配到的企业经济资源以及有关收入、成本、利润、资金的情况，计算分析未来如何实现预定的经营目标、怎样才能获取更多的利润、应制定怎样的经营决策。相关的经营决策包括生产部门需要生产多少产品、购买部门需要购买多少产品，生产经营活动规模是不断扩大还是适当缩小、某些中间产品或劳务是向企业内部有关部门购买还是从市场外部购买等。

10.3.2 内部转移定价的基本原则

在进行内部转移定价时，需遵循以下原则。

1. 全局性原则

内部转移只有在交易各方均能获益的情况下才会发生，因为责任中心会拒绝或抵触使其利益受损的内部转移行为。但是如果每个责任中心都追求自己的利益最大化、不做出让步，很可能就无法就内部转移价格达成共识。所以各责任中心都应本着全局性的原则，以企业整体利益最大化行事，通过友好协商等方式，合理地制定内部转移价格，避免发生次优化（suboptimization）问题。

2. 自主性原则

内部转移价格的使用双方都是企业内部在权、责、利等方面相对独立的责任单位，因此，内部转移价格应在确保企业整体利益的前提下，由各责任中心自愿制定。交易双方都应有讨价还价的权利，具有选择产品、供应者和客户的自由，企业最高管理者不宜过多地进行行政干预。各责任中心比较了解转移产品的市场、价格、成本等信息，能确定较为公平合理的内部转移定价。而且确保内部转移价格是自主制定的，可以尽量避免各责任中心在使用内部转移价格时发生冲突。

3. 公平性原则

内部转移价格的制定是否公平直接关系到责任会计制度能否真正建立，内部转移价格能够被接受和使用的一个重要前提就是交易各方都觉得这一价格是公平合理的、没有偏袒任何一方、对各方都有利。公平性原则要求内部转移价格是能够正确反映产品劳务价值的价格，能够充分体现各责任中心努力程度与经营业绩，并将两者有效匹配起来。公平的内部转移价格既不会使某些责任中心因价格优势而获得额外利益，也不会使某些责任中心因价格劣势而遭受额外损失，有利于各责任中心工作积极性以及企业内部经济往来的长久保持。

4. 重要性原则

我们没有必要对企业内部交易中涉及的所有产品或劳务一一制定详细的内部转移价格。重要性原则要求在制定内部转移价格时，区分产品或劳务的性质和重要程度，对原材料、半成品、产成品等重要项目的内部转移价格花大力气制定详细的内部转移价格，而对低值易耗品等数量庞杂、价值低廉的项目，制定相对简略的内部转移价格，以节约成本，提高内部结算或内部责任结转工作的效率。

10.3.3 内部转移定价的方法

在实践中，常用的内部转移定价方法有基于市场价格定价、基于成本定价、协商定价和双重定价。

1. 基于市场价格定价

基于市场价格定价的方法适用于中间产品存在完全竞争市场的情况。在中间产品存在完全竞争市场的情况下，市场价格减去对外销售的费用，是最理想的内部转移价格。市场价格是中间产品投入市场进行等价交换时社会所认可的价格，最能反映中间产品的内在经济价值，以此为依据制定内部转移价格，可以避免主观随意性，而扣除的销售费用又可以反映因为内部交易所节约的外部交易成本，所以这一内部转移价格较为客观公正，能够提供正向的激励。

市场价格可以按同类产品的外部供应商报价、公开发表的同类产品价格目录或者销售方对外销售的价格确定。但是，基于市场价格定价也有其局限性。现实中存在价格歧视、多重市价等情况，且市场价格易波动，所以有些中间产品的市场价格仍不易确定；在不完全竞争市场的情况下，竞争性的市场价格可能是缺失的。在这些情况下，就需要采用其他方法制定内部转移价格。

2. 基于成本定价

当内部转移的产品或劳务没有一个定义好的市场价格时，可以基于成本来考虑价格。基于成本定价的方法适用于内部交易的销售一方有闲置生产能力、中间产品不存在外部市场或存在不完全竞争市场的情况。

首先考虑制定内部转移价格是依据标准成本还是实际成本。基于实际成本定价，易于理解、便于实施，但是成本中损失、浪费、低效率的部分将全部由供应方传递给购买方，不利于正确衡量各部门业绩，不利于成本控制；而基于标准成本定价能够将日常管理和责任会计核算工作结合起来，有利于克服基于实际成本定价所存在的责任转嫁问题，有助于对双方经营业绩进行正确评价，有助于成本控制。

内部转移价格可以基于变动成本制定，也可以基于完全成本制定。

当内部销售方存在闲置生产能力时，基于变动成本定价是比较合理的。基于变动成本定价可以避免销售部门闲置生产能力的浪费，保证合理的利润。但也存在不足：确定变动成本时容易引起矛盾，特别是存在混合成本时，成本性态分析会变得更加困难；无论市场需求怎么波动，即使是在外部需求或者内部需求很少的情况下，购买部门仍然需要支付一定的补偿费用，供应部门仍能维持一定利润水平，这显然不太公平。

有些企业会采用完全成本加成的定价方法，主要是因为它简单明了、易懂易用。直接以完全成本作为内部转移价格，会导致企业内部只有最终向外界销售的分部能获得利润、其他分部都无法获得利润，因此可以采用对完全成本加成的方法确定内部转移价格，以保证销售方获得合理利润。但以完全成本加成的方法制定内部转移价格，不利于合理评价业绩，而且会导致不良决策和次优化问题，只有在无法采用其他形式的内部转移定价时，才考虑使用完全成本加成的方法来制定内部转移价格。

3. 协商定价

协商定价又称议价，是指企业内部交易的双方在一定的价格范围内，定期协商确定一个双方都能接受的内部转移价格的定价方法。

只有内部转移价格能使购销双方利润都增加时，内部转移才会发生。销售部门可接受的最低内部转移定价是变动成本，购买部门可接受的最高内部转移定价是市场价格，应在可接受的内部转移定价范围内协商一个实际的内部转移价格。

协商定价适用于中间产品存在不完全竞争市场、内部销售方有闲置的生产能力以及交易双方的负责人都有讨价还价权利的情况，适当的高层干预以及部门间信息资源共享可以为协商创造有利条件。

4. 双重定价

当内部转移的产品或劳务有外部市场，销售方有剩余生产能力，而且采用单一的内部转移价格不能同时对交易双方产生激励作用时，应考虑采用双重定价的方法。双重定价就是对内部交易的双方分别采用不同转移价格的定价方法。例如，对产品或劳务的销售部门按协商价格计价，对购买部门则按产品或劳务的单位变动成本计价；又如，在产品或劳务存在不同的市场价格时，可采用"双重市场价格"，对销售方采用最高的市价作为内部转移价格，对购买方则以最低的市价作为计价基础。双重价格之间的差异应由会计部门记录在一个专门的结算账户中，以后再进行调整。

【例10-6】已知：某企业下设A、B两个利润中心。A生产的M半成品既可以直接在市场上出售，也可以作为B生产N产品的一种配件，N产品加工完毕后作为最终产品在企业外部市场上公开销售。M半成品、N产品的投入产出比为2：1，A利润中心要求的利润率为20%。A、B两个利润中心产品的相关资料如表10-11所示。

表10-11　　　　　　　　相关资料

产品	M	N
市场价格/（元/件）	100	320
单位变动生产成本/（元/件）	45	
单位深加工费用/（元/件）（不含M半产品成本）		100
单位销售及管理费用/（元/件）	15	20
单位变动成本小计/（元/件）	60	120
最大产量/件	20 000	2 000
预计最大对外销售量/件	17 000	2 000

试选择合适的内部定价方法确定M半成品的内部转移价格。

解：根据表10-11中提供的信息，M半成品的最大产量为20 000件，A利润中心尚有闲置的生产能力为B利润中心额外生产M半成品3 000件（20 000－17 000），满足N产品1 500件（3 000÷2）的生产，且外部市场可以容纳这些产品（1 500件＜2 000件），M的单位变动成本也小于其市场价格（60元＜100元）。此时，企业可考虑采用变动成本加成定价的方法或双重定价的方法确定内部转移价格。

（1）在变动成本加成定价的方法下，M半成品的内部转移价格＝60×（1＋20%）＝72（元）。此价格是A、B两个利润中心使用的唯一的内部转移价格。

（2）在双重定价的方法下，提供方A利润中心选择和适用的内部转移价格＝M半成品的市场价格＝100元；接受方B利润中心选择和适用的内部转移价格＝M半成品的单位变动成本＝60元。A、B两个利润中心分别适用不同的内部转移价格进行内部结算或内部责任结转。

本章小结

随着企业的规模越来越大，企业需要实施分权管理以及时应对所处环境的快速变化。分权管理是指决策权分布于企业各管理层级，各层级管理者负责做出其职责范围内的主要经营决策的一种组织管理模式。

分权管理的程度是企业权衡分权管理效益和成本后的结果。现代企业之所以广泛地采纳和实施分权管理，主要是出于以下几方面的考虑：及时、有效地做出市场反应；让高层管理者集中于战略决策；激励和培训中低层管理者。

责任会计是指通过在企业内部设立多个责任中心，并对其分工负责的经济业务进行计划与控制，以实现业绩考核与评价的一种内部会计控制制度。

责任中心是指拥有一定的管理权限、承担相应经济责任、享有相应利益的企业内部单位，可分为成本中心、利润中心和投资中心三大类。

业绩考核是以责任报告为依据，分析、评价各责任中心经济责任的实际履行情况，找出差距，查明原因，借以考核各责任中心的工作成果，实施奖惩，促使各责任中心积极纠正行为偏差，完成责任预算的过程。

成本中心的业绩考核对象是责任成本，具体包括责任成本的差异额和差异率两个考核指标。利润中心的考核指标具体表现为部门边际贡献、部门可控边际贡献、部门营业利润三种形式。投资中心的考核通常涉及投资报酬率、剩余收益、经济增加值、平衡计分卡等内容。

责任报告是指根据责任会计的有关记录编制的，能够反映责任预算实际执行情况、揭示责任预算与实际执行差异的内部会计报告。责任报告的具体形式有报表、数据分析和文字说明等。

内部转移价格是指企业内部各责任单位之间因相互提供产品或劳务而发生内部交易结算和责任结转时所使用的计价标准。常见的内部转移价格的制定方法有：基于市场价格定价、基于成本定价、协商定价、双重定价。

自测题

（一）单选题

1. 责任会计的主体是（　　）。
   A. 生产部门　　　B. 董事会　　　　C. 责任中心　　　D. 财务部门
2. 对于那些只发生费用支出的部门来说，它们所建立的责任中心只能是（　　）。
   A. 成本中心　　　B. 人为利润中心　C. 自然利润中心　D. 投资中心
3. 企业内部同时对成本、收入和利润负责的是（　　）。
   A. 计量利润的内部单位
   B. 对外部销售取得利润的单位
   C. 有收入的内部单位
   D. 能同时控制生产和销售，管理者有权对其供货来源和目标市场进行决策的单位
4. 成本中心控制和考核内容的是（　　）。
   A. 可控成本　　　B. 责任成本　　　C. 产品成本　　　D. 预算成本
5. 投资中心的营业利润与其投资额的比率称为（　　）。
   A. 投资报酬率　　B. 内部报酬率　　C. 剩余收益　　　D. 经济增加值
6. 在平衡计分卡评价中既考虑利润、市场占有率等指标，又注意到新产品投资开发，体现了（　　）。
   A. 外部评价指标和内部评价指标的平衡
   B. 成果评价指标和导致成果出现的驱动因素评价指标的平衡
   C. 财务评价指标和非财务评价指标的平衡
   D. 短期评价指标和长期评价指标的平衡
7. 责任会计中用来反映与考核各责任中心工作业绩的书面文件称为（　　）。
   A. 差异分析表　　　　　　　　　B. 预算执行情况表
   C. 责任报告　　　　　　　　　　D. 实际执行与预算比较表

8. 在责任会计中，发生内部交易结算和内部责任结转时所使用的价格称为（　　）。

    A. 责任成本   B. 结算成本   C. 标准价格   D. 内部转移价格

9. 如果企业内部的供需双方分别按照不同的内部转移价格对同一笔内部交易进行结算，则确定此价格的方法为（　　）。

    A. 基于成本定价   B. 基于市场定价   C. 协商定价   D. 双重定价

10. 在中间产品存在完全竞争市场的情况下，（　　）是最理想的内部转移价格。

    A. 市场价格减去对外销售的费用   B. 变动成本加成

    C. 完全成本加成   D. 协商价格

（二）多选题

1. 现代企业之所以采纳和实施分权管理，主要是出于以下几个方面的考虑（　　）。

    A. 及时做出市场反应   B. 让高层管理者集中于战略决策

    C. 激励中低层管理者   D. 将权力集中在企业高层管理者手中

    E. 培养中低层管理者

2. 下列各项中，属于责任会计制度内容的有（　　）。

    A. 设置责任中心   B. 编制责任预算   C. 明确奖惩制度

    D. 建立信息跟踪系统   E. 分析和考核业绩

3. 下列各项中，属于建立责任会计制度必须遵循的原则有（　　）。

    A. 责任主体原则   B. 目标一致性原则   C. 可控性原则

    D. 激励原则   E. 重要性原则

4. 下列各项中，属于责任中心分类的有（　　）。

    A. 销售中心   B. 投资中心   C. 成本中心

    D. 利润中心   E. 结算中心

5. 下列有关可控成本的表述，正确的有（　　）。

    A. 对整个企业而言，几乎所有的成本都是可控的

    B. 直接成本是可控成本，间接成本是不可控成本

    C. 变动成本是可控成本，固定成本是不可控成本

    D. 不直接决定某项成本的人员，如果对该成本施加重要影响，也应该对该成本负责

    E. 在足够长的时间范围内，所有成本都是可控的

6. 下列指标中，属于成本中心考核范畴的有（　　）。

    A. 产品成本变动额   B. 责任成本变动额   C. 责任成本变动率

    D. 可控成本变动额   E. 可控成本变动率

7. 下列指标中，属于投资中心考核指标的有（　　）。

    A. 投资报酬率   B. 经济增加值   C. 贡献毛益

    D. 营业利润   E. 剩余收益

8. 剩余收益相对于投资报酬率指标的优势有（　　）。

    A. 可以根据风险对不同的资产规定不同的资本成本

    B. 可以比较不同投资规模的投资中心的业绩

    C. 可以避免投资中心管理者的短期行为

    D. 有利于投资中心和企业整体利益的一致性

    E. 考虑了税收因素，是税后指标

9. 制定内部转移价格时应遵循的原则有（　　）。

    A. 全局性原则   B. 自主性原则   C. 公平性原则

    D. 重要性原则   E. 例外性原则

10. 成功的协商定价依赖于（　　）。
    A. 中间产品存在不完全竞争市场　　B. 内部销售方有闲置的生产能力
    C. 交易双方的负责人都有讨价还价权利　D. 适当的高层干预
    E. 部门间信息资源共享

（三）计算题

1. 已知：某企业下设A投资中心。A投资中心的总资产为100万元，营业利润为15万元，企业要求的投资报酬率为10%。企业正在考虑由A投资中心承接一个新项目，需要投资额20万元，可获利2.2万元。

要求：

（1）若以投资报酬率作为投资中心考核指标，A投资中心是否会承接该项目？

（2）若以剩余收益作为投资中心考核指标，A投资中心是否会承接该项目？

2. 已知：2022年年末B利润中心的预算资料和实际结果如表10-12所示。

表10-12　　　　　　　　　　2022年年末B利润中心的预算资料和实际结果　　　　　　单位：万元

项目	预算	实际
销售收入	120	115
变动成本		
变动生产成本	60	59
变动销售及管理费用	10	11
部门边际贡献	50	45
固定成本（不可控成本）		
固定制造费用	20	20
固定销售及管理费用	4	3
部门营业利润	26	22
所得税（25%）	6.5	5.5
营业净利润	19.5	16.5

要求：编制该中心的责任报告。

（四）案例分析题

桂格燕麦公司的决策

复利终值系数表

期数	1%	2%	3%	4%	5%	6%	7%	8%	9%	10%	11%	12%	13%	14%	15%	16%	17%	18%	19%	20%	21%	22%	23%	24%	25%	26%	27%	28%	29%	30%
1	1.0100	1.0200	1.0300	1.0400	1.0500	1.0600	1.0700	1.0800	1.0900	1.1000	1.1100	1.1200	1.1300	1.1400	1.1500	1.1600	1.1700	1.1800	1.1900	1.2000	1.2100	1.2200	1.2300	1.2400	1.2500	1.2600	1.2700	1.2800	1.2900	1.3000
2	1.0201	1.0404	1.0609	1.0816	1.1025	1.1236	1.1449	1.1664	1.1881	1.2100	1.2321	1.2544	1.2769	1.2996	1.3225	1.3456	1.3689	1.3924	1.4161	1.4400	1.4641	1.4884	1.5129	1.5376	1.5625	1.5876	1.6129	1.6384	1.6641	1.6900
3	1.0303	1.0612	1.0927	1.1249	1.1576	1.1910	1.2250	1.2597	1.2950	1.3310	1.3676	1.4049	1.4429	1.4815	1.5209	1.5609	1.6016	1.6430	1.6852	1.7280	1.7716	1.8158	1.8609	1.9066	1.9531	2.0004	2.0484	2.0972	2.1467	2.1970
4	1.0406	1.0824	1.1255	1.1699	1.2155	1.2625	1.3108	1.3605	1.4116	1.4641	1.5181	1.5735	1.6305	1.6890	1.7490	1.8106	1.8739	1.9388	2.0053	2.0736	2.1436	2.2153	2.2889	2.3642	2.4414	2.5205	2.6014	2.6844	2.7692	2.8561
5	1.0510	1.1041	1.1593	1.2167	1.2763	1.3382	1.4026	1.4693	1.5386	1.6105	1.6851	1.7623	1.8424	1.9254	2.0114	2.1003	2.1924	2.2878	2.3864	2.4883	2.5937	2.7027	2.8153	2.9316	3.0518	3.1758	3.3038	3.4360	3.5723	3.7129
6	1.0615	1.1262	1.1941	1.2653	1.3401	1.4185	1.5007	1.5869	1.6771	1.7716	1.8704	1.9738	2.0820	2.1950	2.3131	2.4364	2.5652	2.6996	2.8398	2.9860	3.1384	3.2973	3.4628	3.6352	3.8147	4.0015	4.1959	4.3980	4.6083	4.8268
7	1.0721	1.1487	1.2299	1.3159	1.4071	1.5036	1.6058	1.7138	1.8280	1.9487	2.0762	2.2107	2.3526	2.5023	2.6600	2.8262	3.0012	3.1855	3.3793	3.5832	3.7975	4.0227	4.2593	4.5077	4.7684	5.0419	5.3288	5.6295	5.9447	6.2749
8	1.0829	1.1717	1.2668	1.3686	1.4775	1.5938	1.7182	1.8509	1.9926	2.1436	2.3045	2.4760	2.6584	2.8526	3.0590	3.2784	3.5115	3.7589	4.0214	4.2998	4.5950	4.9077	5.2389	5.5895	5.9605	6.3528	6.7675	7.2068	7.6686	8.1573
9	1.0937	1.1951	1.3048	1.4233	1.5513	1.6895	1.8385	1.9990	2.1719	2.3579	2.5580	2.7731	3.0040	3.2519	3.5179	3.8030	4.1084	4.4355	4.7854	5.1598	5.5599	5.9874	6.4439	6.9310	7.4506	8.0045	8.5948	9.2234	9.8925	10.6045
10	1.1046	1.2190	1.3439	1.4802	1.6289	1.7908	1.9672	2.1589	2.3674	2.5937	2.8394	3.1058	3.3946	3.7072	4.0456	4.4114	4.8068	5.2338	5.6947	6.1917	6.7275	7.3046	7.9259	8.5944	9.3132	10.0857	10.9153	11.8059	12.7614	13.7858
11	1.1157	1.2434	1.3842	1.5395	1.7103	1.8983	2.1049	2.3316	2.5804	2.8531	3.1518	3.4786	3.8359	4.2262	4.6524	5.1173	5.6240	6.1759	6.7767	7.4301	8.1403	8.9117	9.7489	10.6571	11.6415	12.7080	13.8625	15.1116	16.4622	17.9216
12	1.1268	1.2682	1.4258	1.6010	1.7959	2.0122	2.2522	2.5182	2.8127	3.1384	3.4985	3.8960	4.3345	4.8179	5.3503	5.9360	6.5801	7.2876	8.0642	8.9161	9.8497	10.8722	11.9912	13.2148	14.5519	16.0120	17.6053	19.3428	21.2362	23.2981
13	1.1381	1.2936	1.4685	1.6651	1.8856	2.1329	2.4098	2.7196	3.0658	3.4523	3.8833	4.3635	4.8980	5.4924	6.1528	6.8858	7.6987	8.5994	9.5964	10.6993	11.9182	13.2641	14.7491	16.3863	18.1899	20.1752	22.3588	24.7588	27.3947	30.2875
14	1.1495	1.3195	1.5126	1.7317	1.9799	2.2609	2.5785	2.9372	3.3417	3.7975	4.3104	4.8871	5.5348	6.2613	7.0757	7.9875	9.0075	10.1472	11.4198	12.8392	14.4210	16.1822	18.1414	20.3191	22.7374	25.4207	28.3957	31.6913	35.3391	39.3738
15	1.1610	1.3459	1.5580	1.8009	2.0789	2.3966	2.7590	3.1722	3.6425	4.1772	4.7846	5.4736	6.2543	7.1379	8.1371	9.2655	10.5387	11.9737	13.5895	15.4070	17.4494	19.7423	22.3140	25.1956	28.4217	32.0301	36.0625	40.5648	45.5875	51.1859
16	1.1726	1.3728	1.6047	1.8730	2.1829	2.5404	2.9522	3.4259	3.9703	4.5950	5.3109	6.1304	7.0673	8.1372	9.3576	10.7480	12.3303	14.1290	16.1715	18.4884	21.1138	24.0856	27.4462	31.2426	35.5271	40.3579	45.7994	51.9230	58.8179	66.5417
17	1.1843	1.4002	1.6528	1.9479	2.2920	2.6928	3.1588	3.7000	4.3276	5.0545	5.8951	6.8660	7.9861	9.2765	10.7613	12.4677	14.4265	16.6722	19.2441	22.1861	25.5477	29.3844	33.7588	38.7408	44.4089	50.8510	58.1652	66.4614	75.8621	86.5042
18	1.1961	1.4282	1.7024	2.0258	2.4066	2.8543	3.3799	3.9960	4.7171	5.5599	6.5436	7.6900	9.0243	10.5752	12.3755	14.4625	16.8790	19.6733	22.9005	26.6233	30.9127	35.8490	41.5233	48.0386	55.5112	64.0722	73.8698	85.0706	97.8622	112.4554
19	1.2081	1.4568	1.7535	2.1068	2.5270	3.0256	3.6165	4.3157	5.1417	6.1159	7.2633	8.6128	10.1974	12.0557	14.2318	16.7765	19.7484	23.2144	27.2516	31.9480	37.4043	43.7358	51.0737	59.5679	69.3889	80.7310	93.8147	108.8904	126.2422	146.1920
20	1.2202	1.4859	1.8061	2.1911	2.6533	3.2071	3.8697	4.6610	5.6044	6.7275	8.0623	9.6463	11.5231	13.7435	16.3665	19.4608	23.1056	27.3930	32.4294	38.3376	45.2593	53.3576	62.8206	73.8641	86.7362	101.7211	119.1446	139.3797	162.8524	190.0496
21	1.2324	1.5157	1.8603	2.2788	2.7860	3.3996	4.1406	5.0338	6.1088	7.4002	8.9492	10.8038	13.0211	15.6676	18.8215	22.5745	27.0336	32.3238	38.5910	46.0051	54.7637	65.0963	77.2694	91.5915	108.4202	128.1685	151.3137	178.4060	210.0796	247.0645
22	1.2447	1.5460	1.9161	2.3699	2.9253	3.6035	4.4304	5.4365	6.6586	8.1403	9.9336	12.1003	14.7138	17.8610	21.6447	26.1864	31.6293	38.1421	45.9233	55.2061	66.2641	79.4175	95.0413	113.5735	135.5253	161.4924	192.1683	228.3996	271.0027	321.1839
23	1.2572	1.5769	1.9736	2.4647	3.0715	3.8197	4.7405	5.8715	7.2579	8.9543	11.0263	13.5523	16.6266	20.3616	24.8915	30.3762	37.0062	45.0076	54.6487	66.2474	80.1795	96.8894	116.9008	140.8312	169.4066	203.4804	244.0538	292.3003	349.5935	417.5391
24	1.2697	1.6084	2.0328	2.5633	3.2251	4.0489	5.0724	6.3412	7.9111	9.8497	12.2392	15.1786	18.7881	23.2122	28.6252	35.2364	43.2973	53.1090	65.0320	79.4968	97.0172	118.2050	143.7880	174.6306	211.7582	256.3863	309.9483	374.1444	450.9756	542.8008
25	1.2824	1.6406	2.0938	2.6658	3.3864	4.2919	5.4274	6.8485	8.6231	10.8347	13.5855	17.0001	21.2305	26.4619	32.9190	40.8742	50.6578	62.6686	77.3881	95.3962	117.3909	144.2101	176.8593	216.5420	264.6978	323.0454	393.6344	478.9049	581.7585	705.6410
26	1.2953	1.6734	2.1566	2.7725	3.5557	4.5494	5.8074	7.3964	9.3992	11.9182	15.0799	19.0401	23.9905	30.1666	37.8568	47.4141	59.2697	73.9490	92.0918	114.4755	142.0429	175.9364	217.5369	268.5121	330.8722	407.0373	499.9157	612.9982	750.4685	917.3333
27	1.3082	1.7069	2.2213	2.8834	3.7335	4.8223	6.2139	7.9881	10.2451	13.1100	16.7387	21.3249	27.1093	34.3899	43.5353	55.0004	69.3455	87.2598	109.5893	137.3706	171.8719	214.6424	267.5704	332.9550	413.5903	512.8670	634.8929	784.6377	968.1044	1192.5333
28	1.3213	1.7410	2.2879	2.9987	3.9201	5.1117	6.6488	8.6271	11.1671	14.4210	18.5799	23.8839	30.6335	39.2045	50.0656	63.8004	81.1342	102.9666	130.4112	164.8447	207.9651	261.8637	329.1115	412.8642	516.9879	646.2124	806.3140	1004.3363	1248.8546	1550.2933
29	1.3345	1.7758	2.3566	3.1187	4.1161	5.4184	7.1143	9.3173	12.1722	15.8631	20.6237	26.7499	34.6158	44.6931	57.5755	74.0085	94.9271	121.5005	155.1893	197.8136	251.6377	319.4737	404.8072	511.9516	646.2349	814.2276	1024.0187	1285.5504	1611.0225	2015.3813
30	1.3478	1.8114	2.4273	3.2434	4.3219	5.7435	7.6123	10.0627	13.2677	17.4494	22.8923	29.9599	39.1159	50.9502	66.2118	85.8499	111.0647	143.3706	184.6753	237.3763	304.4816	389.7579	497.9129	634.8199	807.7936	1025.9267	1300.5038	1645.5046	2078.2190	2619.9956

复利现值系数表

期数	1%	2%	3%	4%	5%	6%	7%	8%	9%	10%	11%	12%	13%	14%	15%	16%	17%	18%	19%	20%	21%	22%	23%	24%	25%	26%	27%	28%	29%	30%
1	0.9901	0.9804	0.9709	0.9615	0.9524	0.9434	0.9346	0.9259	0.9174	0.9091	0.9009	0.8929	0.8850	0.8772	0.8696	0.8621	0.8547	0.8475	0.8403	0.8333	0.8264	0.8197	0.8130	0.8065	0.8000	0.7937	0.7874	0.7813	0.7752	0.7692
2	0.9803	0.9612	0.9426	0.9246	0.9070	0.8900	0.8734	0.8573	0.8417	0.8264	0.8116	0.7972	0.7831	0.7695	0.7561	0.7432	0.7305	0.7182	0.7062	0.6944	0.6830	0.6719	0.6610	0.6504	0.6400	0.6299	0.6200	0.6104	0.6009	0.5917
3	0.9706	0.9423	0.9151	0.8890	0.8638	0.8396	0.8163	0.7938	0.7722	0.7513	0.7312	0.7118	0.6931	0.6750	0.6575	0.6407	0.6244	0.6086	0.5934	0.5787	0.5645	0.5507	0.5374	0.5245	0.5120	0.4999	0.4882	0.4768	0.4658	0.4552
4	0.9610	0.9238	0.8885	0.8548	0.8227	0.7921	0.7629	0.7350	0.7084	0.6830	0.6587	0.6355	0.6133	0.5921	0.5718	0.5523	0.5337	0.5158	0.4987	0.4823	0.4665	0.4514	0.4369	0.4230	0.4096	0.3968	0.3844	0.3725	0.3611	0.3501
5	0.9515	0.9057	0.8626	0.8219	0.7835	0.7473	0.7130	0.6806	0.6499	0.6209	0.5935	0.5674	0.5428	0.5194	0.4972	0.4761	0.4561	0.4371	0.4190	0.4019	0.3855	0.3700	0.3552	0.3411	0.3277	0.3149	0.3027	0.2910	0.2799	0.2693
6	0.9420	0.8880	0.8375	0.7903	0.7462	0.7050	0.6663	0.6302	0.5963	0.5645	0.5346	0.5066	0.4803	0.4556	0.4323	0.4104	0.3898	0.3704	0.3521	0.3349	0.3186	0.3033	0.2888	0.2751	0.2621	0.2499	0.2383	0.2274	0.2170	0.2072
7	0.9327	0.8706	0.8131	0.7599	0.7107	0.6651	0.6227	0.5835	0.5470	0.5132	0.4817	0.4523	0.4251	0.3996	0.3759	0.3538	0.3332	0.3139	0.2959	0.2791	0.2633	0.2486	0.2348	0.2218	0.2097	0.1983	0.1877	0.1776	0.1682	0.1594
8	0.9235	0.8535	0.7894	0.7307	0.6768	0.6274	0.5820	0.5403	0.5019	0.4665	0.4339	0.4039	0.3762	0.3506	0.3269	0.3050	0.2848	0.2660	0.2487	0.2326	0.2176	0.2038	0.1909	0.1789	0.1678	0.1574	0.1478	0.1388	0.1304	0.1226
9	0.9143	0.8368	0.7664	0.7026	0.6446	0.5919	0.5439	0.5002	0.4604	0.4241	0.3909	0.3606	0.3329	0.3075	0.2843	0.2630	0.2434	0.2255	0.2090	0.1938	0.1799	0.1670	0.1552	0.1443	0.1342	0.1249	0.1164	0.1084	0.1011	0.0943
10	0.9053	0.8203	0.7441	0.6756	0.6139	0.5584	0.5083	0.4632	0.4224	0.3855	0.3522	0.3220	0.2946	0.2697	0.2472	0.2267	0.2080	0.1911	0.1756	0.1615	0.1486	0.1369	0.1262	0.1164	0.1074	0.0992	0.0916	0.0847	0.0784	0.0725
11	0.8963	0.8043	0.7224	0.6496	0.5847	0.5268	0.4751	0.4289	0.3875	0.3505	0.3173	0.2875	0.2607	0.2366	0.2149	0.1954	0.1778	0.1619	0.1476	0.1346	0.1228	0.1122	0.1026	0.0938	0.0859	0.0787	0.0721	0.0662	0.0607	0.0558
12	0.8874	0.7885	0.7014	0.6246	0.5568	0.4970	0.4440	0.3971	0.3555	0.3186	0.2858	0.2567	0.2307	0.2076	0.1869	0.1685	0.1520	0.1372	0.1240	0.1122	0.1015	0.0920	0.0834	0.0757	0.0687	0.0625	0.0568	0.0517	0.0471	0.0429
13	0.8787	0.7730	0.6810	0.6006	0.5303	0.4688	0.4150	0.3677	0.3262	0.2897	0.2575	0.2292	0.2042	0.1821	0.1625	0.1452	0.1299	0.1163	0.1042	0.0935	0.0839	0.0754	0.0678	0.0610	0.0550	0.0496	0.0447	0.0404	0.0365	0.0330
14	0.8700	0.7579	0.6611	0.5775	0.5051	0.4423	0.3878	0.3405	0.2992	0.2633	0.2320	0.2046	0.1807	0.1597	0.1413	0.1252	0.1110	0.0985	0.0876	0.0779	0.0693	0.0618	0.0551	0.0492	0.0440	0.0393	0.0352	0.0316	0.0283	0.0254
15	0.8613	0.7430	0.6419	0.5553	0.4810	0.4173	0.3624	0.3152	0.2745	0.2394	0.2090	0.1827	0.1599	0.1401	0.1229	0.1079	0.0949	0.0835	0.0736	0.0649	0.0573	0.0507	0.0448	0.0397	0.0352	0.0312	0.0277	0.0247	0.0219	0.0195
16	0.8528	0.7284	0.6232	0.5339	0.4581	0.3936	0.3387	0.2919	0.2519	0.2176	0.1883	0.1631	0.1415	0.1229	0.1069	0.0930	0.0811	0.0708	0.0618	0.0541	0.0474	0.0415	0.0364	0.0320	0.0281	0.0248	0.0218	0.0193	0.0170	0.0150
17	0.8444	0.7142	0.6050	0.5134	0.4363	0.3714	0.3166	0.2703	0.2311	0.1978	0.1696	0.1456	0.1252	0.1078	0.0929	0.0802	0.0693	0.0600	0.0520	0.0451	0.0391	0.0340	0.0296	0.0258	0.0225	0.0197	0.0172	0.0150	0.0132	0.0116
18	0.8360	0.7002	0.5874	0.4936	0.4155	0.3503	0.2959	0.2502	0.2120	0.1799	0.1528	0.1300	0.1108	0.0946	0.0808	0.0691	0.0592	0.0508	0.0437	0.0376	0.0323	0.0279	0.0241	0.0208	0.0180	0.0156	0.0135	0.0118	0.0102	0.0089
19	0.8277	0.6864	0.5703	0.4746	0.3957	0.3305	0.2765	0.2317	0.1945	0.1635	0.1377	0.1161	0.0981	0.0829	0.0703	0.0596	0.0506	0.0431	0.0367	0.0313	0.0267	0.0229	0.0196	0.0168	0.0144	0.0124	0.0107	0.0092	0.0079	0.0068
20	0.8195	0.6730	0.5537	0.4564	0.3769	0.3118	0.2584	0.2145	0.1784	0.1486	0.1240	0.1037	0.0868	0.0728	0.0611	0.0514	0.0433	0.0365	0.0308	0.0261	0.0221	0.0187	0.0159	0.0135	0.0115	0.0098	0.0084	0.0072	0.0061	0.0053
21	0.8114	0.6598	0.5375	0.4388	0.3589	0.2942	0.2415	0.1987	0.1637	0.1351	0.1117	0.0926	0.0768	0.0638	0.0531	0.0443	0.0370	0.0309	0.0259	0.0217	0.0183	0.0154	0.0129	0.0109	0.0092	0.0078	0.0066	0.0056	0.0048	0.0040
22	0.8034	0.6468	0.5219	0.4220	0.3418	0.2775	0.2257	0.1839	0.1502	0.1228	0.1007	0.0826	0.0680	0.0560	0.0462	0.0382	0.0316	0.0262	0.0218	0.0181	0.0151	0.0126	0.0105	0.0088	0.0074	0.0062	0.0052	0.0044	0.0037	0.0031
23	0.7954	0.6342	0.5067	0.4057	0.3256	0.2618	0.2109	0.1703	0.1378	0.1117	0.0907	0.0738	0.0601	0.0491	0.0402	0.0329	0.0270	0.0222	0.0183	0.0151	0.0125	0.0103	0.0086	0.0071	0.0059	0.0049	0.0041	0.0034	0.0029	0.0024
24	0.7876	0.6217	0.4919	0.3901	0.3101	0.2470	0.1971	0.1577	0.1264	0.1015	0.0817	0.0659	0.0532	0.0431	0.0349	0.0284	0.0231	0.0188	0.0154	0.0126	0.0103	0.0085	0.0070	0.0057	0.0047	0.0039	0.0032	0.0027	0.0022	0.0018
25	0.7798	0.6095	0.4776	0.3751	0.2953	0.2330	0.1842	0.1460	0.1160	0.0923	0.0736	0.0588	0.0471	0.0378	0.0304	0.0245	0.0197	0.0160	0.0129	0.0105	0.0085	0.0069	0.0057	0.0046	0.0038	0.0031	0.0025	0.0021	0.0017	0.0014
26	0.7720	0.5976	0.4637	0.3607	0.2812	0.2198	0.1722	0.1352	0.1064	0.0839	0.0663	0.0525	0.0417	0.0331	0.0264	0.0211	0.0169	0.0135	0.0109	0.0087	0.0070	0.0057	0.0046	0.0037	0.0030	0.0025	0.0020	0.0016	0.0013	0.0011
27	0.7644	0.5859	0.4502	0.3468	0.2678	0.2074	0.1609	0.1252	0.0976	0.0763	0.0597	0.0469	0.0369	0.0291	0.0230	0.0182	0.0144	0.0115	0.0091	0.0073	0.0058	0.0047	0.0037	0.0030	0.0024	0.0019	0.0016	0.0013	0.0010	0.0008
28	0.7568	0.5744	0.4371	0.3335	0.2551	0.1956	0.1504	0.1159	0.0895	0.0693	0.0538	0.0419	0.0326	0.0255	0.0200	0.0157	0.0123	0.0097	0.0077	0.0061	0.0048	0.0038	0.0030	0.0024	0.0019	0.0015	0.0012	0.0010	0.0008	0.0006
29	0.7493	0.5631	0.4243	0.3207	0.2429	0.1846	0.1406	0.1073	0.0822	0.0630	0.0485	0.0374	0.0289	0.0224	0.0174	0.0135	0.0105	0.0082	0.0064	0.0051	0.0040	0.0031	0.0025	0.0020	0.0015	0.0012	0.0010	0.0008	0.0006	0.0005
30	0.7419	0.5521	0.4120	0.3083	0.2314	0.1741	0.1314	0.0994	0.0754	0.0573	0.0437	0.0334	0.0256	0.0196	0.0151	0.0116	0.0090	0.0070	0.0054	0.0042	0.0033	0.0026	0.0020	0.0016	0.0012	0.0010	0.0008	0.0006	0.0005	0.0004

普通年金现值系数表

期数	1%	2%	3%	4%	5%	6%	7%	8%	9%	10%	11%	12%	13%	14%	15%	16%	17%	18%	19%	20%	21%	22%	23%	24%	25%	26%	27%	28%	29%	30%
1	0.9901	0.9804	0.9709	0.9615	0.9524	0.9434	0.9346	0.9259	0.9174	0.9091	0.9009	0.8929	0.8850	0.8772	0.8696	0.8621	0.8547	0.8475	0.8403	0.8333	0.8264	0.8197	0.8130	0.8065	0.8000	0.7937	0.7874	0.7813	0.7752	0.7692
2	1.9704	1.9416	1.9135	1.8861	1.8594	1.8334	1.8080	1.7833	1.7591	1.7355	1.7125	1.6901	1.6681	1.6467	1.6257	1.6052	1.5852	1.5656	1.5465	1.5278	1.5095	1.4915	1.4740	1.4568	1.4400	1.4235	1.4074	1.3916	1.3761	1.3609
3	2.9410	2.8839	2.8286	2.7751	2.7232	2.6730	2.6243	2.5771	2.5313	2.4869	2.4437	2.4018	2.3612	2.3216	2.2832	2.2459	2.2096	2.1743	2.1399	2.1065	2.0739	2.0422	2.0114	1.9813	1.9520	1.9234	1.8956	1.8684	1.8420	1.8161
4	3.9020	3.8077	3.7171	3.6299	3.5460	3.4651	3.3872	3.3121	3.2397	3.1699	3.1024	3.0373	2.9745	2.9137	2.8550	2.7982	2.7432	2.6901	2.6386	2.5887	2.5404	2.4936	2.4483	2.4043	2.3616	2.3202	2.2800	2.2410	2.2031	2.1662
5	4.8534	4.7135	4.5797	4.4518	4.3295	4.2124	4.1002	3.9927	3.8897	3.7908	3.6959	3.6048	3.5172	3.4331	3.3522	3.2743	3.1993	3.1272	3.0576	2.9906	2.9260	2.8636	2.8035	2.7454	2.6893	2.6351	2.5827	2.5320	2.4830	2.4356
6	5.7955	5.6014	5.4172	5.2421	5.0757	4.9173	4.7665	4.6229	4.4859	4.3553	4.2305	4.1114	3.9975	3.8887	3.7845	3.6847	3.5892	3.4976	3.4098	3.3255	3.2446	3.1669	3.0923	3.0205	2.9514	2.8850	2.8210	2.7594	2.7000	2.6427
7	6.7282	6.4720	6.2303	6.0021	5.7864	5.5824	5.3893	5.2064	5.0330	4.8684	4.7122	4.5638	4.4226	4.2883	4.1604	4.0386	3.9224	3.8115	3.7057	3.6046	3.5079	3.4155	3.3270	3.2423	3.1611	3.0833	3.0087	2.9370	2.8682	2.8021
8	7.6517	7.3255	7.0197	6.7327	6.4632	6.2098	5.9713	5.7466	5.5348	5.3349	5.1461	4.9676	4.7988	4.6389	4.4873	4.3436	4.2072	4.0776	3.9544	3.8372	3.7256	3.6193	3.5179	3.4212	3.3289	3.2407	3.1564	3.0758	2.9986	2.9247
9	8.5660	8.1622	7.7861	7.4353	7.1078	6.8017	6.5152	6.2469	5.9952	5.7590	5.5370	5.3282	5.1317	4.9464	4.7716	4.6065	4.4506	4.3030	4.1633	4.0310	3.9054	3.7863	3.6731	3.5655	3.4631	3.3657	3.2728	3.1842	3.0997	3.0190
10	9.4713	8.9826	8.5302	8.1109	7.7217	7.3601	7.0236	6.7101	6.4177	6.1446	5.8892	5.6502	5.4262	5.2161	5.0188	4.8332	4.6586	4.4941	4.3389	4.1925	4.0541	3.9232	3.7993	3.6819	3.5705	3.4648	3.3644	3.2689	3.1781	3.0915
11	10.3676	9.7868	9.2526	8.7605	8.3064	7.8869	7.4987	7.1390	6.8052	6.4951	6.2065	5.9377	5.6869	5.4527	5.2337	5.0286	4.8364	4.6560	4.4865	4.3271	4.1769	4.0354	3.9018	3.7757	3.6564	3.5435	3.4365	3.3351	3.2388	3.1473
12	11.2551	10.5753	9.9540	9.3851	8.8633	8.3838	7.9427	7.5361	7.1607	6.8137	6.4924	6.1944	5.9176	5.6603	5.4206	5.1971	4.9884	4.7932	4.6105	4.4392	4.2784	4.1274	3.9852	3.8514	3.7251	3.6059	3.4933	3.3868	3.2859	3.1903
13	12.1337	11.3484	10.6350	9.9856	9.3936	8.8527	8.3577	7.9038	7.4869	7.1034	6.7499	6.4235	6.1218	5.8424	5.5831	5.3423	5.1183	4.9095	4.7147	4.5327	4.3624	4.2028	4.0530	3.9124	3.7801	3.6555	3.5381	3.4272	3.3224	3.2233
14	13.0037	12.1062	11.2961	10.5631	9.8986	9.2950	8.7455	8.2442	7.7862	7.3667	6.9819	6.6282	6.3025	6.0021	5.7245	5.4675	5.2293	5.0081	4.8023	4.6106	4.4317	4.2646	4.1082	3.9616	3.8241	3.6949	3.5733	3.4587	3.3507	3.2487
15	13.8651	12.8493	11.9379	11.1184	10.3797	9.7122	9.1079	8.5595	8.0607	7.6061	7.1909	6.8109	6.4624	6.1422	5.8474	5.5755	5.3242	5.0916	4.8759	4.6755	4.4890	4.3152	4.1530	4.0013	3.8593	3.7261	3.6010	3.4834	3.3726	3.2682
16	14.7179	13.5777	12.5611	11.6523	10.8378	10.1059	9.4466	8.8514	8.3126	7.8237	7.3792	6.9740	6.6039	6.2651	5.9542	5.6685	5.4053	5.1624	4.9377	4.7296	4.5364	4.3567	4.1894	4.0333	3.8874	3.7509	3.6228	3.5026	3.3896	3.2832
17	15.5623	14.2919	13.1661	12.1657	11.2741	10.4773	9.7632	9.1216	8.5436	8.0216	7.5488	7.1196	6.7291	6.3729	6.0472	5.7487	5.4746	5.2223	4.9897	4.7746	4.5755	4.3908	4.2190	4.0591	3.9099	3.7705	3.6400	3.5177	3.4028	3.2948
18	16.3983	14.9920	13.7535	12.6593	11.6896	10.8276	10.0591	9.3719	8.7556	8.2014	7.7016	7.2497	6.8399	6.4674	6.1280	5.8178	5.5339	5.2732	5.0333	4.8122	4.6079	4.4187	4.2431	4.0799	3.9279	3.7861	3.6536	3.5294	3.4130	3.3037
19	17.2260	15.6785	14.3238	13.1339	12.0853	11.1581	10.3356	9.6036	8.9501	8.3649	7.8393	7.3658	6.9380	6.5504	6.1982	5.8775	5.5845	5.3162	5.0700	4.8435	4.6346	4.4415	4.2627	4.0967	3.9424	3.7985	3.6642	3.5386	3.4210	3.3105
20	18.0456	16.3514	14.8775	13.5903	12.4622	11.4699	10.5940	9.8181	9.1285	8.5136	7.9633	7.4694	7.0248	6.6231	6.2593	5.9288	5.6278	5.3527	5.1009	4.8696	4.6567	4.4603	4.2786	4.1103	3.9539	3.8083	3.6726	3.5458	3.4271	3.3158
21	18.8570	17.0112	15.4150	14.0292	12.8212	11.7641	10.8355	10.0168	9.2922	8.6487	8.0751	7.5620	7.1016	6.6870	6.3125	5.9731	5.6648	5.3837	5.1268	4.8913	4.6750	4.4756	4.2916	4.1212	3.9631	3.8161	3.6792	3.5514	3.4319	3.3198
22	19.6604	17.6580	15.9369	14.4511	13.1630	12.0416	11.0612	10.2007	9.4424	8.7715	8.1757	7.6446	7.1695	6.7429	6.3587	6.0113	5.6964	5.4099	5.1486	4.9094	4.6900	4.4882	4.3021	4.1300	3.9705	3.8223	3.6844	3.5558	3.4356	3.3230
23	20.4558	18.2922	16.4436	14.8568	13.4886	12.3034	11.2722	10.3711	9.5802	8.8832	8.2664	7.7184	7.2297	6.7921	6.3988	6.0442	5.7234	5.4321	5.1668	4.9245	4.7025	4.4985	4.3106	4.1371	3.9764	3.8273	3.6885	3.5592	3.4384	3.3254
24	21.2434	18.9139	16.9355	15.2470	13.7986	12.5504	11.4693	10.5288	9.7066	8.9847	8.3481	7.7843	7.2829	6.8351	6.4338	6.0726	5.7465	5.4509	5.1822	4.9371	4.7128	4.5070	4.3176	4.1428	3.9811	3.8312	3.6918	3.5619	3.4406	3.3272
25	22.0232	19.5235	17.4131	15.6221	14.0939	12.7834	11.6536	10.6748	9.8226	9.0770	8.4217	7.8431	7.3300	6.8729	6.4641	6.0971	5.7662	5.4669	5.1951	4.9476	4.7213	4.5139	4.3232	4.1474	3.9849	3.8342	3.6943	3.5640	3.4423	3.3286
26	22.7952	20.1210	17.8768	15.9828	14.3752	13.0032	11.8258	10.8100	9.9290	9.1609	8.4881	7.8957	7.3717	6.9061	6.4906	6.1182	5.7831	5.4804	5.2060	4.9563	4.7284	4.5196	4.3278	4.1511	3.9879	3.8367	3.6963	3.5656	3.4437	3.3297
27	23.5596	20.7069	18.3270	16.3296	14.6430	13.2105	11.9867	10.9352	10.0266	9.2372	8.5478	7.9426	7.4086	6.9352	6.5135	6.1364	5.7975	5.4919	5.2151	4.9636	4.7342	4.5243	4.3316	4.1542	3.9903	3.8387	3.6979	3.5669	3.4447	3.3305
28	24.3164	21.2813	18.7641	16.6631	14.8981	13.4062	12.1371	11.0511	10.1161	9.3066	8.6016	7.9844	7.4412	6.9607	6.5335	6.1520	5.8099	5.5016	5.2228	4.9697	4.7390	4.5281	4.3346	4.1566	3.9923	3.8402	3.6991	3.5679	3.4455	3.3312
29	25.0658	21.8444	19.1885	16.9837	15.1411	13.5907	12.2777	11.1584	10.1983	9.3696	8.6501	8.0218	7.4701	6.9830	6.5509	6.1656	5.8204	5.5098	5.2292	4.9747	4.7430	4.5312	4.3371	4.1585	3.9938	3.8414	3.7001	3.5687	3.4461	3.3317
30	25.8077	22.3965	19.6004	17.2920	15.3725	13.7648	12.409	11.2578	10.2737	9.4269	8.6938	8.0552	7.4957	7.0027	6.5660	6.1772	5.8294	5.5168	5.2347	4.9789	4.7463	4.5338	4.3391	4.1601	3.9950	3.8424	3.7009	3.5693	3.4466	3.3321

普通年金现值系数表

期数	1%	2%	3%	4%	5%	6%	7%	8%	9%	10%	11%	12%	13%	14%	15%	16%	17%	18%	19%	20%	21%	22%	23%	24%	25%	26%	27%	28%	29%	30%
1	0.9901	0.9804	0.9709	0.9615	0.9524	0.9434	0.9346	0.9259	0.9174	0.9091	0.9009	0.8929	0.8850	0.8772	0.8696	0.8621	0.8547	0.8475	0.8403	0.8333	0.8264	0.8197	0.8130	0.8065	0.8000	0.7937	0.7874	0.7813	0.7752	0.7692
2	1.9704	1.9416	1.9135	1.8861	1.8594	1.8334	1.8080	1.7833	1.7591	1.7355	1.7125	1.6901	1.6681	1.6467	1.6257	1.6052	1.5852	1.5656	1.5465	1.5278	1.5095	1.4915	1.4740	1.4568	1.4400	1.4235	1.4074	1.3916	1.3761	1.3609
3	2.9410	2.8839	2.8286	2.7751	2.7232	2.6730	2.6243	2.5771	2.5313	2.4869	2.4437	2.4018	2.3612	2.3216	2.2832	2.2459	2.2096	2.1743	2.1399	2.1065	2.0739	2.0422	2.0114	1.9813	1.9520	1.9234	1.8956	1.8684	1.8420	1.8161
4	3.9020	3.8077	3.7171	3.6299	3.5460	3.4651	3.3872	3.3121	3.2397	3.1699	3.1024	3.0373	2.9745	2.9137	2.8550	2.7982	2.7432	2.6901	2.6386	2.5887	2.5404	2.4936	2.4483	2.4043	2.3616	2.3202	2.2800	2.2410	2.2031	2.1662
5	4.8534	4.7135	4.5797	4.4518	4.3295	4.2124	4.1002	3.9927	3.8897	3.7908	3.6959	3.6048	3.5172	3.4331	3.3522	3.2743	3.1993	3.1272	3.0576	2.9906	2.9260	2.8636	2.8035	2.7454	2.6893	2.6351	2.5827	2.5320	2.4830	2.4356
6	5.7955	5.6014	5.4172	5.2421	5.0757	4.9173	4.7665	4.6229	4.4859	4.3553	4.2305	4.1114	3.9975	3.8887	3.7845	3.6847	3.5892	3.4976	3.4098	3.3255	3.2446	3.1669	3.0923	3.0205	2.9514	2.8850	2.8210	2.7594	2.7000	2.6427
7	6.7282	6.4720	6.2303	6.0021	5.7864	5.5824	5.3893	5.2064	5.0330	4.8684	4.7122	4.5638	4.4226	4.2883	4.1604	4.0386	3.9224	3.8115	3.7057	3.6046	3.5079	3.4155	3.3270	3.2423	3.1611	3.0833	3.0087	2.9370	2.8682	2.8021
8	7.6517	7.3255	7.0197	6.7327	6.4632	6.2098	5.9713	5.7466	5.5348	5.3349	5.1461	4.9676	4.7988	4.6389	4.4873	4.3436	4.2072	4.0776	3.9544	3.8372	3.7256	3.6193	3.5179	3.4212	3.3289	3.2407	3.1564	3.0758	2.9986	2.9247
9	8.5660	8.1622	7.7861	7.4353	7.1078	6.8017	6.5152	6.2469	5.9952	5.7590	5.5370	5.3282	5.1317	4.9464	4.7716	4.6065	4.4506	4.3030	4.1633	4.0310	3.9054	3.7863	3.6731	3.5655	3.4631	3.3657	3.2728	3.1842	3.0997	3.0190
10	9.4713	8.9826	8.5302	8.1109	7.7217	7.3601	7.0236	6.7101	6.4177	6.1446	5.8892	5.6502	5.4262	5.2161	5.0188	4.8332	4.6586	4.4941	4.3389	4.1925	4.0541	3.9232	3.7993	3.6819	3.5705	3.4648	3.3644	3.2689	3.1781	3.0915
11	10.3676	9.7868	9.2526	8.7605	8.3064	7.8869	7.4987	7.1390	6.8052	6.4951	6.2065	5.9377	5.6869	5.4527	5.2337	5.0286	4.8364	4.6560	4.4865	4.3271	4.1769	4.0354	3.9018	3.7757	3.6564	3.5435	3.4365	3.3351	3.2388	3.1473
12	11.2551	10.5753	9.9540	9.3851	8.8633	8.3838	7.9427	7.5361	7.1607	6.8137	6.4924	6.1944	5.9176	5.6603	5.4206	5.1971	4.9884	4.7932	4.6105	4.4392	4.2784	4.1274	3.9852	3.8514	3.7251	3.6059	3.4933	3.3868	3.2859	3.1903
13	12.1337	11.3484	10.6350	9.9856	9.3936	8.8527	8.3577	7.9038	7.4869	7.1034	6.7499	6.4235	6.1218	5.8424	5.5831	5.3423	5.1183	4.9095	4.7147	4.5327	4.3624	4.2028	4.0530	3.9124	3.7801	3.6555	3.5381	3.4272	3.3224	3.2233
14	13.0037	12.1062	11.2961	10.5631	9.8986	9.2950	8.7455	8.2442	7.7862	7.3667	6.9819	6.6282	6.3025	6.0021	5.7245	5.4675	5.2293	5.0081	4.8023	4.6106	4.4317	4.2646	4.1082	3.9616	3.8241	3.6949	3.5733	3.4587	3.3507	3.2487
15	13.8651	12.8493	11.9379	11.1184	10.3797	9.7122	9.1079	8.5595	8.0607	7.6061	7.1909	6.8109	6.4624	6.1422	5.8474	5.5755	5.3242	5.0916	4.8759	4.6755	4.4890	4.3152	4.1530	4.0013	3.8593	3.7261	3.6010	3.4834	3.3726	3.2682
16	14.7179	13.5777	12.5611	11.6523	10.8378	10.1059	9.4466	8.8514	8.3126	7.8237	7.3792	6.9740	6.6039	6.2651	5.9542	5.6685	5.4053	5.1624	4.9377	4.7296	4.5364	4.3567	4.1894	4.0333	3.8874	3.7509	3.6228	3.5026	3.3896	3.2832
17	15.5623	14.2919	13.1661	12.1657	11.2741	10.4773	9.7632	9.1216	8.5436	8.0216	7.5488	7.1196	6.7291	6.3729	6.0472	5.7487	5.4746	5.2223	4.9897	4.7746	4.5755	4.3908	4.2190	4.0591	3.9099	3.7705	3.6400	3.5177	3.4028	3.2948
18	16.3983	14.9920	13.7535	12.6593	11.6896	10.8276	10.0591	9.3719	8.7556	8.2014	7.7016	7.2497	6.8399	6.4674	6.1280	5.8178	5.5339	5.2732	5.0333	4.8122	4.6079	4.4187	4.2431	4.0799	3.9279	3.7861	3.6536	3.5294	3.4130	3.3037
19	17.2260	15.6785	14.3238	13.1339	12.0853	11.1581	10.3356	9.6036	8.9501	8.3649	7.8393	7.3658	6.9380	6.5504	6.1982	5.8775	5.5845	5.3162	5.0700	4.8435	4.6346	4.4415	4.2627	4.0967	3.9424	3.7985	3.6642	3.5386	3.4210	3.3105
20	18.0456	16.3514	14.8775	13.5903	12.4622	11.4699	10.5940	9.8181	9.1285	8.5136	7.9633	7.4694	7.0248	6.6231	6.2593	5.9288	5.6278	5.3527	5.1009	4.8696	4.6567	4.4603	4.2786	4.1103	3.9539	3.8083	3.6726	3.5458	3.4271	3.3158
21	18.8570	17.0112	15.4150	14.0292	12.8212	11.7641	10.8355	10.0168	9.2922	8.6487	8.0751	7.5620	7.1016	6.6870	6.3125	5.9731	5.6648	5.3837	5.1268	4.8913	4.6750	4.4756	4.2916	4.1212	3.9631	3.8161	3.6792	3.5514	3.4319	3.3198
22	19.6604	17.6580	15.9369	14.4511	13.1630	12.0416	11.0612	10.2007	9.4424	8.7715	8.1757	7.6446	7.1695	6.7429	6.3587	6.0113	5.6964	5.4099	5.1486	4.9094	4.6900	4.4882	4.3021	4.1300	3.9705	3.8223	3.6844	3.5558	3.4356	3.3230
23	20.4558	18.2922	16.4436	14.8568	13.4886	12.3034	11.2722	10.3711	9.5802	8.8832	8.2664	7.7184	7.2297	6.7921	6.3988	6.0442	5.7234	5.4321	5.1668	4.9245	4.7025	4.4985	4.3106	4.1371	3.9764	3.8273	3.6885	3.5592	3.4384	3.3254
24	21.2434	18.9139	16.9355	15.2470	13.7986	12.5504	11.4693	10.5288	9.7066	8.9847	8.3481	7.7843	7.2829	6.8351	6.4338	6.0726	5.7465	5.4509	5.1822	4.9371	4.7128	4.5070	4.3176	4.1428	3.9811	3.8312	3.6918	3.5619	3.4406	3.3272
25	22.0232	19.5235	17.4131	15.6221	14.0939	12.7834	11.6536	10.6748	9.8226	9.0770	8.4217	7.8431	7.3300	6.8729	6.4641	6.0971	5.7662	5.4669	5.1951	4.9476	4.7213	4.5139	4.3232	4.1474	3.9849	3.8342	3.6943	3.5640	3.4423	3.3286
26	22.7952	20.1210	17.8768	15.9828	14.3752	13.0032	11.8258	10.8100	9.9290	9.1609	8.4881	7.8957	7.3717	6.9061	6.4906	6.1182	5.7831	5.4804	5.2060	4.9563	4.7284	4.5196	4.3278	4.1511	3.9879	3.8367	3.6963	3.5656	3.4437	3.3297
27	23.5596	20.7069	18.3270	16.3296	14.6430	13.2105	11.9867	10.9352	10.0266	9.2372	8.5478	7.9426	7.4086	6.9352	6.5135	6.1364	5.7975	5.4919	5.2151	4.9636	4.7342	4.5243	4.3316	4.1542	3.9903	3.8387	3.6979	3.5669	3.4447	3.3305
28	24.3164	21.2813	18.7641	16.6631	14.8981	13.4062	12.1371	11.0511	10.1161	9.3066	8.6016	7.9844	7.4412	6.9607	6.5335	6.1520	5.8099	5.5016	5.2228	4.9697	4.7390	4.5281	4.3346	4.1566	3.9923	3.8402	3.6991	3.5679	3.4455	3.3312
29	25.0658	21.8444	19.1885	16.9837	15.1411	13.5907	12.2777	11.1584	10.1983	9.3696	8.6501	8.0218	7.4701	6.9830	6.5509	6.1656	5.8204	5.5098	5.2292	4.9747	4.7430	4.5312	4.3371	4.1585	3.9938	3.8414	3.7001	3.5687	3.4461	3.3317
30	25.8077	22.3965	19.6004	17.2920	15.3725	13.7648	12.4090	11.2578	10.2737	9.4269	8.6938	8.0552	7.4957	7.0027	6.5660	6.1772	5.8294	5.5168	5.2347	4.9789	4.7463	4.5338	4.3391	4.1601	3.9950	3.8424	3.7009	3.5693	3.4466	3.3321